21世纪法学系列教材

知识产权法系列

商标法
（第三版）

杜 颖 著

 北京大学出版社
PEKING UNIVERSITY PRESS

图书在版编目(CIP)数据

商标法/杜颖著.—3版.—北京:北京大学出版社,2016.3
(21世纪法学系列教材)
ISBN 978-7-301-26955-8

Ⅰ.①商… Ⅱ.①杜… Ⅲ.①商标法—中国—高等学校—教材 Ⅳ.①D923.43

中国版本图书馆CIP数据核字(2016)第040273号

书　　　名	商标法(第三版) SHANGBIAOFA
著作责任者	杜　颖　著
责 任 编 辑	邓丽华
标 准 书 号	ISBN 978-7-301-26955-8
出 版 发 行	北京大学出版社
地　　　址	北京市海淀区成府路205号　100871
网　　　址	http://www.pup.cn
电 子 信 箱	law@pup.pku.edu.cn
新 浪 微 博	@北京大学出版社　@北大出版社法律图书
电　　　话	邮购部62752015　发行部62750672　编辑部62752027
印 刷 者	北京富生印刷厂
经 销 者	新华书店
	730毫米×980毫米　16开本　15.5印张　295千字 2010年3月第1版　2014年4月第2版 2016年3月第3版　2019年12月第3次印刷
定　　　价	32.00元

未经许可,不得以任何方式复制或抄袭本书之部分或全部内容。
版权所有,侵权必究
举报电话: 010-62752024　电子信箱: fd@pup.pku.edu.cn
图书如有印装质量问题,请与出版部联系,电话: 010-62756370

作者简介

杜颖,法学博士、教授、博士生导师,现任教于中央财经大学法学院。1989年入内蒙古大学法学院读书,1993年获得学士学位,后入北京大学法学院学习,先后获得硕士学位(1997年)、博士学位(2000年)。曾留学日本、英国、美国,并于2007年获得耶鲁大学法学院LL.M.学位。2008年5月晋升为教授,2010年获得博士生导师资格。先后在《法学研究》《中外法学》《法学家》《法学》《环球法律评论》《比较法研究》等期刊上发表论文六十多篇,出版个人专著两部,独撰《商标法》《知识产权法学》教材两部,合著《知识产权法》教材两部,参加撰写法学论著多部,翻译多部英文和日文作品。

第三版前言

《商标法(第三版)》是在修订《商标法(第二版)》(北京大学出版社2014年4月版)的基础上形成的。本次修订主要涉及以下几个方面的内容。

一、更新了部分法律法规

《商标法》第三次修改后,有关法律法规和司法解释相应地进行了修订。我国设立知识产权专门法院后,与商标有关的知识产权案件管辖也作出了调整。根据这些法律法规内容的变化调整教材的有关论述,是本次《商标法(第三版)》修订的重点。其中,教材更新的主要法律法规和司法解释包括《商标法实施条例》《驰名商标认定和保护规定》以及最高人民法院《关于北京、上海、广州知识产权法院案件管辖的规定》等。同时,教材也对域名有关规定、企业名称登记管理有关规定进行了更新。

在国际保护部分,由于欧盟修改了《共同体商标条例》,教材也根据修改情况,对欧盟商标的有关内容进行了调整。

二、增加了近年影响较大的典型案例

近年来,知识产权司法保护问题受到越来越多的关注,最高人民法院也陆续发布了一些与商标有关的指导性案例、知识产权典型案例、知识产权年度经典案例、知识产权年度创新案例,等等。在帮助我们理解现行商标法律制度的具体规定及其适用方面,这些案例具有非常重要的指导意义。特别是对于那些现行商标法律制度尚未明确作出规范的问题,这些案例对学术研究和司法实践的意义更是重大。因此,本次修订,在教材的相应部分吸收了这些案例。如在**通用名称的认定**部分,增加了山东鲁锦实业有限公司与鄄城县鲁锦工艺品有限责任公司、济宁礼之邦家纺有限公司侵害商标权及不正当竞争纠纷案。在**商标构成要件的合法性**部分,增加了创博亚太科技(山东)有限公司与中华人民共和国国家工商行政管理总局商标局商标异议复审行政纠纷案。在**商标与企业名称冲突**部分,增加了上海避风塘美食有限公司与国家工商行政管理总局商标评审委员会行政裁决审判监督案。在**商标许可**部分,增加了东阳市上蒋火腿厂与浙江雪舫工贸有限公司侵害商标权案。在**平行进口**部分,增加了法国大酒库股份公司与慕醒国际贸易(天津)有限公司侵害商标权案。在**撤销商标注册**部分,增加了法国卡斯特兄弟股份有限公司与中华人民共和国国家工商行政管理总局商标评审委员会、李道之商标撤销复审行政纠纷案,探讨非法使用是否构成商标使用问题;增加了宏比福比有限公司与中华人民共和国国家工商行政管理总局商标评审委员会商标撤销复审行政纠纷案,探讨在定牌加工中使用商标是否构成商标使用问题。在**涉外定牌加工商标侵权**部分,介绍了最高人民法院正在提审的浦江亚环锁业有限公司与莱斯防盗产品国际有限公司商标侵权纠纷案。在**商标近似判定**部分,增加了泸州老窖股份有限公司与国家工商行政管理总局商标评审委员会商标行政纠纷案。

三、调整了部分文字表达

在文字表达的调整上,本次修订力求用语更加精确、行文更加流畅、逻辑更加严谨。文字表达的细微调整散见于全书各处;在宣告注册商标无效的事由部分,则作了比较集中的调整。教材重新梳理了《商标法》第 13 条第 2 款及第 3 款、第 15 条两款、第 32 条后半句和第 44 条第 1 款的内容及相互关系;联系《商标法》第 59 条第 3 款关于商标先使用权的规定,比较系统地分析了"一定影响""不正当手段"等用语的具体内涵。论述顺序主要以条文序号为据,同时,力求对不同法条所规定的内涵具体情形的分类,在逻辑上更加周延。

本教材前两版的读者,通过网评、电邮、信件、电话等方式,对教材的修订提出了很多宝贵意见和建议,在此特别致谢。有读者提出,希望教材增加一些内容,例如,偏实务的读者希望教材增加商标注册具体操作的介绍;而偏理论的读者则希望看到更多商标保护理论的论述。教材是否扩容,也是一个一直让我犹豫不决的问题。但商标法教材的撰写,除需要阐述清楚商标法律制度的基本问题外,还必须兼顾商标法教学的课时安排和教师用书的便宜。因此,我最终决定保持教材现有的信息含量和大致篇幅。对于那些想更全面了解商标注册实践操作的读者,我的建议是多关注国家工商行政管理总局商标局的官方网站,那里有非常详细的注册信息,如规费、表格、商品和服务分类、流程操作以及各类文件等。对于那些想进一步研究商标深层理论的读者,我的建议是参考使用我的专著——《社会进步与商标观念——商标法律制度的过去、现在和未来》(北京大学出版社 2012 年版)。当然,我也希望能够尽快撰写一部内容更加系统、深入、全面,且同时兼顾商标理论与操作实践的作品,以回馈热心读者。

本次教材修订,得到了中兴通讯公司张启晨先生和中央财经大学法学院研究生章凯业、籍薇两位同学的大力支持,在此谨致谢忱!

最后,一如第二版前言:作者深知,此次修订虽力求完善,但不足之处仍散见书中。作者衷心希望,通过自己的进一步努力,在读者朋友一如既往的无私支持和帮助下,能够在下一版修订中继续改进。

杜 颖

2015 年 12 月于北京大学燕东园

第二版前言

《商标法(第二版)》是在修订北京大学出版社于 2010 年 3 月出版的《商标法(第一版)》教材的基础上形成的。修订该教材的主要动因是我国《商标法》于 2013 年 8 月进行了第三次修改,并于 2014 年 5 月 1 日正式实施。本次修订主要是基于我国《商标法》的第三次修改对教材有关部分做了调整。概括起来,基于我国《商标法》第三次修改调整的主要内容如下:

(1) 将声音放入商标标识的范围。

(2) 在商标注册和使用中,增加一般条款诚实信用原则的规定,并在本原则的论述中同时对规范商标代理机构执业行为的具体条文进行引证和分析。

(3) 在商标注册原则中,将一标一类原则改为一标多类原则。

(4)《商标法》对商标局和商标评审委员会的审查、评审时限作出了具体规定,教材在相关部分引入这些时限规定。

(5) 将解决商标权与其他权利冲突的撤销注册商标程序改为宣告注册商标无效程序,撤销注册商标程序仅针对违反商标使用管理规定、商标连续 3 年无正当理由不使用和丧失商标显著性的情况。

(6) 调整了商标侵权的有关内容。

(7) 调整了商标侵权责任的有关内容。我国第三次修改后的《商标法》提高了行政处罚的力度,引进了惩罚性赔偿制度,同时将法定赔偿的上限提高到了 300 万元人民币。在损害赔偿计算方法方面,根据我国修改后《商标法》的规定,确定了各计算方式的顺位。

除根据我国第三次修改《商标法》的内容进行的调整外,教材还对部分内容进行了更新,如新版《尼斯协定》的内容、提高后的欧共体商标注册申请费;特别是一些案例的后续跟踪,如费列罗巧克力立体包装商标注册的诉讼结果、雀巢棕色方形瓶立体商标引发的商标诉讼、美国蒂凡尼案的二审判决结果等。另外,教材也在相关部分引入了近两年出现的争议较大的有影响的案例,如加多宝和广药集团的王老吉之争。

本次修订教材,还在网络服务提供者的商标侵权行为部分进一步充实了内容。近年来,网络商标侵权的案例较多,教材对衣念与淘宝、杭州盘古与百度、美丽漂漂与百度等典型案例作了介绍,并根据这些案例判决的有关内容进一步明确了处理网络商标侵权案件的一些具体原则。

本次修订还对教材第一版中表述不精确的地方进行了调整,这些改进离不开热心的读者朋友通过信函、电话和电子邮件提出的建议。作者深知,此次修订虽力求完善,但不足之处仍散见书中。作者衷心希望,通过自己的进一步努力,在读者朋友一如既往的无私支持和帮助下,能够在下一版修订中继续改进。

杜　颖

2013 年 11 月于北京大学燕东园

前　　言

本书是笔者在一边从事知识产权法教学工作,一边进行个人学术研究积累的过程中逐步形成的。一直以来,自己都希望做一本既属于自己,也属于读者的商标法读物。因此,当北京大学出版社邀请我写《商标法》时,我欣然应允。为了能让这个作品更属于读者,笔者力求从几个方面作出突破。

一、改变以往人们对商标法的定位——商标法理论性弱

一提到商标,人们首先会想到自己衣食住行中消耗着的林林总总的商品,但很少有人把它与权利存在的意义等问题联系在一起。一方面,为使商标更贴近我们的生活,商标法的教学和科研人员像工匠一样在兢兢业业地雕琢着商标法的各种规定、各项制度;另一方面,他们似乎又或无奈或自得其乐地徘徊在阳春白雪的理论大厦门外,做着"下里巴人"的工作。企业、商标行政管理部门、从事商标审判工作的法官以及商标业务的律师,他们对实际操作问题更是情有独钟。笔者尝试着从理论视角分析商标和商标权的保护问题,希望对改变商标法现有研究状况有所贡献。

二、既关注实体性规定,又作程序性分析

在笔者从事商标法教学的过程中,发现学生有时很困惑,为什么自己在听课时觉得已经全部了解、消化了商标法的内容,结课考试也是实实在在的优秀,但到了商标事务所一动手,才发现什么事项怎么处理,其实并不是很明白。最简单的问题,什么时候去找法院、什么时候去找商标局或商标评审委员会都不甚明了。为了解决这个问题,笔者在阐释商标法律法规具体规定的同时,也相应地分析了一些程序性规定。希望接触具体案件的人,阅读本书后,不再有上述困惑。

三、以商标法条文安排顺序为依据,又兼顾叙述便宜

本书的结构基本上是按照我国《商标法》的条文顺序安排的,这方便读者在阅读本书的同时去参考和解读商标法的规定。但是,出于叙述的需要,个别条文的顺序和商标法的安排不同。如,本书将《商标法》第 31 条不得损害他人在先权利的规定放在了商标构成要件中分析,而没有全部安排在商标争议部分。又如,本书先分析的是《商标法》第 11 条,而后解释《商标法》第 10 条的规定,因为

分析《商标法》第 10 条关于合法性规定的内容需要先理解第 11 条的显著性规定。

四、以解释基本概念、基本原理为主体内容，同时注重提高读者延伸阅读和独立思考的能力

在本书每节的最后，笔者都列出一些思考题，这些思考题不是对每一节内容的重复，而是针对书中所述基本内容，提出需要更深层次思考的问题。有些思考题以实践中发生的典型案例为内容，这些案例都围绕有争议的问题展开，引导读者根据书中所讲内容作全面分析和思考。在引述具体案例中，出于对题目表现形式完整性的考虑，笔者没有指出案例的具体裁判法院以及裁判案号，但这些案件大都能够从中国知识产权裁判文书网中获得，因此，没有一一标注其出处。

五、以传统交易环境下的商标保护问题为基本分析对象，同时触及网络环境下的商标保护问题

网络的迅猛发展带来了知识产权保护制度的重大变革，对著作权保护问题的挑战尤甚，但近年来不断显见于各国的商标权人诉谷歌、百度、易趣拍等案件，使网络环境下的商标权保护问题渐渐进入人们的视野，对这些问题的研究也逐渐升温。本书尝试着对这些新出现的问题作出初步解答。

六、以我国商标法律制度为根据，分析借鉴其他国家商标立法规定、司法实践做法

笔者关注我国商标法律法规的规定、司法解释的内容。在论述分析过程中，笔者使用图示、例示方法，尤其在商标注册与判断商标近似部分充分引证《商标审查及审理标准》的规定，一则增强内容的直观性，使读者易于理解和运用相关判断标准；二则考虑到这些标准和判断方法是我国商标注册和审查机构多年经验的总结，很具有典型性，能够从中窥见商标注册与审查实践是如何具体操作的。

本书同时也参考其他国家对相关问题的处理方式，尤其是美国商标法律制度的规定和司法判例的结论，这些规定和结论影响我国商标法律制度的未来发展方向。

另外，需要说明的是，除特别指出国别的以外，如"美国《商标法》"，本书凡涉及法律法规等规范性文件的均指中华人民共和国的相关规定。同时，除非特别指出是某一个国家的某一机构，如"美国商标与专利局"，所有未冠国籍的机构均指中华人民共和国所属机构。但出现"法院"的地方则指的是根据上下文叙述所指的那个法院。

从 2001 年开始，笔者便从事知识产权法学课程的教学工作，在近十年的工作中，笔者阅读和指定学生使用了各种教材和知识产权方面的专业著述，其中因自己的研究兴趣主要集中在商标领域，对商标法方面论著的关注尤甚。可以说，正是有了这些既有成果的滋养，本书才得以完成，对这些既有成果的参考，笔者力求不遗漏地一一引证出来，并列在本书最后的参考文献部分，但因笔者对相关内容历经修改，有些引证信息在修改中可能不慎被删除，如果确有此种情况发生，笔者深表歉意，并会在自己发现或被指出后作出相应的调整。

在前言的最后，不得不感谢在本书的写作中给我灵感和鼓励的那些人。首先，感谢那一群群可爱的学生，他们有的已经走向工作岗位，有的依然在校读书，是他们年轻的思维、蓬勃的精神、期待的目光、挑战的问题让我每每受到鼓舞，叫我丝毫不敢怠慢，书中的一些思想和素材来源于他们。

感谢我的丈夫和女儿，感谢他们在我"闭关"写作过程中所做的牺牲、给予我的宽容和情感支持。女儿的笑声总能涤荡我一切的疲惫与不快。

感谢北京大学出版社的邹记东编辑、王晶编辑、邓丽华编辑，没有他们的敦促和辛苦工作，本书不会如此顺利地呈现在读者面前，他们认真负责的工作精神也让我感佩深深。

最后，谢谢各位尊敬的读者。阅读是快乐的，希望本书的阅读不但给您带来了快乐，还对您有所帮助。当然，作者更期待您的批评和指正！

杜　颖
2009 年 12 月

目 录

第一章　商标概述 …………………………………………………… (1)
　　第一节　商标的概念与发展历史 ………………………………… (1)
　　第二节　商标的功能 ……………………………………………… (6)
　　第三节　商标立法及其宗旨 ……………………………………… (9)

第二章　商标的构成要件 …………………………………………… (14)
　　第一节　显著性 …………………………………………………… (14)
　　第二节　合法性 …………………………………………………… (26)
　　第三节　标志的非功能性 ………………………………………… (33)
　　第四节　在先性 …………………………………………………… (37)

第三章　商标的种类 ………………………………………………… (49)
　　第一节　商品商标、服务商标 …………………………………… (49)
　　第二节　平面商标、立体商标与商业外观 ……………………… (53)
　　第三节　颜色商标 ………………………………………………… (60)
　　第四节　音响商标与气味商标 …………………………………… (67)
　　第五节　集体商标、证明商标与地理标志 ……………………… (68)
　　第六节　特殊标志 ………………………………………………… (73)

第四章　商标权的取得与注册 ……………………………………… (75)
　　第一节　商标权取得模式 ………………………………………… (75)
　　第二节　我国《商标法》规定的商标注册原则 ………………… (81)
　　第三节　我国商标注册申请流程 ………………………………… (85)

第五章　商标权的内容 ……………………………………………… (108)
　　第一节　商标专用权、商标使用许可权、转让权及商标专用权质押 … (108)
　　第二节　商标权的限制 …………………………………………… (116)

第六章　商标使用的管理 …………………………………………… (129)
　　第一节　违反商标使用管理规定的行为类型和后果 …………… (129)
　　第二节　不服商标撤销决定的复审和诉讼 ……………………… (135)

第七章　商标权侵权与救济 …………………………………………（137）
- 第一节　商标假冒、仿冒行为 ………………………………………（138）
- 第二节　销售侵犯商标专用权的商品的行为 ………………………（171）
- 第三节　侵犯他人商标标识的行为 …………………………………（173）
- 第四节　以商品名称或商品装潢侵害商标专用权行为 ……………（174）
- 第五节　商标帮助侵权行为 …………………………………………（177）
- 第六节　以商号侵害商标专用权行为 ………………………………（179）
- 第七节　驰名商标淡化行为 …………………………………………（185）
- 第八节　以域名侵害商标专用权行为 ………………………………（196）
- 第九节　网络服务提供者的商标侵权行为 …………………………（203）
- 第十节　侵犯商标专用权的责任 ……………………………………（218）

第八章　商标的国际保护 …………………………………………（223）
- 第一节　欧盟商标 ……………………………………………………（223）
- 第二节　商标国际注册 ………………………………………………（227）

主要参考书目 ……………………………………………………………（234）

第一章 商标概述

第一节 商标的概念与发展历史

一、我国商标法中的商标概念及其演变

商标是商标法中的一个基本概念。《中华人民共和国商标法》(以下简称《商标法》①)在第8条规定,任何能够将自然人、法人或者其他组织的商品与他人的商品区别开的标志,包括文字、图形、字母、数字、三维标志、颜色组合和声音等,以及上述要素的组合,均可以作为商标申请注册。这实际上是对商标作出的一个定义,即商标是指在商品或者服务之上,用于区别商品或服务提供者的一种具有显著特征的标识。在我国,这种标识可以由文字、图形、字母、数字、三维标志、颜色组合和声音等,以及上述各种要素的组合构成。我国《商标法》规定的商标实际上是一种狭义的商业标记的概念,主要指注册商标和非注册但使用的商标。除此之外,广义的商业标记还包括商品包装、装潢等能够传递商品或服务提供者信息的其他标记。而我们通常所说的商标标识则是指商标的有形载体和实体表现,意指商标的物理构成。

从商标权主体来看,《商标法》第8条的规定从1982年《商标法》第4条、1993年《商标法》第4条以及2001年《商标法》第8条的规定发展而来。1982年《商标法》第4条只有1款,即"企业、事业单位和个体工商业者,对其生产、制造、加工、拣选或者经销的商品,需要取得商标专用权的,应当向商标局申请注册"。1993年《商标法》规定了3款,分别是第1款"企业、事业单位和个体工商业者,对其生产、制造、加工、拣选或者经销的商品,需要取得商标专用权的,应当向商标局申请商品商标注册"。第2款"企业、事业单位和个体工商业者,对其提供的服务项目,需要取得商标专用权的,应当向商标局申请服务商标注册"。第3款"本法有关商品商标的规定,适用于服务商标"。从条文对比来看,关于商标权主体的规定,1982年《商标法》与1993年《商标法》没有区别,都是"企业、事业单位和个体工商业者",不从事工商业经营的自然人不在商标法规定的商标权主体范围内。而2001年第二次修订《商标法》后,我国商标法规定的商标权主体范围扩大了,自然人已经成为商标权的主体,不具有法人资格的其他组

---

① 下文所称《商标法》,除标明时间的以外,均指我国现行的2013年修订的《商标法》。

织也可以是商标权的主体,这其中变化最大的当属自然人商标主体的增加。

法律作此修改有它的历史背景。1982年《商标法》和1993年《商标法》制定和修改的时候,立法者担心允许自然人申请注册商标后,因自然人不从事商业经营活动,会助长商标囤积现象。但是,随着对外交往的扩大,中国积极参与商标保护的国际合作,并承担商标保护的相应国际义务。1993年《商标法》第9条就明确规定,外国人或者外国企业在中国申请商标注册的,应当按其所属国和中华人民共和国签订的协议或者共同参加的国际条约办理,或者按对等原则办理。根据这条规定,外国人是受我国商标法保护的商标权主体。1999年《商标法实施细则》第2条根据1993年《商标法》第4条和第9条的规定,对商标注册申请人作了归纳总结,规定"商标注册申请人,必须是依法成立的企业、事业单位、社会团体、个体工商户、个人合伙以及符合《商标法》第9条规定的外国人或者外国企业"。中国自然人被排除在商标注册申请人之外,而外国人是明确列入其中的。这就是商标权保护中的"超国民待遇现象"。我们越来越多地参与了国际规则的制定,逐步加入了知识产权保护的各种国际条约,当根据国际条约的规定或者作为国际注册的延伸保护指定国,中国为外国自然人提供商标权保护时,我们发现本国国民却不能具有自然人商标权主体资格,这种"超国民待遇现象"带来的问题越来越突出。因此,2001年修订《商标法》时,我国修改了关于商标权主体的规定。但这一修改使得自然人申请注册商标的数量几年内不断激增,给商标局商标审查工作带来极大的负担。

以上分析了商标权主体变化的背景和脉络,下面我们从商标法的规定看商标构成要素的变化。1982年《商标法》第7条规定,商标使用的文字、图形或者其组合,应当有显著特征,便于识别。使用注册商标的,并应当标明"注册商标"或者注册标记。1993年《商标法》第7条规定,商标使用的文字、图形或者其组合,应当有显著特征,便于识别。使用注册商标的,并应当标明"注册商标"或者注册标记。而2001年《商标法》修改后,商标构成要素变化为"文字、图形、字母、数字、三维标志和颜色组合,以及上述要素的组合"。2013年《商标法》进一步扩展了商标标识的范围,不再局限于"可视性标志",增列了"声音"。商标构成要素越来越丰富和多样。这种变化因应社会生活需要,满足申请主体对商标标识的个性化要求,但也带来了商标审查负担的加重,因为每出现一种新类型的商标,商标局都必须做好从技术上进行审查的充分准备。

二、商标的发展历史

商标是一个历史的概念,它不是随人类社会出现而产生,而是人类社会发展到一定阶段,应市场需要而产生的,商标标识也随社会经济生活的发展而逐渐丰富起来。

在商品经济不发达的社会,市场的存在受地域空间的限制很大,商品类别和数量并不丰富,人与人之间进行交易是不需要商标的,因为一旦发现商品有问题,消费者可以很容易地找到卖主。但是,随着市场突破了地缘限制,商品种类、生产者以及供应量增多,产生了加注商标的必要。人们希望通过这种标识来区别自己的商品和别人的商品。论及西方商标的起源,我国学者主张不一。有人认为,在西方,商标最早起源于西班牙,当时的游牧部落把烙印打在自己的牲畜上,以区别不同主人的牲畜。[1] 早期的商标使用与保护是以政府管制为基础的,例如1266年英国政府强制面包师将自己的标记标在其制作和出售的面包上。[2] 也有学者认为,西方最早的商标除了个体工匠和商人使用的明记和暗号之外,还有13世纪行会供成员使用的特定的印章。[3] 但有学者认为,这称不上商标,商标的出现是在古登堡采用活字之后,印刷出版者为了把自己的印刷制品与他人区别开来,在其书面装饰的部分加一定的标识。[4]

西方学者则认为,从功能上分析,古代社会就出现了商标的等同物,这些标记被刻在陶器上。尽管古希腊、古罗马、古埃及都有这样的标记,古罗马出现的这种标记在铜器、金银制品、玻璃制品等器物上也使用,但最早的标记是五千多年前在中国出现的。大约是在公元前2700年,中国就有雕刻工匠的名字的陶器,有的同时还雕刻同时代的帝王的名字。[5] 我国学者认为,中国商标的起源时间应该推到两千多年前,考古学者根据出土的陶器发现,在这些出土文物上有工匠、作坊名称或者产地标志的标识,这便是商标出现的证明。[6] 也有人认为,因为很难考证这些陶器是否已进入商品交换领域,所以,这算不上真正意义的商标。主流学说认为,我国商标出现的时间应该是在宋代,山东刘家针铺使用的白兔标志就是实实在在的商标了。它所使用的"白兔"商标,既有图形,又有"兔儿为记"的字样。它才是我国至今发现的较早的比较完备的商标。[7] 当然,从功能的角度来看,陶器上的标志发挥商标作用。

关于商标起源的认识分歧,主要归因于人们对什么是现代商标的看法不一。弗兰克·斯凯特(Frank Schechter)认为,现代商标的真正起源应该是法律强制的产品标记(regulatory production mark),因为它用来表示商品的来源,一旦商品质量发生问题,就可以根据这种标记"按图索骥"地找到商品的提供者。早期商

---

[1] 参见吴汉东主编:《知识产权法》,中国政法大学出版社2002年版,第224页。
[2] 参见刘春田主编:《知识产权法》,中国人民大学出版社2000年版,第236—237页。
[3] 参见郭寿康主编:《知识产权法》,中共中央党校出版社2002年版,第217—218页。
[4] 参见郑成思:《知识产权论》,法律出版社2003年版,第8—9页。
[5] Benjamin G. Paster, Trademarks-Their Early History, 59 *Trademark Reporter* 551, 552—555 (1969).
[6] 参见郭寿康主编:《知识产权法》,中共中央党校出版社2002年版,第218页。
[7] 参见郑成思:《知识产权论》,法律出版社2003年版,第8页;又参见吴汉东主编:《知识产权法》,中国政法大学出版社2002年版,第224页。

品所有者在自己货物上加注的商标是一种"所有权标记"(proprietary mark),它方便货主雇佣的人识别他们的货物,因为当时的雇佣人员很多都不识字;这种所有权标记的另外一个功能就是在货物于海上遇险被捞起后,方便所有人找到自己的货物。这种标记并不发挥区别商品来源的功能,它只是方便所有人主张所有权。① 悉尼·达艾蒙德(Sydney Diamond)也认为,牲畜、铃铛、陶器上的标记,爱斯基摩人刻在渔叉上用于区辨不同的人捕获的鲸鱼的标记以及密歇根地区人们在木头上所作的标记,都属于所有权标记,与现代商标是不同的。银器上的纯度标志也不是现代意义上的商标。② 但杰瑞德·鲁斯顿(Gerald Ruston)则认为,事实上很难完全区分所有权标记和商标标识,很多时候一种标记在不同时间分别表明所有者和表示商品来源。例如,在牲畜身上打的烙印,在牲畜走失或被盗后以标记为据主张所有权时,它是一种表明所有人的所有权标记;但在市场上销售牲畜时,它又发挥识别商品来源的功能。③ 因此,他认为历史早期出现的下述三种标记都是现代商标的萌芽:第一,史前的属人标记(prehistoric personal mark),这就是斯凯特所说的所有权标记。最初这种标记用在牲畜和工具上,后来用于标彰土地和房屋,再后来被商人用于自己销售的商品上。第二,自愿使用的私人商标(private trademarks voluntarily adopted)。该标记没有任何属人背景,它是商人作为商业标记自愿使用的。石匠、瓦匠、印刷业者等从13世纪开始陆续使用这种标记,如在瓦上发现有"Richardus me fecit"(理查德制造)的标识。第三,强制使用的商标(compulsory mark)。这种商标起源于君士坦丁堡的罗马拜占庭帝国,在中世纪开始流行,该标记旨在保护公众。④ 本书赞同鲁斯顿的观点,因为即使是所有权标记,一旦放到交易中使用,它不可避免地会发挥识别来源功能,所有权标记只是从静态的角度观察,一旦财产流动起来,识别来源的功能便自然显现。因此,我们可以说,所有权标记在一定情况下也会发挥识别产品来源功能。至于官方检印标记等,则早已被我们纳入到商标法的保护范畴中。但早期商标的功能主要在于识别商品的来源,商标构成要素朴素、简单。事实上,在商标的最初发展阶段还没有发展文字,所以,当时的商标都是图案。⑤

尽管人们对商标起源以及早期商标与现代商标之间的传承发展关系认识不

---

① Frank Schechter, The Rational Basis of Trademark Protection, 40 *Harvard Law Review* 813, 814 (1927).

② Sidney A. Diamond, The Historical Development of Trademarks, 73 *Trademark Reporter* 222, 239—244 (1983).

③ Gerald Ruston, On the Origin of Trademarks, 45 *Trademark Reporter* 127, 127—128 (1955).

④ Ibid., 136—139.

⑤ Sidney A. Diamond, The Historical Development of Trademarks, 73 *Trademark Reporter* 222, 223 (1983).

一致,但都认为中世纪是商标发展的黄金期。① 当时,贸易获得了大发展,出现了大量的行会以及有关商标和商标侵权的地方性立法。中世纪欧洲的政治形势也对商标产生了很大的影响。当时,封建制度瓦解,在德意志北部出现了商业同业公会联盟以保护海上贸易,独立自治的自由城市出现,其中最重要的是横贯欧洲的商业行会和手工业行会。地方立法主要由自治市完成,当时,商品在自治城市的范围内销售,因此这些商品的质量也有了统一的标准。在11到13世纪,欧洲的商业行会和手工业行会对商业的控制力比地方当局更甚。商业行会的成员是商人,手工业行会的成员是手工业者,他们发布行业规范规制其成员。这时,商标逐渐获得了品质保证功能,同一商标的商品具有同等品质。另外,为了保证产品质量并证明产品已经达到了市定或者行会制定的标准,这时的商标标识一般会与具有检印和证明作用的标记同时出现。早在15世纪,法国的法律就要求工匠必须在他所有的产品上加标志,以此表明他们对其产品负责,在经过官方检验和批准以后要加印花。② 在这个历史发展阶段,商标的品质保证功能最突出,这种功能不仅通过产品提供者的自律或者行会规制来实现,还以行政强制为后盾,现代社会商标立法中的市场规制和管理因素也便由此而来。

蒸汽机的发明把人类向前推进了一大步,也带来了法律制度的一系列变革。它直接带来了交通和贸易的发展,这极大地刺激了商品的流通,也导致了商标发展史上的重大革命。大规模的商品生产产生了极大的物流需要,同时生产者也希望自己的产品能够通过多种途径让消费者了解和认识。远程交易取代了面对面交易而成为市场的常态,商标本身就成为一种重要的商品广告媒介。成功的商标不但要精心设计,还需要长时间的广告与商品的优良品质作保障,由此建立其威望。③ 于是,商标的使用者和设计者从朴素的标示商品来源的意识中走出来,开始注重商标的设计美感,希望商标标识在第一时间抓住消费者的视线,影响消费者对商品的主观判断和感受,并在消费者那里留下持久的印象和记忆。商标设计越来越具有冲击力,商标在发挥"标识"这一基本的物理功能的同时,注重给人们带来的感官愉悦和精神享受。

思考题:

1. 商标、商业标记以及商标标识三个概念有何不同?
2. 商标萌芽、产生、发展的过程给我们的启示是什么?

---

① Sidney A. Diamond, The Historical Development of Trademarks, 73 *Trademark Reporter* 229 (1983).
② Benjamin G. Paster, Trademarks-Their Early History, 59 *Trademark Reporter* 551, 552 (1969).
③ 参见曾陈明汝:《专利商标法选论》,台湾三民书局1977年版,第153页。

第二节 商标的功能

现代商标理论认为,商标有三种功能:标示商品来源功能(origin function)、品质保证功能(quality or guarantee function)以及投入和广告功能(investment or advertising function)。[①] 日本学者称之为"商品来源表示功能""品质保证功能"和"广告宣传功能"。[②] 我国有学者将商标的功能归结为三种:认知功能、品质保证功能和广告功能。[③] 还有学者作了更详细的划分,将商标的基本功能归结为:识别功能、标示来源的功能、保证品质的功能、广告宣传功能[④],但标示来源的功能实际上内在地包含了识别功能,因此,这种概括是三种功能说的另外一种表述方式。

商标的三种功能是随着历史发展逐渐丰富和发展起来的,在不同的历史时期,各种功能的相对重要性不同。在商标历史发展初期,标示商品来源是商标最主要的功能。商标的品质保证功能因行业工会对欧洲市场商品质量的控制而凸显。11到13世纪,横扫欧洲的商业行会和手工业行会对商业的控制力比地方当局更甚。商业行会的成员是商人,手工业行会的成员是手工业者,他们发布行业规范规制其成员,要求同一商标的商品具有同等品质。另外,为了保证产品质量并证明产品已经达到了市定或者行会制定的标准,这时的商标标识一般会与具有检印和证明作用的标记同时出现。早在15世纪,法国的法律就要求工匠必须在他所有的产品上加标志,以此表明他们对其产品负责,在经过官方检验和批准以后要加印花。[⑤] 在这个历史发展阶段,商标的品质保证功能最突出,这种功能不仅通过产品提供者的自律或者行会规制来实现,还以行政强制为后盾,现代社会商标立法中的市场规制和管理因素也便由此而来。但我国有学者认为,尽管商标同产品质量有联系,它的功能之一是向消费者指示特定的产品质量——既可能是优质也可能是劣质,但它却不可能保证产品质量,更没有什么特别鼓励提高产品质量的功能。任何生产者都有不断提高产品质量的内在动力(除非他是个投机者),这种动力并不是来自于法律对商标的保护,而是来自于市场竞争。尽管我国商标立法中明确规定了商标立法宗旨是促进生产经营者保证商品和服务质量,并在相关条款中多处提到了保证商品质量这一内容,但并没有规定

[①] W. R. Cornish, *Intellectual Property: Patents, Copyright, Trade Marks and Allied Rights*, London Sweet & Maxwell, 1996, p.527.
[②] 参见〔日〕纹谷畅男:《无体财产法概论》(第6版),日本有斐阁1996年版,第17—18页。
[③] 参见刘春田主编:《知识产权法》,中国人民大学出版社2000年版,第232—234页。
[④] 参见吴汉东主编:《知识产权法》,中国政法大学出版社2002年版,第218—219页。
[⑤] Benjamin G. Paster, Trademarks-Their Early History, 59 *Trademark Reporter* 551, 552 (1969).

什么救济消费者的措施,至多将注册商标撤销而已。确保商品质量与商标本身挂钩,无论是理论上还是实践上都是没有依据的。商品质量的保证问题应该由《民法通则》《产品质量法》和《消费者权益保护法》来完成。由此,该观点得出结论说美国芝加哥学派的重要论点——商标保护鼓励生产者生产更高质量的产品是似是而非的。① 该观点具有一定的说服力,商标的确不可能直接承担太多的功能。但是,我们也不能否认的是,商标的存在和商标保护间接刺激了生产者和经营者对产品质量的保证。正是因为商标与商品之间正确指向关系的保障,才会激励商标生产者提供给市场质量更好的商品,这也是商标发挥识别功能的必然结果。因此,即使商标不直接发挥品质保障功能,识别商品来源功能也必然会派生出品质保障功能,这至少是一个次生功能。

随着社会经济生活的发展,商标的品质保证功能和广告功能获得了越来越丰富的内容,我们甚至可以说,在很多时候商标强大的广告功能已经遮蔽了它的基础功能。但对于广告功能的正当性和法律在多大程度上允许其存在,争论很大。以美国为例,对商标广告功能进行法律保护的认识就经历了一个从保守到自由的态度转变。保守态度认为,法律只保护商标的来源标示功能,而不保护商标的广告功能。因为普通法的基本原则是鼓励竞争,保护名称的垄断只是次要意义上的,仅在有限的范围内存在。② 保守态度甚至认为,不应该保护商标的广告功能,因为大规模的劝说广告造成了经济浪费,扭曲消费者的选择。③ 虽然很多人提出,不保护商标权人的权利就会鼓励不正当竞争,但如果我们换一个角度来认识这个问题,则会发现,所谓的"不正当竞争"依据实际上是"不正当侵犯垄断"的另一种说法,在商标案件里尤其如此。④ 更何况,广告劝说并不能创造总需求,它只是使欲望增长。因为有效的需要不是由我们想要什么决定的,而是由生产力创造的社会购买力决定的。⑤ 但也有学者认为,实际上我们无从知道消费者的喜好是如何构成的,因此也就不可能确定通过商标方式进行的广告宣传是否改变了消费者的喜好;如果这种判断成立的话,我们就无法确定该影响的性质和方向。⑥ 经过多年的实践,我们现在基本上接受了这样一种认识:保护商标的表彰功能,这是商标法的一个重要发展。本书认为,如果没有商标的广告宣传

---

① 参见魏森:《商标侵权认定标准研究》,中国社会科学出版社2008年版,第15—20页。

② See Eastern Wine Corp. v. Winslow-Warren Ltd., 137 F. 2d 955, 959 (C. C. A. 2d 1943), cert. denied, 320 U. S. 758 (1943).

③ Ralph S. Brown, Advertising and the Public Interest: Legal Protection of Trade Symbols, 57 *Yale Law Journal* 1165, 1185, 1190 (1948).

④ See Standard Brands v. Smidler, 151 F. 2d 34, 40 (C. C. A. 2d 1945).

⑤ Ralph S. Brown, Advertising and the Public Interest: Legal Protection of Trade Symbols, 57 *Yale Law Journal* 1165, 1187 (1948).

⑥ See R. H. Coase, Advertising and Free Speech, 6 *Journal of Legal Studies* 1, 9—13 (1977).

功能,消费者要在浩如烟海的商品中选择自己需要的产品,这同样是一种不经济,也是现代社会高度紧张的生活节奏所不希望出现的一种结果。在问题的另一个极端,我们会看到,如果消费者可选择的商品只有一种或者有限的几种,从社会成本消耗来看,这是最经济的。因为不存在广告成本,也不需要花费时间等选择成本。但这容易导致生产者、服务商利用独占地位侵害消费者权益,同时也有出现供应匮乏的危险。我们能够选择的似乎只能是居中的状态:消费者在商品的选择上支出一定的成本,在各种知名产品以及普通商品之间作出选择;同时,保护各种品牌的生产者、服务商之间的有序竞争。从功利主义的角度来看,法律也必须认可并适度保护商标的广告功能。

除了上述为学者普遍接受的三种功能外,商标还发挥一种文化功能。商标文化功能的发挥主要体现在三个方面。首先,商标发挥的文化功能体现在现代商标标识都带有某种美好的寓意,或者是关于人类生活的,或者是关于企业发展理念的。商标让人们在消费商品的同时,获得一种精神的愉悦或感官的享受,商品附带的商标也通过商品的消费将其上蕴含的美好理念传递开来。例如中国国际航空公司的标志就是一只红色的凤凰,以凤作为它的航徽,也是它的一个服务商标标识。凤是一种美丽吉祥的神鸟,以此作为航徽,因凤飞蓝天而与其服务内容暗合,同时以凤为徽又寄予了对天下万物的一种美好祝福,希望这神圣的生灵及有关它的美丽传说给天下带来安宁,带给人们吉祥和欢乐。其次,商标文化功能的发挥还体现在它会增加我们生活中的语汇,使这些语汇成为大众交流和文化传播的媒介。例如,EXXON(埃克森)一词本不属于现有语汇,埃克森美孚石油公司创造了这样一个词汇本身就为我们的语言世界增添了新的内容。最后,商标的使用会使其自身的性质发生一定的转换,当一个商标通过使用、广告等方式为公众所熟知时,就不仅仅是一种商业标志了,它会演化为一种具有特定文化内涵的象征性社会符号,随着商标进入公共话语领域。以蜚声国际的Barbie(芭比)商标为例,"芭比"诞生于20世纪50年代的德国。几年的时间内,Mattel公司把它打造成一个迷人的长腿金发女郎。逐渐地,在商场上,它成为玩具店走廊里增光添彩的著名玩具商品;在时尚、精神领域,它被视为理想的美国女孩的象征。可以说,通过一个商标,Mattel公司创造的已经不仅是一个玩具市场,还是一个时尚的文化偶像。① 消费者消费这种商品就表明他对这种时尚理念的认同,而不同品牌的选择也自然划分出具有不同的消费观、价值观、身份和品位的消费者层级。

---

① 宋慧献:《商标保护与艺术表达自由》,载《中华商标》2007年第3期。

思考题：

1. 我们能够通过商标判断出某商品或服务的具体提供商吗？如果不能，如何理解商标的识别来源功能？

2. "商标是商品的品牌，从某种意义上说我们也能从商标获得商品消费者的一些信息"，这句话如何理解？

第三节　商标立法及其宗旨

一、世界主要国家商标立法情况

对商标用法律加以保护，最早见于法国。1803年法国就制定了《关于工厂、制造场和作坊的法律》，该法第16条把假冒商标定为私自伪造文件罪。1857年6月，法国又制定了《关于以使用原则和不审查原则为内容的制造标记和商标的法律》，这是世界上最早的一部商标法。1992年7月1日，法国颁发92-597号法律，将当时23个与知识产权有关的单行立法汇编整理成统一的《知识产权法典》，从而形成世界上保护知识产权领域的第一部法典，该法典在形成后历经很多次修订，逐渐完备。在法典的第2部分第7卷规定了"制造、商业及服务商标和其他显著性标记"。[①]

英国于1862年颁布了世界上第一部较为完备的《商品标记法》，1875年又公布了《商标注册法》。英国1905年颁布《大不列颠及北爱尔兰联合王国商标法》，后经1919年、1937年、1938年三次修订，于1938年4月正式颁布，共计71条。1994年又颁布了《商标法》。该法因相关法律及条例的颁布而在1995年、1999年、2002年、2004—2008年做过小的调整。

美国于1870年制定了《联邦商标条例》。该法在1876年作过修订(19 Stat. L. 142)。1879年，美国最高法院判决国会的1870年《商标条例》违宪，因为商标既不是发明创造，也不是发现，更不是作品，保护商标违反美国宪法第1条第8款第8项[②]；并进一步指出，国会的立法权是有限的，只应该规范国际贸易、州际贸易以及与印第安部落的交易中涉及的商标使用问题。1883年3月3日，美国国会又根据这一贸易条款限制通过新的商标法。美国目前执行的仍是1946年公布的《兰哈姆法》，该法在1962年、1975年和1988年经过了重大修订。进入20世纪90年代以后，该法也针对驰名商标的保护、域名的保护等进行过数次

---

① 参见《法国知识产权法典》，黄晖译，郑成思校，商务印书馆1999年版，译者序。
② 100 U.S. 82 (1879).

修改。① 进入21世纪后,该法又进行过几次修订,其中于2003年做过一次较大篇幅的调整,增加了《马德里议定书》的国际注册相关规定。

德国第一部商标法是1874年德意志帝国时期颁布的。1994年,以欧盟市场的一体化、两德统一为契机,德国《商标法》进行了系统修改。名称上,正式使用《商标法》(Markengesetz, MarkenG),而不是《商品标识法》(Warenzeichengesetz, WZG)。内容上,德国《商标法》将之前分散在德国《专利法》(与申请程序有关的规定)、德国《反不正当竞争法》以及近六十年司法实践中形成的裁判标准,进行了体系性的立法编纂与整理。② 指导思想上,德国《商标法》也意图修正《商品标识法》中国家社会主义的影响。本次修改于1995年1月1日生效,而后,德国政府又进行了一些立法上的具体补充。比较有意义的一次修改发生在1996年,增加了第125a—125h条,细化了欧共体商标在德国《商标法》中的操作规则。③ 此后,为了将欧盟有关指令进行国内法转化,德国《商标法》也进行过不同程度的修改,如2004年,欧盟颁布《知识产权执行指令(2004/48/EG)》④,德国于2008年7月7日完成了对该指令的转化(BGB1. I S. 1191)。

日本于1884年颁布了《商标条例》,经几次修改后更名为《商标法》。目前,日本实施的是1959年颁布、1960年生效的《商标法》,该法历经修改。1994年,根据《TRIPs协定》的规定,日本《商标法》修改了相关条款,如增加了对葡萄酒产地标识和WTO成员国徽章的保护。1996年,以加入《商标法条约》(Trademark Law Treaty)为契机,日本《商标法》进行了非常大的修订,开始采用一标多类、调整了申请程序、正式引入立体商标制度等。1999年,因加入《马德里协定有关议定书》,日本《商标法》新增了很多相关的程序性规定。2005年,日本《商标法》引入地域团体商标制度;2014年,正式接受声音、全息图、动作、无轮廓的色彩、位置等新类型商标的注册;2015年,降低了有关规费的收取标准。

1904年,中国由清政府批准颁行《商标注册试办章程》28条,《商标注册细目》23条,为中国最早的商标法规。中华人民共和国现行商标法,是1982年8月23日通过、1983年3月1日起施行的《中华人民共和国商标法》,共计64条。1963年4月10日中华人民共和国国务院公布的《商标管理条例》同时废止。1993年、2001年、2013年,我国对该《商标法》进行了三次修订。2002年8月,中华人民共和国国务院令(第358号)又颁布了《中华人民共和国商标法实施条例》,从2002年9月15日起实施。2013年,《商标法》经第三次修订后,《商标法实施条例》也在2014年进行了相应的修改,并于2014年5月1日开始实施。

---

① 参见李明德:《美国知识产权法》,法律出版社2003年版,第261页。
② Vgl Hacker, in Ströbele/Hacker, Markengesetz Kommentar, Carl Heymanns 2015, Einl Rn. 12.
③ Vgl BIPMZ 1996, 393; BT-Drs 13/3841.
④ Vgl ABl-EU Nr L 195 v. 2.6.2004.

2005年12月，为进一步规范和做好商标审查和商标审理工作，根据2001年修改后的《商标法》及2002年颁布的《商标法实施条例》的规定，在商标局1994年制定的《商标审查准则》和商标评审委员会2001年制定的《商标评审基准（试行）》的基础上，结合多年的商标审查和审理实践，借鉴国外的商标审查标准，商标局和商标评审委员会制定了《商标审查及审理标准》[①]。

除此之外，我国与商标有关的司法解释主要有最高人民法院《关于审理商标案件有关管辖和法律适用范围问题的解释》（法释〔2002〕1号）、最高法院《关于审理商标民事纠纷案件适用法律若干问题的解释》（法释〔2002〕32号）、《最高人民法院关于审理不正当竞争民事案件应用法律若干问题的解释》（法释〔2007〕2号）、《最高人民法院关于审理注册商标、企业名称与在先权利冲突的民事纠纷案件若干问题的规定》（法释〔2008〕3号）、最高人民法院《关于审理涉及驰名商标保护的民事纠纷案件应用法律若干问题的解释》（法释〔2009〕3号）。

二、我国商标法的立法宗旨

商标法的立法目的和宗旨体现在我国《商标法》第1条，该条规定，为了加强商标管理，保护商标专用权，促使生产、经营者保证商品和服务质量，维护商标信誉，以保障消费者和生产、经营者的利益，促进社会主义市场经济的发展，特制定本法。这体现了商标法三个方面的基本立法宗旨：

（一）加强商标管理

与其他权利的保护相比较，行政保护在知识产权保护中发挥的作用较大，同时，在我国，商标权的获得以行政管理性质的注册程序为前提，因此，商标法强调对商标的管理，规范市场秩序，使国家能够保障市场经济中商业交易顺利进行，同时又保护相关市场主体的利益。

商标法对商标的管理首先体现为对商标权的取得进行审核，只有通过商标局审查核准、注册公告的商标才是商标法保护的商标。我国《商标法》第2条规定，国务院工商行政管理部门商标局主管全国商标注册和管理的工作。目前主管该项工作的是中华人民共和国工商行政管理总局商标局。

商标立法的管理宗旨在商标保护制度发展早期表现突出，当时商标的使用具有明显的管理目的，所以，商标的使用是强制性的。例如，在中国古代，就强制要求陶工将其姓名标示在陶器上。这是一种义务而不是权利。[②] 在欧洲，地方立法则要求城市统辖范围内生产的所有商品之上都要标以城市的标记，通常是

---

① 该文件包括两个部分的内容，第一部分为《商标审查标准》，第二部分为《商标审理标准》。
② 参见郑成思：《知识产权论》，法律出版社2003年版，第7页。

城市的盾徽。手工业商人必须在自己生产的产品上加标记，并终身使用。这是他们的义务，也是他们对社区所负的责任的一部分，是中世纪手工业行会严格的社会秩序所要求的。商人们实际上也愿意使用商标，因为中世纪的商标对商人来说还具有特殊的意义，航海贸易发达伴随着巨大的风险，当货物在海上遇险，而后又找到的情况下，加注了商标的货物所有人就可以主张所有权。① 15 世纪，法国的法律就要求，工匠必须在他的所有产品上加标志，这么做不是可选择的，是必须的，以此表明他们对其产品负责。在经过官方检验和批准以后还要加印花。② 中国古代关于商标法律的记载中，《唐律疏议》记载着"物勒工名，以考其诚，工有不当，必行其罪"，这说明唐代的商品上使用标志是管理者为了监督生产者的产品质量。③

从便于管理的角度说，商标获得注册后应该加注标记，但是，现代立法往往从权利的角度来规定这一事项，如我国《商标法》第 9 条第 2 款规定，商标注册人有权标明"注册商标"或者注册标记。这与我国 1982 年《商标法》及 1993 年《商标法》的规定不同，后两者都将标记注册商标作为商标使用人的一项义务来规定，即"使用注册商标的，并应当标明注册商标或者注册标记"，其目的是要消费者知悉这一商标，使自己的商标合法化。《商标法》现在是从权利角度定义注册商标标识的，体现了商标管理机关行政干预的弱化和对商标权私权属性的尊重及倡扬。在美国，商标注册后是需要加注商标注册标志的，其形式是字母"r"，然后加短语"Registered U. S. Patent and Trademark Office"或者它的简写形式"Reg U. S. Pat. and Tm. Off"。这种加注不是强制性的，但是，如果不加注，在某些情况下就无法获得侵权损害赔偿。④ 其目的很明显，也是要加强注册商标的管理。

关于商标法强调加强商标管理的宗旨集中体现在我国《商标法》第六章"商标使用的管理"规定中。该章第 49 条规定，商标注册人在使用注册商标的过程中，自行改变注册商标、注册人名义、地址或者其他注册事项的，由地方工商行政管理部门责令限期改正；期满不改正的，由商标局撤销其注册商标。

除此之外，商标法加强商标管理的宗旨还体现为对商标转让的审核管理、对商标许可的备案管理。这部分具体制度规定，本书将在商标权的内容部分进行阐释。

---

① Benjamin G. Paster, Trademarks-Their Early History, 59 *Trademark Reporter* 1969, 556—559.
② Ibid. , 557—558.
③ 参见郭寿康主编：《知识产权法》，中共中央党校出版社 2002 年版，第 219 页。
④ See Robert A. Gorman & Jane C. Ginsburg, *Copyright-Cases and Materials*, 6th Ed. , Foundation Press, New York, 2002, p.46.

(二) 保护商标专用权,维护商标信誉,保障经营者和生产者的利益

商标法立法宗旨中规定保障经营者的利益,是 2001 年第二次修改《商标法》加进的内容。商标有商品商标和服务商标,因此,相应地也应该保护商品生产者、经营者和服务提供者的利益。保护商标专用权和维护商标信誉,是使商品和服务向品牌化发展,从而提高我们民族产业的竞争力的一个有力途径。保护商标专用权集中规定在商标权权利行使方式以及商标权侵权类型和救济部分。本书将在商标权的内容与商标侵权两章进行详细分析。

(三) 保障消费者的利益

商标法规定了对于商标专用权的保护,实际上是保障商标实现识别商品来源功能,通过保护商标而方便消费者选择自己认可的商品,从而保障其利益不受损害。在 Mishawaka Rubber & Woolen Mfg. Co. v. S. S. Kresge Co. 一案中,美国最高法院 Frankfurter 法官提出,我们是按照标记来生活的,我们也依据标记来购买商品。商标是引导购买者选择其所需的一种商品化的捷径,我们甚至也可以说,商标引导购买者决定自己需要什么。[1] 商标法要保障消费者最终获得的商品是他当初想要选择的商品,即来源于他认识中的那个生产者或服务者,商品或服务的质量与期待中的判定相差无几。因此,商标法客观上实现了对消费者利益的保护。但目前我国的商标法律制度设计中并没有规定消费者权利救济的具体途径,这还是一个需要与消费者权益保护法、反不正当竞争法协调考虑的问题。

思考题:

商标法的立法宗旨有哪些?具体实现途径是什么?

---

[1] See Mishawaka Rubber & Woolen Mfg. Co. v. S. S. Kresge Co., 316 U. S. 203, 205 (1942).

第二章　商标的构成要件

并非所有的标识都能作为商标使用或获得商标注册,我国《商标法》关于标志是否能够使用、获得注册的规定集中在第9、10、11和12条。第9条第1款规定:"申请注册的商标,应当具有显著特征,便于识别,并不得与他人在先取得的合法权利相冲突";第10条规定了绝对不能注册为商标的一些标志;第11条则规定了只有经过使用获得显著特征后才能注册的标志;第12条是关于立体商标标识可注册性的规定。学者从不同的角度探讨标识能够作为商标使用或注册的条件,有的称其为商标注册的条件,并列明合法性、显著性、非功能性、在先性四个条件。① 但所谓合法性的标准指的是我国《商标法》第10条的规定,该条规定不仅禁止一些特殊标志作为商标注册,同时也规定它们不能作为商标使用。从这个意义上说,"商标注册的条件"这一提法有欠妥当。还有的学者将商标的构成条件概括为标识的可视性、标志的显著性和标志的非冲突性。② 我国第三次修订《商标法》后,商标标识不再局限于可视性标志。因此,本书不将标志的可视性视为商标构成要件。同时,在究竟采用"非冲突性"还是"在先性"的提法上,本书倾向于在先性,因为非冲突性只是对一种冲突状况的描述,没有涵括处理冲突的原则,而在先性则一目了然,以时间上的先后处理权利冲突情况下谁优先的问题。因此,本书将商标的构成要件列为四个,即显著性、合法性、非功能性和在先性。从条文的安排来看,应该先列合法性,但由于合法性问题的分析中涉及显著性的问题,因此本书先探讨显著性要件。

第一节　显　著　性

商标的基础功能是识别商品来源,因此,商标的第一构成要件便是标识本身具有显著性,唯其如此,商标所使用的标识才能够使消费者区别此产品与彼产品,此服务与彼服务。商标的显著性也称为商标的识别性或区别性。

一、商标显著性的定义

由于基础概念本身的"表意"特性,对于商标的显著性,法律正面加以逻辑

---

① 黄晖:《商标法》,法律出版社2004年版。
② 参见吴汉东主编:《知识产权法》,中国政法大学出版社2002年版,第227—234页。

定义较为困难,更多地留给了学说和实践。我国台湾地区学者引台湾地区行政法院的观点认为,"所谓特别显著,系指商标本身具有特殊性,并指可显示与他人商品之商标有所不同者而言"①。据本书理解,这里的"特别显著"用语中,"特别"与"显著"之间的关系不是修饰与被修饰的关系,这一用语也不是汉语语法中的偏正结构。"特别"与"显著"之间是一种并列关系,无所强调和偏重,也就是说"特别"应取"不同"之意,本质上与"显著"的意思无二。我国大陆学者解释认为,"何谓商标的显著特征,从文字或图形的创意设计角度评价,用来作为商标的文字、图形或其结合,其立意新颖,选材独特,形式上简洁抽象,具有和其他商标相区别的特点"②。实际上,商标不仅仅是一个符号,它是用在商品上的符号。因此,不能从物理符号的角度来单纯地分析商标显著性的问题。判断一个商标的显著性,必须把符号和商品结合起来看。首先要判断符号本身的独特性;其次要判断符号与商品结合起来之后,是否能够把它所代表的商品与其他商品区别开来。正如有的学者所指出的,关于一个商标是否具有显著性,不能依外观构成说判断,认为显著性是指商标本身的构成而言,即构成商标的符号便于识别,能够引起消费者的注意,该符号就具有商标的显著性。判断商标是否具有显著性,应该依自他商品识别力说,认为显著性乃商标借以识别自己与他人商品之能力,是一相对的概念,须考虑该商标使用的商品、商品的消费者等因素。③ 以一个事件为例。高县罗场乡九一六茶厂向商标局提出注册商标申请,欲将"916"作为商标用在其茶叶上。商标局驳回其申请,理由为:由单纯数字组成商标,缺乏显著性,故不予初步审定。高县罗场乡九一六茶厂申请复审,理由是:申请商标符合《商标法》规定,而且现实中也有纯数字商标予以注册的,如"999""555""505""111"等,故应予以审定并公告。④ 商标评审委员会认为,数字能否作为商标,应结合商品进行分析。有些商品常用数字代表型号,如服装、口红及某些化工产品等,所以此类商品不能采用数字作商标。而申请"916"商标的指定使用商品是茶叶,茶叶商品尚未见过用数字作型号的,个别茶叶如花茶仅存在一、二、三等的等级问题。因此,申请商标"916"使用在茶叶商品上就具有了商标的显著性,予以初步审定并公告。⑤

我国 1982 年《商标法》以及 1993 年第一次修改后的《商标法》均在第 7 条规定,商标使用的文字、图形或者其组合,应当有显著特征,便于识别。2001 年

---

① 曾陈明汝:《商标法原理》,中国政法大学出版社 2003 年版,第 113—115 页。
② 吴汉东主编:《知识产权法》,中国政法大学出版社 2002 年版,第 229 页。
③ 参见汪泽:《商标显著性研究》,载《商标通讯》2003 年第 4 期。
④ 事件具体情况,参见《"916"数字能否注册商标》,资料来源于 http://www.chinatradenews.com.cn/20000622/05.htm,2004 年 2 月 6 日访问。
⑤ 另外,商标局对"916"商标进行审定和公告还有其他理由:它不是普通印刷体的阿拉伯数字商标。"916"三个阿拉伯数字有一定图形化的特征,并且有圆形外框作外围陪衬,商标上下颠倒都一样,具有较强的个性;申请商标的所有者的企业名称为高县罗场乡九一六茶厂。用企业名称的一部分作商标又有一定寓意。

第二次修改后的《商标法》在第9条规定,"申请注册的商标,应当具有显著特征,便于识别,并不得与他人在先取得的合法权利相冲突"。2013年《商标法》保留了这一规定。这些规定都明确了商标的"显著性"构成要素。

本书认为,简单地说,商标的显著性就是指商标所使用的标记能够使消费者区别此产品与彼产品,此服务与彼服务。不论学者和立法对商标功能的概括如何相异,也不论对显著性的定义方式有何种区别,但有一点是共识,即商标首先必须具有显著性,这是它与其他商标区别开来,从而发挥产品来源识别功能的基础。

二、商标显著性的来源

商标的显著性可以通过两种方式取得:固有显著性和通过使用获得显著性。有些商标标识相对于商品来说具有固有显著性,有些标记相对于商品则缺乏内在显著性特征,缺乏内在显著性特征的标记获得商标法保护的前提便是通过使用获得显著性。内在显著性来源于商标使用的标记的第一含义,而使用获得显著性是在"第二含义"(secondary meaning)[①]上使用商标标识。有人认为,商标没有使用就不能具备区分商品来源的功能,也不能积累商誉,注册制模式下,标志不经使用而仅仅通过注册就获得商标权是法律对固有显著性商标的固有显著性进行的拟制,主要是出于减少制度实施成本的考虑。[②] 从现行制度安排来看,法律不要求内在具有显著性的标志证明显著性存在后才能获得商标注册,而缺乏显著性的标志则不然。我国《商标法》第11条规定:"下列标志不得作为商标注册:(一)仅有本商品的通用名称、图形、型号的;(二)仅直接表示商品的质量、主要原料、功能、用途、重量、数量及其他特点的;(三)其他缺乏显著特征的。前款所列标志经过使用取得显著特征,并便于识别的,可以作为商标注册。"第2款的规定是从立法上肯定了商标可以通过使用获得显著性。不内在具有固有显著性的商标通过不断地实际应用获得显著性。

不同的标识相对于不同的商品其显著性的强弱不同,我国台湾地区有强势商标和弱势商标的提法,就是基于这种区分。1976年,在 Abercrombie & Fitch Co. v. Hunting World, Inc. 一案中,美国第二巡回法院的 Henry Friendly 法官把标识分为五类,根据商标与所标识的商品的关系,商标因是否为"属名的"(generic)、"叙述的"(descriptive)、"暗示的"(suggestive)、"任意的"(arbitrary)和"臆造的"(fanciful),而有不同的内在显著性层次。[③] 其中,叙述性词汇不具有内在显著性,因为它直接描述了商品或者服务的颜色、气味、成分、功能等特征。

---

① 我国台湾地区学者将其翻译为"次要意义"(参见曾陈明汝:《商标法原理》,中国政法大学出版社2003年版,第27页)。虽然翻译方式不同,但其含义都是指商标本义以外的含义。
② 文学:《商标使用与商标保护研究》,法律出版社2008年版,第21页。
③ See Abercrombie & Fitch Co. v. Hunting World, Inc., 537 F 2d 4, 9 (2d Cir. 1976).

叙述性词汇仅在其已经通过销售、市场营销、使用或者时间的经过而在消费大众那里获得第二含义，从而使消费者把商标与特定的来源联系起来时，才会获得保护。[①] 这样，叙述性词汇只能以第二含义作为商业标识在商业经营中使用，获得商标法律保护。属名在我国法律制度中被称为通用名称。

我国学者早在20世纪90年代就开始研究"第二含义"，认为"第二含义"商标是指直接表达商品的名称、图形、质量、原料、功能、产地等特点的叙述性文字、图形或其组合，经过长期使用后，产生了原叙述性含义以外的新含义，从而逐渐演变成具有标示商品特定来源功能的一种特殊商标。它实际上是被禁止用作商标的叙述性文字或图形转化而来的，是受传统商标法保护以外的商业标志。[②] 该定义精确表述出第二含义和叙述性文字之间的互依互存关系。但是，把叙述性文字或图形作为禁止用作商标的标志则是不准确的。以我国立法规定为例，商标法并不禁止将叙述性词汇用作商标，只是在叙述性词汇获得显著性之前不允许将其注册为商标，商标法律制度不进行保护而已。但是，这些标志可以作为商标使用。因此，我国《商标法》第10条规定的是"不得作为商标使用"的标志，而第11条规定的则是"不得作为商标注册"的标志。二者在商标法上的地位不同。另外，第二含义与叙述性文字或图形之间也不构成唯一对应关系。还以我国商标立法规定为例，《商标法》在第11条规定，除了直接表示商品的质量、主要原料、功能、用途、重量、数量及其他特点的叙述性词汇以外，本商品的通用名称、图形、型号以及其他缺乏显著特征的标志，也可以通过使用获得第二含义而确立商标显著性。因此，我国学者的上述定义比我国商标法规定的范围要窄。美国学者认为，商标的第二含义是指相对于标记所使用的商品来说，标记本身不具有内在显著性，但是通过标记的商业使用，公众已经将其作为商品的符号与商品的提供者联系在一起，此时标记获得了不同于其本义的另外一种含义，该含义即为第二含义。从序列上说，标记的最初含义是它的本义，即第一含义。[③] 从该定义中我们可以知道，作为商标含义的"第二含义"不是标记本来的含义，而是该标记本义之外的一种含义。标记除了它的本义以外，已经特指某个商品，作为该商品的商标的意义就是"第二含义"。这样，第二含义是商标意义的同义词。第二含义仅仅存在于语汇与商品的联系之间。

但是，这里必须指出的是，"第二含义"的提法本身具有误导性，因为，第二含义虽然指某一词汇本来含义之外的含义，但对于相关领域的消费公众而言，

---

① See Zatarain's Inc. v. Oak Grove Smokehouse Inc., 698 F. 2d 786, 790, 795—796 (5th Cir. 1983).
② 张耕：《试论"第二含义"商标》，载《现代法学》1997年第6期，第55页。
③ Vincent N. Palladino, Secondary Meaning Surveys in Light of Lund, 91 *The Trademark Reporter* 573, 574 (2001).

"第二"含义实际上成了该词汇的首要含义,也就是说,在特定的交易市场范围内,第二含义属于商标的主要含义。

由于第二含义不是标记原来所具有的,而是通过标记的不断使用逐渐在公众意识中产生、强化的,因此,证明第二含义最有力的证据就是消费者就标记的主观认识所提供的证言,证明在他们的意识中,标记已经与某商品联系在一起,这是直接证据。直接证据的消费者证言有两种,一种为法庭上出示的随机抽样购买者的证言。但美国法院对该证据持怀疑态度,认为随机选取的证人不能代表公众的反应。① 另一种直接证据严格意义上说是准直接证据,就是由专业人员组织进行的消费者问卷调查。② 消费者问卷调查(consumer survey)是一种科学性的证据,它通过设计出由一系列相关问题构成的调查问卷,向某类相关群体了解对某产品、某商标标识等所产生的认识,从而从数据中归纳出消费者整体的认识倾向。由于消费者调查问卷基本上不针对所有的相关主体展开,而是选取具有代表性的一部分,因此,这种调查也被称为"抽样调查"(sample surveys)。③

除了上述直接证据以外,间接证据也可以证明第二含义的存在。美国各个联邦巡回法院就如何证明第二含义列出了不同的证据单子④,但是,事实上,各个法院所要求的证据内容大同小异,而且,它们列出的证据单子也不是穷尽性的,当事人可以提供他们认为能够证明第二含义存在的其他证据。一般来说,间接证据主要是销售者向潜在的购买者所做的广告宣传情况,包括销售者的经营规模、销售量、广告宣传费用、商标的公开化程度,等等。我国《商标审理标准》之八之2规定,依照《商标法》第11条第2款的规定,审查经过使用取得显著特征的标志,应当综合考虑下列因素:(1) 相关公众对该标志的认知情况;(2) 该标志在指定商品/服务上实际使用的时间、使用方式及同行业使用情况;(3) 使用该标志的商品/服务的生产、销售、广告宣传情况及使用该标志的商品/服务本身的特点;(4) 使该标志取得显著特征的其他因素。

---

① Hot Shoppes, Inc. v. Hot Shoppe, Inc., 203 F. Supp. 777, 783 (M.D.N.C. 1962).
② 关于消费者问卷调查证据的有关问题,请参见杜颖:《商标纠纷中的消费者问卷调查证据》,载《环球法律评论》2008年第1期。
③ Artemio Rivera, Testing the Admissibility of Trademark Surveys after Daubert, 84 *Journal of Patent and Trademark Office Society*, 661, 671 (2002).
④ 如第七巡回法院列出了直接证据和间接证据,直接证据包括消费者证言、消费者问卷调查;间接证据包括商标使用的时间、方式以及专有使用情况、广告的方式和投入、销售量以及消费者数量、在市场中确立的地位、被告故意仿冒的证据(see Echo Travel, Inc. v. Travel Associates, Inc., 870 F.2d 1264, 10 U.S.P.Q.2d 1368, 1371 (7th Cir. 1989))。第二巡回法院列出了广告费用、消费者问卷调查、销售业绩、媒体自愿进行的宣传、抄袭商标的企图以及商标使用的时间与专有情况(Thompson Medical Co. v. Pfizer, Inc., 753 F.2d 208, 225 U.S.P.Q. 124 (2d Cir. 1985))。第六巡回法院列出使用时间、经营商誉的努力和花费、销售量和广告费用(see Burke-Parsons-Bowlby Corp. v. Appalachian Log Homes, Inc., 871 F.2d 590, 10 U.S.P.Q.2d 1443 (6th Cir. 1989))。第三巡回法院则列出了11种证据类型(see Commerce Nat. Ins. Services, Inc. v. Commerce Ins. Agency, Inc., 214 F.3d 432, 55 U.S.P.Q.2d 1098 (3d Cir. 2000))。

目前,世界主要国家商标立法中都规定了标记可以通过使用获得第二含义,从而确立商标显著性,但是,究竟哪些标识可以通过确立第二含义受到商标法保护,各国态度不一。其中,日本《商标法》关于第二含义范围的规定最窄,因为在其他国家,商品的通用名称可以通过使用获得显著性,而日本《商标法》则在第3条第1款第1项排除了商品通用名称获得显著性的可能。美国《商标法》则突出强调叙述性标志的第二含义商标问题。在我国,通用名称也可以通过使用获得显著性后注册取得商标权。

三、显著性的流动特征

显著性是具有确定含义的概念,但是,商标使用于具体商品上以后是否能够维持显著性、具有什么强度的显著性,是随着商标的使用而不断发生变化的。商标的使用对商标显著性的影响可能会有两种情况:其一,可能使商标的显著性增强,甚至使本来不具有显著性的商标获得商标显著性;其二,商标不当使用也可能损害商标的显著性,使本来具有显著性的商标丧失显著性而沦为商品的通用名称。

在"小肥羊"商标案中,西安小肥羊烤肉馆(以下简称西安小肥羊)于2000年10月23日向商标局申请在第42类餐馆服务上注册"小肥羊及图"商标。2001年4月5日,商标局向西安小肥羊申请"小肥羊及图"商标注册事项发出商标注册申请审查意见书,认为"小肥羊"直接表示了服务内容及特点,要求西安小肥羊删去"小肥羊"文字。在商标局对西安小肥羊发出该审查意见书的八个多月后,2001年12月18日内蒙古小肥羊餐饮连锁有限公司(以下简称内蒙小肥羊)以同样的文字商标"小肥羊"向商标局提出商标申请,经商标局初步审定,该商标于2003年2月14日刊登在2003年第6期(总第867期)《商标公告》。商标局并未以"表明商品或服务的内容"为由驳回内蒙小肥羊的申请。西安小肥羊就该商标核准注册提出了商标异议,商标评审委员会驳回了西安小肥羊的商标异议申请。西安小肥羊因此就"小肥羊"商标提起了针对国家工商行政管理总局商标评审委员会(以下简称商标评审委)及第三人内蒙古小肥羊的行政诉讼案,北京市第一中级人民法院和北京市高级人民法院均判决西安小肥羊烤肉馆败诉。在终审判决中,北京市高级人民法院称,"小肥羊"文字作为商标注册缺乏固有显著性,因此,西安小肥羊关于内蒙小肥羊违反《商标法》第31条[①],抢先注册其在先使用并具有一定影响的未注册商标的主张不能成立,但这并不排除"小肥羊"文字可以通过使用和宣传获得"第二含义"和显著性。实际上,内蒙小肥羊自2001年7月成立后,采用了连锁加盟的经营方式,服务的规模和范围急剧扩张,2001年度即被评为中国餐饮百强企业,2002年度又位列中国餐饮

[①] 此处为2001年《商标法》条文序号。

百强企业第二名,至第 3043421 号商标于 2003 年审定公告时,在全国具有了很高的知名度,从而使"小肥羊"标识与内蒙小肥羊形成了密切联系,起到了区分服务来源的作用。故"小肥羊"文字标识通过内蒙小肥羊大规模的使用与宣传,已经获得了显著性,并且便于识别,应当准予作为商标注册。① 由此看出,商标局在针对两个"小肥羊"商标注册申请进行审查时并未采取不同标准,只是根据不同商业主体使用商标的不同情况进行商标显著性的判断。

从另一个方面来看,也存在着很多强显著性的商标经过不当使用丧失显著性的情况。例如,我们现在所熟悉的阿司匹林、优盘等名称,最初都是作为商标使用的,只是由于商标持有人使用不当或者宣传过度使商标沦为了商品的类名称。

四、通用名称的判断标准

关于如何判断通用名称,美国法院曾指出,通用名称是被广泛使用于一类产品的名称,和商标不同,它不能识别商品来源,只是明确公共语汇配置给产品的类或属。词汇可以以两种方式被认定为通用名称。首先,生产者选取了已经被广泛应用的一种语汇,并以该语汇的通用含义在产品上使用该语汇。"light"即属于此例。其次,生产者也可以制造一个词汇,该词汇被通用后变为通用名称。这是汉德法官在 *Bayer* 案中所提及的情况,"aspirin"起初就是一个臆造词汇。在这种情况下,要确定一个词语是否已经从商标地位退化为通用名称,词汇是否已经被所有的使用者征用,公众的认识就非常关键。②

我国《商标审查标准》规定,商标法中的通用名称是指国家标准、行业标准规定的或者约定俗成的商品的名称,包括全称、简称、缩写、俗称,例如"高丽白"就是人参的通用名称。我国司法裁判解释该概念时指出,判断通用名称时,不仅国家或者行业标准以及专业工具书、辞典中已经收录或记载的商品名称可以认定为通用名称,而且对于已为同行业经营者约定俗成、普遍使用的表示某类商品的名词,也可以认定为该商品的通用名称。因此,对于公众在生产、生活中约定俗成的商品的通用名称,无须履行相关部门的审批、注册登记等认定手续。③ 从行政规章和司法解释关于通用名称的规定中我们似乎可以得出这样一个结论——国家、行业标准如果规定了通用名称,则通用名称的立论似乎就成立了,而且其证明力又似乎优于公众约定俗成的证据的证明力。但是,商标是否为通用名称的判断,其主体在消费者,而不在权威人士或者权威资料,因此,国家、行

---

① 参见北京市高级人民法院行政判决书(2006)高行终字第 94 号。
② Gimix, Inc. v. JS & A Group, Inc. and Iwata Electric Co., 699 F. 2d 901, 905—906(C. A. Ill., 1983)。
③ 该解释见北京市高级人民法院行政判决书(2006)高行终字第 188 号。

业规定应该是确定通用名称的初步证据,如果能够以其他证据证明消费者并非把该名称作为通用名称使用,就可以推翻这一认定。如果国家、行业标准和公众的认识出现不完全一致的情况时,则应以公众是否约定俗成地判断名称已通用为准。在北京汇成酒业技术开发公司(简称汇成公司)与北京龙泉四喜酿造有限公司(简称龙泉公司)侵犯商标权纠纷案中,案件争议的焦点问题是"甑馏"是否属于一种白酒的通用名称。尽管龙泉公司出具了北京酿酒协会《有关"甑流"产品的说明》、中国酿酒协会《有关"甑流"产品的说明》以及中国轻工业出版社出版的《白酒生产指南》来证明,"清流"或"甑流""甑馏"是酿制白酒工艺过程的名称,也属于未经掺兑、高度白酒一种质量概念的区域性通俗名称,终审法院还是认为,这些并不能证明其产品上使用的"甑馏"为公众早已熟知的高度白酒的酿造工艺和高度白酒的通俗名称。① 本书认为,该案的关键之处在于,龙泉公司没有充分的证据证明,消费者已经对该名称形成了一种约定俗成的认识。因此,这里的行业标准并不能最终确定通用名称的成立。

有些商品名称的使用影响范围还具有地域性,对于具有地域性特点的商品通用名称,确定相关公众的范围时要进行限制。例如,在山东鲁锦实业有限公司与鄄城县鲁锦工艺品有限责任公司、济宁礼之邦家纺有限公司侵害商标权及不正当竞争纠纷案中,山东省高级人民法院判决指出,"鲁锦"是具有地域性特点的棉纺织品的通用名称;对于具有地域性特点的商品通用名称,判断其广泛性应以特定产区及相关公众为标准,而不应以全国为标准。我国其他省份的手工棉纺织品不叫"鲁锦",并不影响"鲁锦"专指山东地区特有的民间手工棉纺织品这一事实。②

五、欠缺显著性的标识

(一) 仅有指定使用商品的通用名称的

例如:

指定使用商品:人参

(二) 仅有指定使用商品的通用图形的

指定使用商品:鞋底

---

① 该案具体情况参见北京市高级人民法院民事判决书(2003)高民终字第543号。
② 参见山东省高级人民法院民事判决书(2009)鲁民三终字第34号。

(三) 仅有指定使用商品的通用型号的

例如：

XXL 指定使用商品：服装

(四) 仅直接表示指定使用商品的质量的

例如：

好香 指定使用商品：米

(五) 仅直接表示指定使用商品的主要原料的

例如：

彩棉 指定使用商品：服装

(六) 仅直接表示指定使用商品的功能、用途的

例如：

SAFETY 指定使用商品：漏电保护器

(七) 仅直接表示指定使用商品的重量、数量的

例如：

50kg 指定使用商品：米

(八) 仅直接表示指定使用商品的特定消费对象的

例如：

女过四十 指定使用商品：非医用营养液

(九) 仅直接表示指定使用商品的价格的

例如：

百元店 指定使用服务：推销(替他人)

(十) 仅直接表示指定使用商品的内容的

例如：

法律之星 指定使用商品：光盘、计算机软件(已录制)

（十一）仅直接表示指定使用商品风格或者风味的

例如：

中式 指定使用商品：家具

（十二）仅直接表示指定使用商品的使用方式、方法的

例如：

冲泡 指定使用商品：方便面

（十三）仅直接表示指定使用商品的生产工艺的

例如：

湘 绣
XIANGXIU 指定使用商品：服装

（十四）仅直接表示指定使用商品生产地点、时间、年份的

例如：

990418 指定使用商品：酒

（十五）仅直接表示指定使用商品的形态的

例如：

果晶 指定使用商品：无酒精果汁饮料

（"果晶"为固体饮料的一种形式）

（十六）仅直接表示指定使用商品的有效期限、保质期或者服务时间的

例如：

24 小时 指定使用服务：银行

（十七）仅直接表示商品的销售场所或者地域范围的

例如：

大食堂
DASHITANG 指定使用商品：餐馆

（十八）仅直接表示商品的技术特点的

例如：

指定使用商品：电话机

（十九）过于简单的线条、普通几何图形

例如：

（二十）过于复杂的文字、图形、数字、字母或上述要素的组合

例如：

指定使用商品：茶、茶饮料

（二十一）一个或者两个普通表现形式的字母

例如：

指定使用商品：服装

（二十二）普通形式的阿拉伯数字指定使用于习惯以数字做型号或货号的商品上

例如：

指定使用商品：口红

（二十三）指定使用商品的常用包装、容器或者装饰性图案

例如：

指定使用商品：香烟

(二十四) 单一颜色
(二十五) 非独创的表示商品或者服务特点的短语或者句子
例如：

一旦拥有，别无所求 指定使用商品：箱、包

(二十六) 本行业或者相关行业常用的贸易场所名称
例如：

衣店 指定使用服务：服装

(二十七) 本行业或者相关行业通用的商贸用语或者标志
例如：

H.A.I.R BEAUTY SERIES 指定使用商品：修指甲工具

(二十八) 企业的组织形式、本行业名称或者简称
例如：

Inc 指定使用商品：印刷出版物

（"INC"译为"公司"）

思考题：

1. 原告 Gimix 是电话产品和电脑的生产商，1975 年开始销售自动拨号装置，这种装置最常见的功能是把一个自动电话应答装置与呼叫终端相连，使电话一旦接收到自动留言就会自动拨叫呼叫终端，终端会通过用户的 BP 机通知其电话上有自动留言。Gimix 通过经销商，如电话营销店、留言机的分销商等来销售这种装置，也曾在会展中推销。1976 年 4 月 26 日，Gimix 申请了产品专利，在申请中，它将这种装置描述为"自动拨号机"（automatic dialer）、"自动寻呼机"（automatic page），并以"Gimix Auto Page"和"Gimix"的名义进行宣传，尽管只有"Gimix"注册了商标，但 Gimix 称它对"Auto Page"享有商标权。被告 Iwata 是一家日本生产商和出口商，1977 年，在准备将汽车自动报警装置以"Auto Page"推向市场时做了商标调查。1978 年 1 月，因没有发现问题便以此名称为产品进行广告宣传。1978 年 3 月，Iwata 公司在汽车自动报警装置上提出注册"Auto Page"商标的申请，1980 年 1 月获得注册。被告 Auto Page 公司在 1979 组建，为

Iwata公司在美国经销汽车自动报警装置。1980年5月、6月，Iwata开始生产和销售一种无线携带传呼系统，由一个短程发送机和接收机组成，可在建筑内或1英里的范围内寻呼人。系统由一个台式收发机、麦克风、民用波段的天线、可随身携带的小型接收器或BP机组成。台式收发机上有人工操作按钮，按动按钮可寻呼BP机携带者，操作按钮的人可以通过麦克风与携带BP机的人交流。Auto Page公司为Iwata在美国销售该产品，并以Auto Page名义推广，被告JS & A公司通过邮购的方式销售该产品，为其做广告。1980年12月10日，Gimix起诉。问：Gimix的商标是否属于通用名称？如果"Auto Page"不是通用名称，它是否当然受保护？为什么？

2. 1999年10月20日，"LOGO！"商标由当时的西蒙公司（现在的西门子股份公司）获得国际注册。随后，他们在我国申请了领土延伸保护。针对该申请，国家工商行政管理总局商标局驳回申请商标在全部指定商品上的注册申请。西门子股份公司不服，2000年9月22日以申请商标具有显著性为由向国家商评委申请复审，但被国家商评委驳回。问：国家商评委认定西门子股份公司申请商标中的"LOGO！"用作商标缺乏显著性是否合理？

第二节 合 法 性

商标的合法性是指商标标识本身不属于法律规定明确禁止作为商标使用的标志。商标的合法性规定在我国《商标法》第10条，该条规定了下列不能作为商标注册并禁止使用的标志。

一、同中华人民共和国的国家名称、国旗、国徽、国歌、军旗、军徽、军歌、勋章等相同或者近似的，以及同中央国家机关的名称、标志、所在地特定地点的名称或者标志性建筑物的名称、图形相同的。

允许商品使用这些标识作为商标，容易让人产生贴附这些标志的商品受有关机关认可，具有高质量、高信誉度的错误认识。但是，已经使用这些标识的商标应否被撤销则是一个非常复杂的问题。近来，围绕"中南海"香烟的商标应否被撤销的问题就产生了很大的争议。撤销论者认为，"中南海"让人对该品牌的卷烟产生"受中央国家机关认可""权威""高品质"等错误印象，这不仅有损于中央国家机关的尊严，而且还误导消费者。而且，新的"中南海"卷烟包装信息突出焦油低含量和利用"清新风尚""科技创新生活"等广告语误导消费者，达到其营销有害健康的烟草制品的目的。

根据《商标审查标准》的规定，如下图示所列商标都不能作为商标使用。

但下列情况除外，即下列标识可以注册为商标或作为商标使用。

(1) 描述的是客观存在的事物，不会使公众误认的。如下图示。

(2) 商标含有与我国国家名称相同或近似的文字，但其整体是报纸、期刊、杂志名称或者依法登记的企事业单位名称的。如下图示。

(3) 我国申请人商标所含我国国名与其他具备显著特征的标志相互独立，国名仅起表示申请人所属国作用的。如下图示。

中 长城 国

二、同外国的国家名称、国旗、国徽、军旗等相同或者近似的（如下图示），但该国政府同意的除外。

如下图示。

三、同政府间国际组织的名称、旗帜、徽记等相同或者近似的（如下图示），但经该组织同意或者不易误导公众的除外。

四、与表明实施控制、予以保证的官方标志、检验印记相同或者近似的(如下图示),但经授权的除外。

(图为中国强制性产品认证标志)

五、同"红十字""红新月"的名称、标志相同或者近似的。如下图示。

Red Cross

六、带有民族歧视性的。如下图示。

印第安人

INDIAN （指定使用于卫生洁具）

七、带有欺骗性,容易使公众对商品的质量等特点或者产地产生误认的。如下图示。

国酒 （指定使用于白酒）

八、有害于社会主义道德风尚或者有其他不良影响的。如下图示。

(公众熟知的书籍名称指定使用于图书)

指定使用商品:服装

(申请人:潍坊体会制衣有限公司)

该条款被称为"不良影响条款",与日本、美国等国家的商标法中一般被称为公共秩序与善良风俗的规定相对应,是民法上公序良俗原则在《商标法》上的体现,构成公权力基于国家一般利益及社会的一般道德准则拒绝商标注册的正当理由。① 因此,"不良影响条款"实际上是商标法中的公序良俗条款。公序良俗是对私法自治的重要限制,其根本原因就是公共秩序和善良风俗属于国家一般利益及社会一般道德准则,是国家干涉私法自治的正当的重大事由。② 但商标法公序良俗条款的规定极为模糊,在司法适用中具有较大的不确定性。特别是往往被视为禁用规定的兜底条款,甚至用来突破商标法已有明确规定的法律界限的依据。实践中有过宽过泛地掌握其适用标准的倾向,甚至有滥用之嫌。③ 创博亚太科技(山东)有限公司(简称创博公司)与中华人民共和国国家工商行政管理总局商标局商标异议复审行政纠纷案④,将学界和司法界关于公序良俗条款适用范围的讨论推向了高潮。该案中,商标注册申请人创博公司于2010年11月申请注册被异议商标"微信"。两个多月后,腾讯公司发布微信1.0 for iphone(测试版)。2011年8月27日,被异议商标经商标局初步审定公告。在2014年之前,由于通过公开途径在商标局网站上能够查询到的商标申请信息大约滞后实际申请日6个月左右,所以,腾讯公司在发布微信1.0时无从知晓被异议商标的申请情况。2011年11月,案外第三人针对"微信"商标提出商标注册异议。创博公司于2011年2月23日开发完成"微信系统"软件。但涉案证据无法证明被异议商标已实际投入商业使用,并被消费者所认知。腾讯公司的"微信"即时通讯服务应用程序自2011年1月21日首次推出后,注册用户急速攀升,至2013年7月用户已达4亿,大量的政府机关、银行、学校开通了公共微信平台,并向社会公众提供各种公共服务。商标评审委员会认为,如核准被异议商标注册,将会对多达4亿的微信注册用户以及广大公共服务微信平台的用户带来极大不便乃至损失,同时也可能使他们对创博公司提供的"微信"服务的性质和内容产生误认,从而可能对社会公共利益和公共秩序产生消极、负面的影响。因此,商标评审委员会依据《商标法》第10条第1款第8项的规定,裁定被异议商标不予核准注册。北京知识产权法院维持了商标评审委员会的决定。

一石激起千层浪,该案判决一出,学界便展开了激烈的讨论。有支持者,有批评者。支持者认为,禁用条款虽然与政治(组织)直接挂钩,而普通的商标则与商业经济有关,但它们与商标保护在机理上一脉相承,都是为了防止混淆误认。⑤ 商标法正是通过避免相关公众对商品和服务来源产生混淆的方式,来保

---

① 参见王太平:《论商标注册申请及其拒绝——兼评"微信"商标纠纷案》,载《知识产权》2015年第4期;孔祥俊:《论商标法的体系性适用——在〈商标法〉第8条的基础上展开》,载《知识产权》2015年第6期。
② 参见梁慧星:《市场经济与公序良俗原则》,载《中国社会科学院研究生院学报》1993年第6期。
③ 参见孔祥俊:《商标法适用的基本问题》,中国法制出版社2012年版,第211—212页。
④ 该案具体情况参见北京知识产权法院行政判决书(2014)京知行初字第67号。
⑤ 参见邓宏光:《商标授权确认程序中的公共利益与不良影响:以"微信"案为例》,载《知识产权》2015年第4期。

护公共利益的。混淆侵犯了相关公众的利益,而商标法中相关公众的利益完全有资格称为公共利益!① 反对者则认为,公序良俗条款所保护的内涵不同于混淆,混淆完全可以交由其他条款如第 8 条显著性条款来调整。② 不能把应该在商标侵权救济程序中去解决的公众误认混淆问题,拿到商标注册程序中来解决,这必然会打破商标法制度体系的协调性和稳定性,以致造成相关利益的失衡。③ 对"已经形成的稳定的市场秩序造成消极影响",其性质仍停留在财产利益层面,尚未涉及善恶等价值判断,也未冲击既有价值体系。其所造成的损害仍属于财产损失的范畴,与公共利益无涉。④ 我国有部分法院判决也认为,特定私权利主体之间的利益冲突问题不能放入公序良俗条款中解决。例如,在"亚平 YAPING 及图"商标争议行政诉讼案中,争议商标核定使用的商品为第 28 类乒乓球拍,二审法院在认可"相关公众可能会认为争议商标核定使用的商品与邓亚萍存在某种关联"进而造成混淆的情况下,仍认为"这种后果不会对我国政治、经济、文化、宗教、民族等社会公共利益和公共秩序产生消极、负面影响",因此不适用公序良俗条款的调整。⑤ 本书认为,消费者混淆本身是属于公共利益保护的范畴,但这并不意味着公序良俗条款可以用于规制防止甚至消除消费者混淆行为。公序良俗条款与其他条款之间的适用范围应该加以明确,否则公权力过多干预市场行为,会影响商业主体的行为自由。商标的选取与使用主要是市场行为,行为方式与行为后果应主要由市场主体自己决定。在特定私权主体之间利益出现冲突的情况下,让私权益主体自己解决,或适用其他规范,国家干预尽量不介入。因此,公序良俗条款的适用应该进行严格的界定,不能泛用。

九、县级以上行政区划的地名或者公众知晓的外国地名,不得作为商标。

关于地名能否作为商标获得注册,我国商标立法从 1993 年就作出了规范。1993 年《商标法》第 8 条第 2 款规定:"县级以上行政区划的地名或者公众知晓的外国地名,不得作为商标,但是,地名具有其他含义的除外;已经注册的使用地名的商标继续有效。"2001 年 10 月 27 日,第九届全国人民代表大会常务委员会第二十四次会议第二次修改《商标法》时,保留了该款规定的基本精神,在第 10 条第 2 款中规定:"县级以上行政区划的地名或者公众知晓的外国地名,不得作为商标。但是,地名具有其他含义或者作为集体商标、证明商标组成部分的除

---

① 参见李扬:《"公共利益"是否真的下出了"荒谬的蛋"?——评微信商标案一审判决》,载《知识产权》2015 年第 4 期。

② 参见孔祥俊:《论商标法的体系性适用——在〈商标法〉第 8 条的基础上展开》,载《知识产权》2015 年第 6 期。

③ 参见张韬略、张伟君:《〈商标法〉维护公共利益的路径选择——兼谈禁止"具有不良影响"标志注册条款的适用》,载《知识产权》2015 年第 4 期。

④ 参见黄武双:《商标申请人与在后使用人的利益冲突与权衡》,载《知识产权》2015 年第 4 期。

⑤ 该案具体情况参见北京市高级人民法院行政判决书(2011)高行终字第 168 号。

外;已经注册的使用地名的商标继续有效。"这奠定了我国商标法律制度关于地名商标保护的多元体制。《商标审查标准》在第一部分之十一规定了"含有地名的商标的审查",对地名商标的注册与使用的相关问题作出了具体规范。综合这些规定,我们可以得出我国商标法律制度中关于地名商标注册的基本原则。

(一)地名可以以集体商标、证明商标的形式受商标法保护。

作为集体商标和证明商标而受保护的地名多表现为地理标志,我国《商标法实施条例》第4条第1款规定:"商标法第16条规定的地理标志,可以依照商标法和本条例的规定,作为证明商标或者集体商标申请注册。"

(二)县级以上行政区划和公众知晓的外国地名不能作为商标使用,但在两种情况下可以获得商标法律保护:(1)地名已经作为商标获得注册。(2)地名具有其他含义,或者含有地名的商标整体具有其他含义而不会导致相关公众误认的。

1. 县级以上行政区划包括县、自治县、县级市、市辖区;地级的市、自治州、地区、盟;省、直辖市、自治区;两个特别行政区即香港、澳门;台湾地区。县级以上行政区划的地名以我国民政部编辑出版的《中华人民共和国行政区划简册》为准。县级以上行政区划地名包括全称、简称以及县级以上的省、自治区、直辖市、省会城市、计划单列市、著名的旅游城市的拼音形式。公众知晓的外国地名,是指我国公众知晓的我国以外的其他国家和地区的地名。地名包括全称、简称、外文名称和通用的中文译名。例如,以下图示标志不能作为商标注册并禁止使用。

 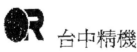

2. 商标文字构成与我国县级以上行政区划的地名或者公众知晓的外国地名不同,但字形、读音近似足以使公众误认为该地名,从而发生商品产地误认的,判定为具有不良影响,适用《商标法》第10条第1款第8项的规定予以驳回。如下图示。

宁厦　扎幌

3. 其他含义的理解。如何理解"地名本身具有其他含义"?《商标审查标准》的解释是,地名具有其他含义,是指地名作为词汇具有确定含义且该含义强于作为地名的含义,不会误导公众的。如"黄山"商标、"怒江"商标。由是观之,"其他含义"实际上是地名本身的应有之义,而不是地名本义之外通过使用获得的"第二含义"。如果严格按照《商标审查标准》的解释来理解,则"其他含义"显然不包括"第二含义"。而且,如果是第二含义,则应该规定在第 11 条关于商标显著性的规定中,《商标审查标准》也的确将"直接表示指定使用商品生产地点"放入第 11 条缺乏显著特征的规定中。因此,本书不同意 2005 年 8 月 22 日最高人民法院就辽宁省高级人民法院《关于大连金州酒业有限公司与大连市金州区白酒厂商标侵权纠纷一案的请示》所作的解释,该解释认为"注册商标使用的地名除具有地域含义外,还具有使相关公众与注册商标的商品来源必然联系起来的其他含义(即第二含义)"[1],将"其他含义"视为第二含义。

(三)县级以上行政区划和公众知晓的外国地名以外的地名可以作为商标获得注册。

但是,根据《商标审查标准》,如果商标由公众熟知的我国地名构成或者含有此类地名,使用在其指定的商品上,容易使公众发生商品产地误认的,则判定为具有不良影响,适用《商标法》第 10 条第 1 款第 8 项的规定予以驳回;如果商标所含地名与申请人所在地不一致的,容易使公众发生误认,也判定为具有不良影响,适用《商标法》第 10 条第 1 款第 8 项的规定予以驳回。如下图示,将"嫩江"指定使用于大米、玉米(磨过的)商品,但指定使用商品与其指示的地点或者地域没有特定联系,使公众发生商品产地误认。

(四)注册商标虽含有地名,但商标整体具有其他含义而不会导致相关公众误认的,也可以作为商标注册使用。

如"加州红"不能作为商标使用,但"伦敦雾"就可以作为商标使用、注册,因为后者是一种自然现象。

(五)我国商标法律制度关于地名商标保护规定的评价。

与其他国家关于地名商标的保护规定相比,我国关于地名商标的规定独树一帜,主要表现在判定是否给予地名商标注册时首先考虑地名的行政区划级别。而根据其他国家的商标法律制度,在判断地名能否作为商标获得注册时,首先判定地名是否具有显著性,以及地名的使用是否构成欺骗公众。从我国幅员辽阔、行政区划名称众多这一现实状况来看,先将县级以上行政区划排除出去是节约制度实施成本的表现。但从数量上看,县级以下行政区划名称远远多于县级以上行政区划名称,立法对县级以下行政区划名称的商标地位问题应该给予更充

---

[1] 参见最高人民法院[2005]民三他字第 6 号。

分的考虑。而且,地名为公众知晓的程度与行政区划的级别并不一定成正比,有些县级以下行政区划因历史和文化原因为公众广泛所知,其作为行政区划名称的意义远远强于县级以上行政区划名称。同时,我们还必须看到,按照目前《商标法》的条文设计,关于地名商标的规定被分散到两个条文中,即规定合法性的第 10 条和规定显著性的第 11 条,不仅体系上给人以割裂的感觉,适用起来也容易发生歧义。例如,《商标审查标准》对第 11 条第 1 款第 2 项中规定的"直接表示指定使用商品的其他特点"的解释中包含"直接表示指定使用商品生产地点"的情况,从字面上看,此处的"生产地点"不考虑行政区划的级别。而第 10 条第 2 款合法性规定中的"地名具有其他含义"针对的又是县级以上行政区划或公众知晓的外国地名。因此,如果想从法律规定中将第二含义地名商标与具有其他含义的地名商标统一起来也会遇到技术上的难度。本书认为,应该改造我国地名商标法律规定的现有模式而采用国际通行的做法。具体思路为:在地名注册中采用单纯的"第二含义"标准和是否就产地、来源等误导公众的标准,而将行政区划的级别作为具体个案考量的其中一个判断要素。

思考题:

判断下列标志能否作为商标使用,并说明理由。

指定使用商品:婴儿全套衣

指定使用商品:铁锤

第三节 标志的非功能性

各国商标立法都从不同角度对显著性理论作了规定,而商标的功能性问题却还处于逐渐被人们分析和认识的阶段。

一、主要国家对商标非功能性的立法规定

从目前各国的立法规定来看,大多数西方发达国家的商标法只对立体商标的功能性问题作了明确规定,如英国《商标法》在第 3 条第 2 款规定,如果标记完全是由下列要素构成的,则它不能注册为商标:(1) 商品自身的性质产生的形

状;(2)商品要达到的技术效果所必需的形状;(3)给商品带来实质性价值的形状。德国《商标法》也在第 3 条第 2 款作出了几乎相同的规定。日本《商标法》在第 4 条第 1 款第 18 项规定,为确保商品或者商品包装发挥的功能所必需的立体形状构成的商标不能获得注册。我国《商标法》在第 12 条规定,以三维标志申请注册商标的,仅由商品自身的性质产生的形状、为获得技术效果而需要的商品形状或者使商品具有实质性价值的形状,不得注册。只有美国商标法没有将功能性标识的规定限定于立体标志。美国专利和商标局以及美国法院一直认为,功能性标识不能作为商标获得注册和保护,但该原则的立法化却在 1998 年美国国会修改《兰哈姆法》时才实现。当时,国会在《兰哈姆法》中增加了一项,即 15 U.S.C. §1052(e)(5),规定"任何由总体上具有功能性的东西构成的商标"不能注册在主登记簿上。该项规定不但没有具体限定功能性分析所适用的商标构成要素,还通过"任何"一词将功能性规定的范围无限扩大,把包括立体标志在内的一切标识都囊括进来。

二、实用功能性

除了立体商标以外,颜色商标也经常会遇到功能性问题。但功能性问题要从实用功能性和美学功能性两个角度认识。1904 年,美国第二巡回法院在马弗尔与珀尔(Marvel Co. v. Pearl)一案中提出,产品实际运转所必需的那些特征或者用于提高产品效能的特征不能被保护。[①] 这是对商标实用功能性的最早概括。此后,法院逐渐通过不同的标准发展、校正了商标实用功能性。1995 年,美国最高法院在夸里提克斯(Qualitex Co. v. Jacobson Products)一案中对实用功能性所作的定义具有划时代的意义,该案认为,如果商品特征为商品使用或性能所必需,或者影响商品的成本或质量,而独占使用该特征会给其他竞争者带来非由商业信誉本身产生的严重不利,则该特征就是功能性的。[②] 例如,由于蓝色、红色影响药品的使用,就具有功能性,因为很多高龄的患者都把颜色和疗效联系在一起,一些患者将药物混合在一个容器中,通过颜色对它们进行区分。在紧急情况下,颜色可以在一定程度上帮助区分药品,在某种药品以及它们的同类药品上使用相同的颜色可以防止分发药品的人发生混淆。[③] 饮料瓶使用的黑色由于影响商品的效能而具有功能性,因为黑色可以完全避光,由此来保持瓶里的东西新鲜;同时黑色使消费者肉眼看不见瓶子里饮料的果汁和果肉之间的分离,而消

[①] Marvel Co. v. Pearl, 133 F. 160, 161—162 (2d Cir. 1904).

[②] Qualitex Co. v. Jacobson Products, 514 U.S. 159, 165 (1995). 其实,Qualitex 案的这一结论不是针对商标的功能性作出的,它主要解决的是单一颜色能否获得商标保护(干洗熨垫护套上的绿色能否获得商标保护)的问题。

[③] 488 F. Supp. 394, 398—399 (EDNY 1980).

费者一旦看到这种分离状态会大倒胃口,就不再想购买饮料了。① 白色影响药品的成本而具有功能性,因为药片的自然颜色就是白色,如果允许对白色进行独占,则其他竞争者就必须额外增加成本将药片涂抹成别的颜色。②

欧洲法院对于商标功能性的认识体现在飞利浦与雷明顿案件中,在该案中,飞利浦公司于1966年开发出一种新型电动剃须刀,该产品带有三个旋转的圆形刀头,刀头呈等边三角形分布。该外形曾经注册了外观设计,但保护期已经届满。1985年,飞利浦公司对其三头电动剃须刀刀头的俯视图提出商标注册申请。根据英国1938年《商标法》,这一商标(以下称为飞利浦商标)在第八类商品(电动剃须刀)上获得注册(注册涉诉商标如下图所示)。1995年,飞利浦公司的竞争对手——雷明顿公司开始在英国生产并销售DT55型电动剃须刀,这也是一种带有呈等边三角形分布的三个旋转刀头的剃须刀,外形与飞利浦公司的产品相似。飞利浦公司因此起诉雷明顿公司侵犯其商标权。雷明顿公司反诉请求撤销飞利浦公司的商标注册。欧洲法院在判决中指出,功能性分为三类:由商品自身的性质产生的形状、为获得技术效果而需有的商品的现状、使商品具有实质性价值的形状。存在替代设计不能否定功能性,否则所有的设计都会被注册掉。功能性标识即使通过使用获得显著性也不能注册为商标为人独占。具有功能性的形状获得商标注册后,应予以撤销。③

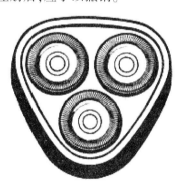

三、美学功能性

美国法对于美学功能性的认识略晚于对实用功能性的认识,但也有上百年的历史了。1913年美国法院就认识到了美学功能的存在,第三巡回法院在约

---

① See California Crushed Fruit Corp. v. Taylor Beverage & Candy Co., 38 F. 2d 885, 885 (D. Wis. 1930).
② Smith, Kline & French Laboratories v. Clark & Clark, 157 F. 2d 725, 730 (3d Cir.), cert. denied, 329 U. S. 796 (1946).
③ 我国学者关于此案的评述见宋红松:《飞利浦诉雷明顿案述评》,载《中华商标》2003年第6期。

翰·赖斯与雷德利克(John H. Rice & Co. v. Redlich Mfg. Co.)一案中指出,美学特征同样会带来竞争优势,该案涉及的是一种像台式电话机的小瓶子,它把平时人们经常使用的物品微缩化,给人一种幽默、诙谐的感觉,因此颇受消费者喜爱,对孩子们尤其如此。① 其后,人们在一些模仿动物或者卡车的玩具上都发现了这种美学功能的存在。② 关于美学功能的明确规定则最早见于1938年美国《侵权法重述(第二次)》,"如果消费者购买商品很大程度上是因为商品所具有的美学功能,那么,这些美学特征就具有功能性,因为它们促成了美学价值的产生,有助于实现商品所要达到的目标"③。美国第九巡回法院于1952年就帕列罗与华莱士瓷器公司(Pagliero v. Wallace China Co.)一案作出判决时首次适用了美学功能原则。该案中,被告模仿了原告的四个花样设计,生产了宾馆用餐具。第九巡回法院运用"重要因素"(important ingredient)标准判断美学功能的存在,提出下述观点:如果特定的特征是商品获得商业成功的重要因素,为了维护自由竞争之利益,若该特征没有申请专利、不受著作权保护,则允许其他人对其进行模仿。法院发现,花样设计具有功能性,因为花样设计的吸引力和视觉愉悦是最重要的卖点。④ 在迪尔与农地公司(Deere & Co. v. Farmland, Inc.)一案中,第八巡回法院也认为,绿色具有功能性。该案中,原告是美国最大的农业机械生产商,它在一种挂在农用拖拉机上的装货机械上使用了一种绿色——John Deere green,该机械的主要功能是铲挖和搬运肥料、积雪。被告也在同类装货机械上使用相似的绿色,原告要求被告停止在该类机械上使用类似的绿色。法院认为,因为农用拖拉机的颜色是绿色的,而很多时候农民会把装货机械挂在拖拉机上,他们非常希望装货机械的颜色和拖拉机的颜色一致,这样该颜色就具有美学功能,绿色不能为原告独占,其他竞争者仍然可以使用绿颜色作为商标。⑤ 在前文提到的Qualitex一案中,最高法院也通过引用美国《反不正当竞争法重述(第三次)》的规定,明确认可了美学功能的存在,指出美学价值存在于一种替代设计无法产生的实质利益。⑥

由上述美国和欧盟国家的观点来看,功能性标识绝对不能获得商标保护,即使是通过使用获得显著性也不能获得商标权,因为赋予这些标识以商标独占权会直接阻碍自由竞争,将非由信誉度产生的竞争优势从法律上直接认定为某个

---

① John H. Rice & Co. v. Redlich Mfg. Co., 202 F. 155, 157 (3d Cir. 1913).
② See e.g. Margarete Steiff, Inc. v. Bing, 215 F. 204, 208 (S.D.N.Y. 1914); Moline Pressed Steel Co. v. Dayton Toy & Specialty Co., 30 F. 2d 16, 18 (6th Cir. 1929).
③ Restatement (Second) of Torts §742, comment a (1938).
④ Pagliero v. Wallace China Co., 198 F. 2d 339, 343 (CA 9, 1952).
⑤ See Deere & Co. v. Farmland, Inc., 560 F. Supp. 85, 98 (S.D. Iowa), aff'd, 721 F. 2d 253 (C. A. 8 1983).
⑥ Qualitex Co. v. Jacobson Products, 514 U.S. 159, 170 (1995).

主体独占。因此,和我国商标法的规定一样,规定了非功能性要件的主要国家都将功能性的规定与显著性的规定分开。

但目前我国商标法关于功能性的规定在商标审查和审判中很少适用,商标局和法院更倾向于援引显著性条款来判断,直接根据是否缺乏显著性来处理商标申请问题。例如,因芬达饮料瓶商标注册申请被驳回,可口可乐公司与国家工商行政管理总局商标评审委员会一案中,法院就认为"芬达"饮料瓶与普通瓶型整体设计基本相同,视觉效果差异不大,不具有显著性。

思考题:

1. 如何理解实用功能性?
2. 如何理解美学功能性?
3. 下列标识是否具有功能性?

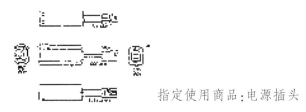

指定使用商品:电源插头

第四节 在 先 性

商标在社会经济生活中发挥的广告功能越来越突出,商标与消费者的购买倾向、内心偏好逐渐紧密地联系在一起,这不仅使企业在选定商标时绞尽脑汁设计完美的标识,也让企业意识到,采用本身就具有一定知名度的标识是一个捷径。经营者都想通过搭名人、名物的"便车"而扩大自己商品的影响、提高商品的销售量。于是,现实生活中出现了越来越多与商标权冲突的权利冲突类型,如商标权与姓名权、肖像权、著作权、专利权等权利的冲突,各国也纷纷就此问题作出立法上的应对。例如,日本《商标法》在第4条规定了含有他人的肖像或者他人的姓名或名称或著名的别号、艺名、笔名或知名简称的商标,除已经取得本人的同意者外,不能注册为商标。该法在第29条又规定商标不能与他人在先著作权、外观设计权和专利权相冲突。法国《知识产权法典》711-4规定,侵犯在先权利的标记不得作为商标,尤其是侵犯:(1)在先注册商标或《保护工业产权巴黎公约》第6条之二所称的驰名商标;(2)公司名称或字号,如果在公众意识中有混淆的危险;(3)全国范围内知名的厂商名称或标牌,如果在公众意识中有混淆的危险;(4)受保护的原产地名称;(5)著作权;(6)受保护的工业品外观设计权;(7) 第三人的人身权,尤其是姓氏、假名或肖像权;(8) 地方行政单位的名称、形象或声誉。

我国《商标法》在 2001 年第二次修改以前,并没有对商标权与其他权利的冲突问题作出具体规定,实践中出现的纠纷都是依据法律的精神和原则,并考虑公平合理和有利于市场经济的规范等因素进行裁决的。例如,发生在 1996 年的裴立、刘蕾与山东景阳冈酒厂侵犯美术作品著作权的《武松打虎》图案,就是根据我国著作权法等法律的相关规定作出处理的①,"三毛"案等纠纷也都涉及这一问题。第二次修改后的《商标法》在第 9 条规定,申请注册的商标,应当有显著特征,便于识别,并不得与他人在先取得的合法权利相冲突。这就确立了商标权与其他权利发生冲突时的解决原则——在先取得的合法权利优先,使得现实生活中频繁出现的商标抢用名人名字、肖像等问题的解决于法有据了。《商标法》如此修改是符合《与贸易有关的知识产权协定》(《TRIPs 协定》)的精神的,该协定在第 16(1)条规定:"注册商标所有人应享有专有权防止任何第三方未经许可而在贸易活动中使用与注册商标相同或近似的标记去标示相同或类似的商品或服务,以造成混淆的可能。如果确将相同标记用于相同商品或服务,即应推定已有混淆之虞。上述权利不得损害任何已有的在先权,也不得影响成员依使用而确认权利效力的可能。"

一、在先权利的类型

英国学者解释英国商标法中规定的在先权利(earlier rights)时将其分为两类:一为未注册的商标或者经营中使用的其他标志;一为其他权利,尤其是著作权、设计权或注册外观设计权。但是,他人在先使用的商标权只有满足商标假冒构成要件的,冲突才成立。其构成要件有三个:首先,商标在英国已经拥有足够的知名度;其次,存在着有关错误表示;最后,有造成损害的可能。② 由于我国不承认使用获得商标权,因此,对于未注册商标的保护也只是限于驰名商标的范围。实践操作中,该条的禁止范围会比英国法规定的范围小。因为英国商标法尽管也规定了在先使用而未注册的商标必须"在英国已经拥有足够的知名度",但并不要求只有达到驰名商标的程度才可以适用该条的保护。我国《商标法》第 9 条和第 32 条都规定了注册商标不得与在先权利相冲突,但在先权利究竟包括哪些权利? 对此,有两种解释。一种解释倾向于将在先权利限定在法律具体规定的权利类型范围。2005 年 12 月,国家工商总局发

---

① 该案具体情况请参见孙建、罗东川主编:《知识产权名案评析》,中国法制出版社 1998 年版,第 78—86 页。

② W. R. Cornish, *Intellectual Property: Patents, Copyright, Trade Marks and Allied Rights*, London Sweet & Maxwell, 1996, p.599.

布的《商标审理标准》在第三部分规定了"损害他人在先权利"的审理标准,开宗明义地指出,申请注册的商标应当具有在先性,这种在先性是指申请注册的商标既不得与他人在先申请或者注册的商标相冲突,也不得与他人在先取得的其他合法权利相冲突。由于《商标法》的其他条款对于在先商标权利保护问题已经作了相应的规定,所以本条规定的在先权利是指在系争商标申请注册日之前已经取得的,除商标权以外的其他权利,包括商号权、著作权、外观设计专利权、姓名权、肖像权等。另一种是广义的解释方法,认为在先权利是指在申请商标注册之前的合法权利,其内容可能涉及其他知识产权或民法保护客体,具体包括但不限于下列权利:著作权、地理标志权、商号权、外观设计权、姓名权、肖像权、商品化权。[1]

近年来,为应对现实生活中出现的各种新情况,司法实践对"在先权利"的解释有放宽趋势,法院在具体案件裁判中,将在先合法利益也放进在先权利的保护范围。例如,在耐克国际有限公司与中华人民共和国国家工商行政管理总局商标评审委员会等商标争议行政纠纷案判决中,北京市高级人民法院指出,"申请商标注册不得损害他人现有的在先权利,也不得以不正当手段抢先注册他人已经使用并有一定影响的商标。该条款所指在先权利包括《商标法》没有特别规定的在先权利以外的其他任何民事权利或者权益"。[2] 而在梦工厂动画影片公司(以下简称"梦工厂")与中华人民共和国国家工商行政管理总局商标评审委"功夫熊猫"商标案中[3],北京市高级人民法院更是向前又迈出了一步,在该案判决中明确"商品化权"属于在先权利。判决指出,梦工场制作的动画电影"功夫熊猫 KUNGFUPANDA"拍摄于 2005 年 9 月,2008 年 6 月 20 日在中国内地上映,该片已获得"安妮奖"最佳动画片、中国"美猴奖"外国动画长篇金奖等十个奖项,同时获得"奥斯卡""金球奖"最佳动画片提名。《商标法》关于申请商标注册不得损害他人现有的在先权利的规定中,"在先权利"不仅包括现行法律已有明确规定的在先法定权利,也包括根据我国《民法通则》和其他法律的规定应予保护的合法权益。梦工场公司主张的其对"功夫熊猫 KUNGFUPANDA"影

---

[1] 参见吴汉东主编:《知识产权法》,中国政法大学出版社2002年版,第227—233页。
[2] 参见北京市高级人民法院行政判决书(2013)高行终字第76号。
[3] 该案原审第三人胡晓中于2008年12月22日向商标局提出"功夫熊猫 KUNGFUPANDA"商标注册申请,指定使用在第27类的"地毯"等商品上。梦工厂提出异议,引证了2006年6月6日申请注册、核定使用在第28类"活动玩偶玩具"等商品上的"KUNGFUPANDA"商标;并主张就"功夫熊猫"享有商品化权,胡晓中的商标注册申请与其在先商品化权相冲突。商标评审委员会和北京市第一中级人民法院均认为,被异议商标和引证商标使用的商品不属于同一种或类似商品,两商标并存使用尚不会使消费者对商品来源产生混淆;而"商品化权"在我国并非法定权利或者法定权益类型,且梦工厂并未指出其请求保护的"商品化权"的权利内容和权利边界,因此,不存在商标与在先权利的冲突。本案具体情况参见北京市高级人民法院行政判决书(2015)高行(知)终字第1973号。

片名称享有的"商品化权"确非我国现行法律所明确规定的民事权利或法定民事权益类型,但当电影名称或电影人物形象及其名称因具有一定知名度而不再单纯局限于电影作品本身,与特定商品或服务的商业主体或商业行为相结合,电影相关公众将其对于电影作品的认知与情感投射于电影名称或电影人物名称之上,并对与其结合的商品或服务产生移情作用,使权利人据此获得电影发行以外的商业价值与交易机会时,则该电影名称或电影人物形象及其名称可构成适用2001年《商标法》第31条"在先权利"予以保护的在先"商品化权"。否则,不仅助长其他经营者搭车抢注商标的行为,而且会损害正常的市场竞争秩序。这显然与商标法的立法目的相违背。该案判决引起了广泛的关注和讨论,非常值得研究。

关于商标与商标之间的冲突问题,本书主要在商标假冒仿冒侵权部分探讨,本部分主要探讨商标与商标以外的其他权利和利益发生冲突时的在先性判断问题。

二、在先权利冲突案件的管辖问题

最高人民法院《关于审理注册商标、企业名称与在先权利冲突的民事纠纷案件若干问题的规定》(法释〔2008〕3号)第1条规定,原告以他人注册商标使用的文字、图形等侵犯其著作权、外观设计专利权、企业名称权等在先权利为由提起诉讼,符合《民事诉讼法》第108条规定的,人民法院应当受理。原告以他人使用在核定商品上的注册商标与其在先的注册商标相同或者近似为由提起诉讼的,人民法院应当根据《民事诉讼法》第111条第3项的规定,告知原告向有关行政主管机关申请解决。但原告以他人超出核定商品的范围或者以改变显著特征、拆分、组合等方式使用的注册商标,与其注册商标相同或者近似为由提起诉讼的,人民法院应当受理。

对此条规定进行分析可以知道,对于商标与其他权利之间的冲突问题,人民法院有管辖权,但对注册商标与注册商标发生权利冲突的案件,人民法院不受理,告知当事人要求商标行政管理部门解决。这说明法院仍然将商标注册问题预留给商标行政管理部门,司法不径行介入。当然,如果是他人超出核定商品的范围或者以改变显著特征、拆分、组合等方式使用的注册商标,则应认定为是未注册商标的使用,与权利人注册商标相同或者近似的,属于注册商标与商业使用中的非注册商标之间的冲突问题,人民法院有管辖权。

该司法解释消除了以前司法审判中确定管辖权的不同方法,此前,有的法院受理注册商标与注册商标之间的冲突案件,有的法院则不直接受理此类案件,认为行政程序优先。如在北京恒升远东电子计算机集团与北京市恒生科技发展公司、北京市金恒生科技发展有限公司商标侵权纠纷案中,针对恒升商标与恒生商标之间的冲突,一审和二审法院都没有提出驳回起诉、不予受理,告知当事人去行政主管机关解决。① 而在江苏泰兴市同心纺织机械有限公司与江苏振泰机械织造公司侵犯商标专用权、侵犯企业名称权纠纷一案中,二审法院江苏省高级人民法院认为,关于振泰公司和同心公司之间因各自拥有的注册商标专用权而引起的权利冲突纠纷,人民法院不能直接受理。本案中,振泰公司和同心公司均各自拥有一个合法的注册商标,且均未发现有超越授权范围使用商标的行为。振泰公司诉称同心公司所使用的"真泰 ZT"注册商标与振泰公司"振泰 ZT"注册商标近似,构成对振泰公司注册商标专用权的侵犯,其实质在于对同心公司"真泰 ZT"注册商标的授权存在争议。关于此类争议的处理,我国商标法中已规定有一套完整的注册商标争议行政处理程序。因此,主张权利方应先行向有关行政主管机关申请处理,人民法院对此类纠纷不应直接受理。据此,一审法院直接受理此民事纠纷不当,应予纠正。②

三、五年期间

我国《商标法》第 32 条规定,"申请商标注册不得损害他人现有的在先权利,也不得以不正当手段抢先注册他人已经使用并有一定影响的商标"。违反该条规定的后果规定在《商标法》第 45 条,即"已经注册的商标,违反本法第 13 条第 2 款和第 3 款、第 15 条、第 16 条第 1 款、第 30 条、第 31 条、第 32 条规定的,自商标注册之日起 5 年内,在先权利人或者利害关系人可以请求商标评审委员会宣告该注册商标无效。对恶意注册的,驰名商标所有人不受 5 年的时间限制"。结合这两条规定可以得知,商标注册与他人在先权利发生冲突的,在先权利人必须在商标注册 5 年内提出宣告注册商标无效的请求,恶意注册驰名商标的则不受 5 年期间的限制。那么,如何认识这 5 年期间呢?主要有如下三种观点。

1. 5 年期间为诉讼期间

据此观点,5 年期间可以发生诉讼时效期间的中止、中断和延长。例如,在成昌行粮食有限公司与国家工商行政管理总局商标评审委员会行政诉讼案件中,原告成昌行粮食有限公司即主张,《商标法》虽然没有规定期间的中止、中断,但根据其上位阶法律——《民法通则》第 140 条的规定,本案应比照适用诉讼时效"因提起诉讼、当事人一方提出要求或者同意履行义务而中断"的情形。上述规定中的 5 年期限属于诉讼时效,而非除斥期间。③

---

① 该案一审判决情况见北京市第一中级人民法院民事判决书(2001)一中知初字第 343 号;二审调解书见北京市高级人民法院民事调解书(2003)高民终字第 399 号。
② 该案具体情况参见江苏省高级人民法院民事裁定书(2004)苏民三终字第 059 号。
③ 该案具体情况参见北京市第一中级人民法院行政判决书(2005)一中行初字第 1090 号。

2. 5年期间为不变期间

据此观点,5年期间是权利人向商标局请求权利救济的出诉期间,不能延长、中断、中止。

3. 5年期间为除斥期间

据此观点,撤销商标注册为一种形成权,因此5年期间适用于形成权就是除斥期间,不发生中止、中断、延长。①

本书认为,该5年期间应该是不变期间,因为它不发生中止、中断和延长,所以不是诉讼时效期间。而撤销商标注册行为不是行使形成权的行为,因为它不因单方行为直接产生法律效果,还可能经过司法审查,效力并不确定,因此它也不是形成权行使的除斥期间。值得一提的是,2001年《商标法》是通过撤销商标注册的程序保护在先权利人权利的,但2013年《商标法》将这一程序改为宣告注册商标无效。从字面看,这个程序和形成权中的"撤销权"也已经不存在形式上的联系了。

四、几类主要在先权利冲突的情形

(一) 在先著作权

未经著作权人的许可,将他人享有著作权的作品申请注册商标,应认定为对他人在先著作权的侵犯,系争商标应当不予核准注册或者被宣告无效。裴立、刘蔷与山东景阳冈酒厂的《武松打虎》案就是商标侵犯美术作品著作权的典型案例。被告景阳冈酒厂将原告裴立之广夫、刘蔷之广父创作的《武松打虎》组画中的第11幅修改后用于商标,侵犯了原告等享有的著作权。②

在符合下列要件时,商标与在先著作权冲突:

1. 系争商标与他人在先享有著作权的作品相同或者实质性相似

在先享有著作权是指,在系争商标申请注册日之前,他人已经通过创作完成作品或者继承、转让等方式取得著作权。在先享有著作权的事实可以下列证据材料加以证明:著作权登记证书,在先公开发表该作品的证据材料,在先创作完成该作品的证据材料,在先通过继承、转让等方式取得著作权的证据材料等。对生效裁判文书中确认的当事人在先享有著作权的事实,在没有充分相反证据的情况下,可以予以认可。如果系争商标注册申请人能够证明系争商标是独立创作完成的,则不构成对他人在先著作权的侵犯。

2. 系争商标注册申请人接触过或者有可能接触到他人享有著作权的作品

---

① 该案具体情况参见北京市第一中级人民法院知识产权庭编:《商标确权行政审判疑难问题研究》,知识产权出版社2008年版,第187页。

② 该案具体情况参见孙建、罗东川主编:《知识产权名案评析》,中国法制出版社1998年版,第78—86页。

3. 系争商标注册申请人未经著作权人的许可

系争商标注册申请人应就其主张的取得著作权人许可的事实承担举证责任。如果申请人能够证明系争商标注册申请人与著作权人签订了著作权许可使用合同，或者著作权人作出过直接的、明确的许可其使用作品申请注册商标的意思表示，则该条件不成立。

(二) 在先外观设计专利权

未经授权，在相同或者类似商品上，将他人享有专利权的外观设计申请注册商标的，应当认定为对他人在先外观设计专利权的侵犯，系争商标应当不予核准注册或者被宣告无效。在满足下列条件的情况下，商标与在先外观设计专利权相冲突。

1. 外观设计专利的授权公告日早于系争商标申请注册日及使用日

当事人主张在先享有外观设计专利权的，应当提交外观设计专利证书、年费缴纳凭据等证据材料加以证明。

2. 系争商标与外观设计使用于相同或者类似商品

系争商标与外观设计应当使用于相同或者类似商品。如果商品不相同或者不类似，则不能认定为侵犯外观设计专利权。

3. 系争商标与外观设计相同或者近似

关于系争商标与外观设计相同或者近似的判断，既可以就系争商标与外观设计的整体进行比对，也可以就系争商标的主体显著部分与外观设计的要部进行比对。有关系争商标与外观设计相同或者近似的认定，原则上适用商标相同、近似的审查标准。

外观设计专利中的文字仅保护其特殊表现形式，含义并不在专利权保护范围内。国家工商行政管理总局商标局2002年7月22日关于取得外观设计专利的"蒙古醉""蒙古小烧"是否违反《商标法》禁用条款问题的批复明确指出，外观设计专利权的保护范围以表示在图片或者照片中的该外观设计专利产品为准，文字的字音、字义等内容不能作为要求保护的外观设计专利权的范围。北京市第一中级人民法院在新乡市步云鞋垫有限公司与国家工商行政管理总局商标评审委员会一案中也明确指出，虽然步云公司在争议商标注册前的1997年、1999年、2001年就获得外观设计专利权，但由于外观设计专利保护的范围是图片或照片中的外观设计，故在本案中受专利权保护的对象应为步云公司产品外包装袋的图案设计。争议商标中"彩步云"文字及云朵状的图形在外观上与步云公司获外观设计专利权的图案或其中含有"步云""鑫步云"字样的图案完全不同，争议商标没有构成对步云公司外观设计专利权的损害。[1]

---

[1] 该案具体情况参见北京市第一中级人民法院行政判决书(2005)一中行初字第850号。

4. 系争商标注册申请人没有取得外观设计专利权人的授权

系争商标注册申请人应当就其主张的取得外观设计专利权人授权的事实承担举证责任。

(三) 在先姓名权

未经许可,将他人的姓名申请注册商标,给他人姓名权造成或者可能造成损害的,系争商标应当不予核准注册或者被宣告无效。在满足下列条件的情况下,商标与他人姓名权相冲突:

1. 系争商标与他人姓名相同

根据该条构成要件,系争商标必须与他人姓名相同才构成权利冲突,例如在"宗庆后案"中,安徽省某酒业有限公司申请"宗庆后"商标,指定使用商品为第32类的"啤酒、矿泉水、饮料制剂"等。宗庆后是杭州娃哈哈集团有限公司法定代表人。因申请注册商标与他人姓名完全相同,所以商标局适用原《商标法》第31条(2013年《商标法第32条》)权利冲突的规定驳回申请。

如果商标与他人姓名不完全相同但相似,该如何处理?安徽省某酒业有限公司也申请了"何伯泉"商标,指定使用商品为第32类的"啤酒、无酒精饮料、矿泉水、汽水、果子粉、饮料制剂、茶饮料(水)、果汁、奶茶(非奶为主)、蔬菜汁(饮料)"。因为"何伯泉"与乐百氏(广东)食品饮料有限公司的副董事长兼总经理何伯权的名字并不完全相同,因此,不能适用原《商标法》第31条(2013年《商标法第32条》)的权利冲突规定驳回商标注册申请,商标局依据《商标法》第10条第1款第8项不良影响条款的规定驳回了商标申请。①

他人的姓名包括本名、笔名、艺名、别名等。《商标审理标准》规定,"他人"是指在世自然人。已故的自然人姓名是否能够未经授权就使用?本书认为,首先应该考虑商标使用的营利性特征;其次,应该考虑已故名人生活的时代。举例来说,如果有人把"杜甫"用做商标,没有人会将商品与杜甫建立什么联系;但是,如果有人以"毛泽东"或者"鲁迅"做商标,情形会大有不同。当然,即使是以"杜甫"为商标进行注册,也可能妨害公序良俗或者有其他不良影响,要依据《商标法》第10条第1款第8项的规定进行审查。因此,本书认为,即使是已故名人的姓名也不能未经授权随便用做商标标识。

2. 系争商标的注册给他人姓名权造成或者可能造成损害

未经许可使用公众人物的姓名申请注册商标的,或者明知为他人的姓名,却基于损害他人利益的目的申请注册商标的,应当认定为对他人姓名权的侵害。这里如果使用的是公众人物的姓名,则不要求主观上有损害他人利益的目的,因

---

① 关于此种情况下适用公序良俗条款是否合适,本书已经在商标构成要件"合法性"部分进行了探讨。

为使用公众人物姓名本身主观上推定具有"搭便车"的故意,不当利用或可能损害公众人物的声誉。但是,如果是非公众人物,则强调其主观要件——以损害他人利益为目的。当然,现实生活中,他人以一名普通老百姓的姓名申请注册商标的情况很少,因为它对申请人来说不具有任何实际意义。

认定系争商标是否损害他人姓名权,应当考虑该姓名权人在社会公众当中的知晓程度。系争商标注册申请人应当就其主张的取得姓名权人许可的事实承担举证责任。

3. 姓名是否具有其他含义

如果姓名具有其他含义,而消费者是在其他含义下认识商标的,则不存在商标侵犯姓名权的问题。在"黎明"商标异议案中,香港著名影视歌星黎明对沈阳黎明发动机制造公司提出的"黎明"服务商标提出注册异议,认为该公司申请注册的商标侵犯自己的姓名权。但是,商标局认为,在《现代汉语词典》中,"黎明"指的是天快要亮或者刚亮的时候,是现代汉语常用词,不属于独创性词汇。在我国有效注册的商标中,冠以"黎明"的商品在流通中,没有使消费者误认为与某人有关,从而驳回了黎明的异议申请,对"黎明"商标准予注册。[①]

(四) 在先肖像权

未经许可,将他人的肖像申请注册商标,给他人肖像权造成或者可能造成损害的,系争商标应当不予核准注册或者被宣告无效。在满足下列条件的情况下,商标与他人肖像权相冲突。

1. 系争商标与他人肖像相同或者近似

他人的肖像包括肖像照片、肖像画等。"相同"是指系争商标与他人肖像完全相同。"近似"是指虽然系争商标与他人肖像在构图上有所不同,但反映了他人的主要形象特征,在社会公众的认知中指向该肖像权人。

2. 系争商标的注册给他人肖像权造成或者可能造成损害

未经许可使用公众人物的肖像申请注册商标的,或者明知为他人的肖像而申请注册商标的,应当认定为对他人肖像权的侵害。

(五) 在先企业名称权

按照现行企业注册登记制度,企业名称中除了商号以外,还包括行政区划、行业特点和组织形式等要素。其中,商号才是企业真正的标记,其余三个因素则往往是在一定行政区划内与其他众多的企业所共同使用的东西,它们既不为其中任何一个企业所拥有,也不为这些相关的企业所共有。而且,这些东西既不具有私权的特征,也没有财产权的属性。主要是出于以往多年来行政区划或条块

---

① 参见国家工商管理局商标局《关于对"黎明"商标异议的裁定》,(1996)商标服异字第 008 号,1996 年 5 月 25 日。

分割的便利,出于计划经济的需要,从计划管理的思维模式出发,人为划分市场的结果,因而实际上是政府主管部门强加在企业商号之上的附加标志。因此,企业名称中真正发挥区别功能的是商号,又称字号,是商事主体的文字表现形式,为该商事主体所专有,既是区别于其他企业的标记,又是企业的一项重要财产。因此,本书以为,应该统一使用"商号"的概念,而不是"企业名称"。在统一的商号概念下再区分已经登记的商号和没有登记的商号。

如果商号与商标权发生冲突,是否所有的在先商号都优先于注册商标呢?河南省新乡市步云鞋垫有限公司与国家工商行政管理总局商标评审委员会一案中,北京市第一中级人民法院认为,我国现行法律、法规对"字号权"并未作出明确的规定,因此,当事人不能仅据此主张权利。步云公司将"步云"作为其享有的"字号权",并据此主张在先权利缺乏法律依据,法院不予支持。① 该案确定了字号非经登记为企业名称不受商标法规定的在先权利保护。最高人民法院《关于审理注册商标、企业名称与在先权利冲突的民事纠纷案件若干问题的规定》第1条规定的商标权与其他权利冲突的权利类型中明确列举了"企业名称权",该规定同样仅仅对登记后的企业名称在先于商标注册的情况提供优先保护。

《商标审理标准》规定:将与他人在先登记、使用并具有一定知名度的商号相同或者基本相同的文字申请注册为商标,容易导致中国相关公众混淆,致使在先商号权人的利益可能受到损害的,应当认定为对他人在先商号权的侵犯,系争商标应当不予核准注册或者予以撤销。其适用要件为:(1)商号的登记、使用日应当早于系争商标注册申请日;(2)该商号在中国相关公众中具有一定的知名度;(3)系争商标的注册与使用容易导致相关公众产生混淆,致使在先商号权人的利益可能受到损害。《商标审理标准》明确要求商号必须具有一定的知名度才能以在先性对抗商标注册。事实上,要求在先商号具有一定的知名度,从某种程度上说是混淆的内在要求,因为如果在先商号没有一定的知名度,相关公众也不会因申请注册商标的使用而可能产生商品来源混淆。所以,商标与在先企业名称冲突的适用要件其实主要是两个:第一个是时间要件,商号成立时间在先;第二个为后果要件,即商号与商标并存可能造成相关公众就商品来源产生混淆。时间的先后比较容易判断,但相关公众是否会发生混淆则需要综合考量客观情况得出结论。在上海避风塘美食有限公司与国家工商行政管理总局商标评审委员会行政裁决审判监督案中②,针对争议商标"竹家庄避风塘及图"商标是否侵害了上海避风塘公司的企业名称权,最高人民法院指出,"避风塘"一词不仅仅是上海避风塘公司的字号,还具有"躲避台风的港湾"和"一种风味料理或

---

① 参见北京市第一中级人民法院行政判决书(2005)一中行初字第850号。
② 该案具体情况参见最高人民法院行政裁决审判监督行政判决书(2013)行提字第8号。

者菜肴烹饪方法"的含义,因此,只要不会造成相关公众的混淆、误认,上海避风塘公司就不能以其企业名称权禁止他人在"躲避台风的港湾"和"一种风味料理或者菜肴烹饪方法"的含义上正当使用"避风塘"一词。最高人民法院之所以作出如此判断,是因为综合考量了该案的具体情况。该案争议商标由竹子图案与"竹家庄避风塘"文字组成,其中竹子图案占据商标的大部分面积,且处于商标的显著位置。相对而言,"避风塘"在争议商标中并没有发挥识别作用。另外,对于餐饮行业相关公众而言,"避风塘"一词具有"一种风味料理或者菜肴烹饪方法"的含义,它本身起不到识别来源的作用。因此,最高人民法院认为,争议商标的注册、使用不会造成相关公众的混淆、误认,也就没有侵害上海避风塘公司的企业名称权。

思考题:

1. 泸州太阳神酒厂系"老槽房"商标的最初注册人,注册号为第1478511号,注册有效期自2000年11月21日起至2010年11月20日止。2000年12月1日,太阳神酒厂与泸州市江阳区三桥酒业有限公司签订《老槽房市场运作费补偿协议》。同日,双方签订《商标转让协议》。2001年1月14日,经双方申请,国家工商行政管理总局商标局将"老槽房"商标核准转让给三桥公司,并公告。2001年1月16日,双轮公司与三桥公司签订《"老槽房"商标转让协议书》,三桥公司与双轮公司共同办理了"老槽房"商标转让注册手续。同年2月14日,经商标局核准第1478511号"老槽房"商标转让给双轮公司,并予以公告。自2001年2月14日,双轮公司生产、销售"老槽房"白酒商品,同时,双轮公司在其生产经营过程中,在白酒商品上亦使用"老槽坊"文字。

迎驾公司自1998年10月开始生产、销售"老糟坊"白酒商品,并为此投入巨资进行广告宣传。2000年11月24日,迎驾公司向商标局提出注册"老糟坊"商标的申请,因与太阳神酒厂注册的"老槽房"商标近似,被商标局驳回。2000年7月31日、12月31日,迎驾公司对其使用"老糟坊"文字的白酒商品的酒瓶、包装盒,分别向国家知识产权局申请外观设计专利。2001年1月20日国家知识产权局对迎驾公司"老糟坊"白酒的酒瓶授予外观设计专利。问:迎驾公司能否以外观设计专利权在先为由申请撤销"老糟坊"商标的注册?为什么?

2. 申请人湖南省郴州良田水泥厂成立于1988年12月29日,字号为"良田",企业地址为郴州市苏仙区良田镇。2001年之前申请人及其产品先后获得农业部优质产品、湖南省乡镇水泥质量检查优胜企业、湖南省水泥行业质量五十强、湖南省乡镇企业明星企业、农业部中型二档乡镇企业、质量管理先进单位等多个奖项。被申请人郴州五岭水泥有限责任公司成立于1997年,企业地址同样为郴州市苏仙区良田镇。争议商标(见下图)由被申请人于2001年8月10日申请,于2002年11月14日获得注册。问:良田水泥厂能否以在先商号权主张撤销郴州五岭水泥公司的商标注册?为什么?

(争议商标)

第三章　商标的种类

商标发展萌芽时期的主要形态为图案,后来出现了文字,才有文字商标、字母商标、数字商标以及这些构成要素结合而成的组合商标。人们对商标重要性的认识也逐渐提高,在商标设计中所倾注的投入相应增加,出现了立体商标、商业外观;即使是传统商标,构成要素和组合方式也越来越复杂且强调美感。科学技术的发展一方面为商标设计和识别、注册提供了技术支持,如出现了凭视觉感知的商标以外的音响商标和气味商标等;同时也为商标获得显著性提供了各种途径。贸易发展克服地域限制以后,尤其在网络出现以后,商品的交易范围无限扩大,商标使用对显著性的贡献明显加大,这样越来越多本身欠缺显著性的标识可以通过使用获得显著性,人们开始启用通用名称、姓名、地名等商标。

第一节　商品商标、服务商标

一、商品商标与服务商标的概念

顾名思义,商品商标是用于有形商品之上的商标,服务商标是与商品商标相对应的一个概念,又称服务标志、服务标章或劳务标记。商品商标的对象是商品,是实实在在具有物质形态的东西;而服务商标的对象是服务,它是不具备物质形态的无形的抽象体。国家工商行政管理总局商标局1999年3月30日颁布的《关于保护服务商标若干问题的意见》在第1条曾经对服务商标作出过定义,即服务商标是指提供服务的经营者,为将自己提供的服务与他人提供的服务相区别而使用的标志。

服务商标的出现是因为作为第三产业的服务业的发展。第二次世界大战以后,随着重创后的世界经济的复苏,传统的第一、第二产业获得了发展,同时情报、信息、咨询、广告、旅游、技术服务等新兴的第三产业也蓬勃兴起。服务的提供者希望通过商标这种商业标识来把自己提供的服务与他人提供的服务区别开来。于是,服务商标就应运而生了。

对于服务商标提供法律保护的,首先是美国1946年制定的《兰哈姆法》。《兰哈姆法》第45条对服务商标所下的定义是:人们为了识别自己提供的服务,与他人提供的服务区别开来并表明服务来源,而在服务上使用的或意图进行商业使用而在本法规定的主登记簿上登记的任何词汇、名字、标志、图案或其组合,即使该服务来源还不被知晓。标题、出场人物以及广播、电视节目的其他显著特征也可以注册为服务商标,即使这些是广告主的商品广告。1958 年召开的关于《巴黎公约》修改的里斯本会议上,将对服务商标的保护纳入了《巴黎公约》。后来很多国家,如菲律宾、加拿大、瑞典等国作了这方面的规定。1966 年 11 月 11 日,世界知识产权组织拟订的《发展中国家商标、商号和不正当竞争行为示范法》第 1 条第 1 款第 2 项规定了服务商标的定义,"服务商标"指用来将一个企业的服务与其他企业的服务区别开来的看得见的标志。

二、我国对服务商标的保护

在 1993 年《商标法》修正之前,我国对于服务商标的保护,主要依据是《巴黎公约》第 6 条之 6 的规定:"各成员国同意保护服务商标,但不要求成员国制定关于服务商标注册的规定。"从该条规定来看,只要加入《巴黎公约》,就应当履行保护服务商标的义务,因此对于服务商标的保护,在早期主要是通过反不正当竞争法完成的。1993 年,我国第一次对《商标法》作出修正时,将服务商标纳入了商标法的保护范围。修正后的《商标法》第 4 条第 2 款明确规定:"本法有关商品商标的规定,适用于服务商标。"1999 年 3 月 30 日,国家工商行政管理总局商标局颁布了《关于保护服务商标若干问题的意见》,针对服务商标的保护作了专门规定。2001 年,我国第二次修改《商标法》后,更明确了对服务商标的保护,该法第 3 条规定,经商标局核准注册的商标为注册商标,包括商品商标、服务商标和集体商标、证明商标;商标注册人享有商标专用权,受法律保护。第 4 条也规定,自然人、法人或者其他组织对其生产、制造、加工、拣选或者经销的商品,需要取得商标专用权的,应当向商标局申请商品商标注册。自然人、法人或者其他组织对其提供的服务项目,需要取得商标专用权的,应当向商标局申请服务商标注册。本法有关商品商标的规定,适用于服务商标。2002 年《商标法实施条例》在第 2 条也规定,"本条例有关商品商标的规定,适用于服务商标"。随着立法对服务商标法律地位的明确,服务商标的注册实践也逐渐活跃。2002 年 9 月,清华大学将其"二校门图案"注册为教育服务类和科研服务类的商标,是继 1998 年该校注册"清华""清华钟形图案"商标之后的第三个服务商标。[①] 2013 年《商标法》第 4 条将原《商标法》第 4 条的第 1 款和第 2 款合并为一款,统一规定了商品商标和服务商标的问题,即"自然人、法人或者其他组织在生产经营活动中,对其商品或者服务需要取得商标专用权的,应当向商标局申请商标注册",不再将商品商标和服务商标分列。但是,仍然保留了原规定的第 3 款,变

[①] 《我校"二校门图案"注册为服务商标》,资料来源于 http://news.tsinghua.edu.cn/new/news.php? id=3753,2008 年 1 月 4 日访问。

更为现在第 4 条的第 2 款,强调有关商品商标的规定,适用于服务商标。2014年《商标法实施条例》保留了 2002 年《商标法实施条例》第 2 条的规定,强调该条例有关商品商标的规定,适用于服务商标。

至于哪些服务可以注册服务商标,这涉及商标注册中的商品与服务的分类问题。《尼斯协定》第三十五类至第四十五类把这些杂乱无章的服务概括为 11 类;第三十五类为广告、商业经营、商业管理、办公事务;第三十六类为保险、金融、货币事务、不动产事务;第三十七类为房屋建筑、修理、安装服务;第三十八类为电信;第三十九类为运输、商品包装和贮藏、旅行安排;第四十类为材料处理;第四十一类为教育、提供培训、娱乐、文体活动;第四十二类为科学技术服务和与之相关的研究与设计服务、工业分析与研究、计算机硬件与软件的设计与开发;第四十三类为提供食物和饮料服务、临时住宿;第四十四类为医疗服务、兽医服务、人或动物的卫生和美容服务、农业、园艺或林业服务;第四十五类为法律服务、由他人提供的为满足个人需要的私人和社会服务、为保护财产和人身安全的服务。

服务商标的使用方式比较特殊,我国 1999 年《关于保护服务商标若干问题的意见》曾经在第 7 条列明了服务商标的使用方式。2005 年 12 月,商标局发布的《商标审理标准》规定的服务商标使用的具体表现形式有:(1) 商标直接使用于服务场所,包括使用于服务的介绍手册、服务场所招牌、店堂装饰、工作人员服饰、招贴、菜单、价目表、奖券、办公文具、信笺以及其他与指定服务相关的用品上;(2) 商标使用于和服务有联系的文件资料上,如发票、汇款单据、提供服务协议、维修维护证明等;(3) 商标使用在广播、电视等媒体上,或者在公开发行的出版物中发布,以及以广告牌、邮寄广告或者其他广告方式为商标或者使用商标的服务进行的广告宣传;(4) 商标在展览会、博览会上使用,包括在展览会、博览会上提供的使用该商标的印刷品及其他资料;(5) 其他符合法律规定的商标使用形式。[①]

三、销售商标

服务商标中争议很大的是销售商标的问题。销售商标是销售者为了表示自己销售的商品而使用的商标。如日本的大百货公司三越的"三越"商标、美国大

---

① 关于商品商标的使用方式,《商标审理标准》第二部分 5.3.2 规定如下:商标使用在指定商品上的具体表现形式有:(1) 采取直接贴附、刻印、烙印或者编织等方式将商标附着在商品、商品包装、容器、标签等上,或者使用在商品附加标牌、产品说明书、介绍手册、价目表等上;(2) 商标使用在与商品销售有联系的交易文书上,包括使用在商品销售合同、发票、票据、收据、商品进出口检验检疫证明、报关单据等上;(3) 商标使用在广播、电视等媒体上,或者在公开发行的出版物中发布,以及以广告牌、邮寄广告或者其他广告方式为商标或者使用商标的商品进行的广告宣传;(4) 商标在展览会、博览会上使用,包括在展览会、博览会上提供的使用该商标的印刷品以及其他资料;(5) 其他符合法律规定的商标使用形式。

百货公司 MACY'S 的"MACY'S"商标就是销售商标。销售者使用销售商标,不是在宣传生产者的商标,而是在宣传自己的商标,这样有利于经营者获得经营的信誉,从而扩大销售。美国人很早就认识到,商品的销售者可以在自己销售的他人制造的商品上标注商标以识别商品的销售者,这被称为销售者商标(dealer's mark)或商人商标(merchant's mark)。1888 年,美国最高法院在审理 Menendez 案件时,被告提出,原告 Holt & Co. 对其面粉上使用的 LA FAVORITA 不享有有效的商标专用权,因为原告仅销售而不制造面粉。法院驳斥道,此案中原告使用的品牌不表明面粉是谁生产的,但是它表明是谁拣选和选分的。① 然而,零售、批发等销售服务是否属于服务商标,就饱受争议。因为销售业主要是向顾客提供产品而非服务,因此对从事销售业本身不应当提供服务商标的保护。2004 年,商标局给四川省工商局的批复(商标申字[2004]第 171 号)中指出,商场、超市属于销售商品的企业,其主要活动是批发、零售。而《尼斯协定》(第八版)第三十五类的注释明确说明,该类别服务的主要目的在于"对商业企业的经营或管理进行帮助",或者"对工商企业的业务活动或者商业职能的管理进行帮助",且"尤其不包括:其主要职能是销售商品的企业,即商业企业的活动"。因此,第三十五类的服务项目不包括"商品的批发、零售",商场、超市的服务不属于该类的内容。该类"推销(替他人)"服务的内容是:为他人销售商品(服务)提供建议、策划、宣传、咨询等服务。对于商场、超市的销售活动,不提供服务商标的保护。对于《尼斯协定》(第八版)第三十五类的注释,我国浙江省高级人民法院曾经在北京国美电器有限公司与温州国美机械制造有限公司商标侵权及不正当竞争纠纷上诉案中作出过批评,指出《类似商品和服务区分表》第三十五类注释的内容本身存在矛盾。该注释规定本类"尤其包括为他人将各种商品(运输除外)归类,以便顾客看到和购买",同时又规定"尤其不包括:其主要职能是销售商品的企业,即商业企业的活动"。在实际销售活动中,为了让顾客看到和购买,有哪家商场不从事商品归类?这种自相矛盾的规定必然使商业企业的商标类别归类处于空白状态,不利于对商业企业注册商标的保护。② 2007 年,《尼斯协定》对分类作出了修订,各成员国应于 2007 年 1 月 1 日起正式使用《尼斯分类》第九版。在《尼斯分类》(第九版)第三十五类注释中,在"尤其包括"项下,在原说明"为他人将各种商品(运输除外)归类,以便顾客看到和购买"后面特别增加了"这种服务可由零售、批发商店通过邮购目录和电子媒介,例如,通过网站或电视购物节目提供"的说明;而在"尤其不包括"项下,则删除了原第八版中"其主要职能是销售商品的企业,即商业企业的活动"这一段特别说明性文字。因此,

---

① Menendez v. Holt, 128 U.S. 514, 32 L. Ed. 526, 9 S. Ct. 143 (1888).
② 该案具体情况见浙江省高级人民法院民事判决书(2005)浙民三终字第 244 号。

最高人民法院在丰洋兴业股份有限公司与新疆太平洋百货有限公司的民事调解书中明确指出:"根据世界知识产权组织的要求,分类表已经修订,修改后的第九版分类表于2007年1月1日起适用。现行分类表关于第三十五类注释中,已经删除了'尤其不包括其主要职能是销售商品的企业,即商业企业的活动'的内容。"据此,销售行为可以列入商标分类表中第三十五类的服务。[1]《尼斯分类》(第十版)自2012年1月1日起实行,与该案有关的尼斯分类情况没有变化。

从美国的经验来看,自1958年开始,美国专利和商标局开始给予商品零售商就零售商店服务、零售百货公司服务以服务商标注册。这项政策在《美国商标审查程序手册》中获得正式认可,它规定,小零售店、大百货公司或类似的零售商店的活动曾经不被认为是一种服务。然而,现在已经普遍认可将各色产品集中在一起,给购买者提供一个拣选商品的场所,以及提供其他完成购买行为的必要手段构成履行服务的行为。[2]

思考题:

1. 商品商标与服务商标的不同主要体现在哪些方面?
2. 销售商标对消费者和销售企业的具体意义是什么?

第二节 平面商标、立体商标与商业外观

一、平面商标

上文已述,商标发展萌芽时期的主要形态为图案,后来出现了文字,才有文字商标、字母商标、数字商标以及这些构成要素结合而成的组合商标。因此,早期商标的构成形态主要是文字、图形、数字、字母或者其组合,由这些标识组成的商标统称为平面商标,是商标的原始形态,也是最基本的商标形态。即使是今天,现实生活中大量存在的也是这种商标,本书将其统称为传统平面商标。传统平面商标标识在注册中遇到的主要问题是显著性问题,过于简单或者过于复杂都会欠缺显著性。我国《商标审查标准》规定,过于简单的线条、普通几何图形、过于复杂的文字、图形、数字、字母或上述要素的组合、一个或者两个普通表现形式的字母,等等,不具有显著性。

---

[1] 该案具体情况见中华人民共和国最高人民法院民事调解书(2006)民三终字第5号。
[2] T.M.E.P. § 1301.01(a).

二、立体商标

立体商标,是指由三维标志或者含有其他标志的三维标志构成的商标。保护立体商标是商标发展历程的一大突破。世界上最早在商标法中明确规定保护立体商标的是法国。目前对立体商标给予注册保护的国家和地区有八十多个,大致可以分为三种类型:第一类是直接在商标法中明确规定允许以商品和包装的形状作为立体商标注册保护,这种类型占大多数;第二类是在商标法中虽未明确规定保护立体商标,但规定允许以商品包装进行商标注册,这类国家不多,如芬兰;第三类是未在商标法中明确排除立体商标注册,但在事实上给予注册保护,如奥地利。立体商标注册中遇到的主要是功能性问题。法国《知识产权法典》在711-1 规定了外形、尤其是商品及其包装的外形或表示服务特征的外形可以注册为商标;但在711-2 规定,纯由商品性质或功能所决定的外形,或赋予商品以基本价值的外形构成的标记缺乏显著性。[①] 美国在《兰哈姆法》颁布后的很长一段时间里,商品包装一直不能作为商标来注册。但是,1958 年的"海格"一案表明了专利商标局在商品包装是否可以注册为商标问题上态度的变化。在该案中,申请人申请的威士忌酒的"箍缩瓶"被认定为可以指示商品的来源而获得了注册。[②] 日本《商标法》在1996 年修改时,于第2 条增加了"三维形状",以保护立体商标。2001 年,我国第二次修订后《商标法》在第8 条商标标识规定中增列了三维标志,立体商标自此正式纳入商标法保护。在第二次修订《商标法》后不久,咸亨酒店向商标局提出注册身穿长衫、品茴香豆的孔乙己造型,成为我国首批申请注册的立体商标。[③]

(一) 立体商标的显著性

我国商标局2005 年12 月公布的《商标审查标准》在第四部分规定,立体商标仅有指定使用商品通用或者常用的形状、包装物或者整体不能起到区分商品来源作用,以及申请人提交的商标图样难以确定其三维形状的,判定为缺乏显著特征,不能获得注册。立体商标在我国开放注册后,出现过一些立体商标的注册申请,但主管机关大多以三维标志缺乏显著性为由而未予商标注册。如在可口可乐公司申请注册芬达饮料瓶商标时,可口可乐公司诉称,其申请注册的"芬达"饮料瓶商标图形为瓶型三维标志,与常见的通用瓶型相比,主要特征是瓶身下半部有密集的环绕棱纹(见下页图示)。可口可乐公司认为,瓶身的下半部分往往是消费者视觉识别的主要部位和主要的接触部位,故该部分的棱纹设计产

[①] 参见《法国知识产权法典》,黄晖译,郑成思校,商务印书馆1999 年版,第133—134 页。
[②] 参见李明德:《美国知识产权法》,法律出版社2003 年版,第275 页。
[③] 见《孔乙己成我国首批立体商标》,资料来源于 http://www.china.com.cn/chinese/kuaixun/81765.htm,2008 年1 月5 日访问。

生了独特的效果,使其区别于一般瓶型。可口可乐公司长期使用这种瓶型盛装其生产的"芬达"饮料产品,深受中国广大消费者喜爱,在消费者中已形成特定联想,能够与普通瓶型相区别,而且瓶型立体商标已在多个国家获得注册,充分证明该商标具有显著性,应予核准注册。而商标评审委员会认为,"芬达"的饮料瓶设计比较简单,缺乏特色,不容易与其他饮料的瓶子相区分,并不能产生区别于其他普通瓶形的显著特征,整体缺乏显著性。就拿可口可乐公司强调的棱纹来说,目前在市场上有很多饮料在瓶子上也早已采用了棱纹等防滑设计,可口可乐公司的瓶子缺乏显著特征,不符合《商标法》第 11 条的规定。另外,根据商标确权与保护的地域原则,申请商标在别国获准注册的情况不能成为在中国必然获准注册的理由。因此决定对原告的申请商标予以驳回,不予初步审定公告。北京市第一中级人民法院经审理,维持了商标评审委员会的决定。①

从费列罗巧克力立体包装的商标纠纷来看,如果确有证据证明立体商标具有显著性特征,能够发挥商品来源区别功能,则立体商标的注册申请人是可以通过商标注册确定商标权的。该案原告为江苏梁丰食品集团有限公司,被告为中华人民共和国国家工商行政管理总局商标评审委员会,原审第三人为费列罗有限公司。该案中的争议商标是由费列罗有限公司提出领土延伸保护的一个三维标志,由一个栗色和金黄色相间并带有波纹形状的底座和在底座之上放置的具有皱褶状包装效果的金黄色球形三维形状组成。2002 年 8 月 15 日,费列罗公司通过世界知识产权组织国际局向中国提出了对于争议商标的领土延伸保护申请。2003 年 3 月 19 日,商标局以争议商标缺乏显著性为由对其在中国的领土延伸保护申请予以驳回。2003 年 5 月 6 日,费列罗公司向商标评审委员会提出复审申请。2006 年 10 月 9 日,商标评审委员会作出商评字〔2006〕第 3190 号《关于国际注册第 783985 号"图形(三维标志)"商标驳回复审决定书》(简称第

---

① 资料来源于 http://www.hfboftec.gov.cn/n7216006/n8681961/n8684786/n8686343/8720715.html,2009 年 12 月 1 日访问。

3190号决定),驳回了争议商标在中国的领土延伸保护申请。费列罗公司不服第3190号决定,向北京市第一中级人民法院提起行政诉讼,要求撤销第3190号决定。北京市第一中级人民法院于2007年11月12日作出第815号判决,认定争议商标已经具备了显著特征,判决撤销了第3190号决定。第815号判决生效后,争议商标被核准注册,其商标专用期限自2002年5月23日起至2012年5月23日止。2007年12月4日,梁丰公司对争议商标提出撤销注册申请。其主要理由为争议商标是巧克力、糖果等商品上较为常见的包装,缺乏商标应有的显著特征,不能起到区别商品来源的作用。2010年5月4日,商标评审委员会作出商评字〔2010〕第08786号《关于国际注册第783985号"三维标志"商标争议裁定书》(简称第8786号裁定),裁定争议商标予以维持。梁丰公司不服,向北京市第一中级人民法院提起诉讼。北京市第一中级人民法院经审理认为,争议商标作为一个三维标志,由一个栗色和金黄色相间并带有波纹形状的底座和在底座之上放置的具有皱褶状包装效果的金黄色球形三维形状组成。上述对于色彩和商品包装形式的选择均不在本行业和指定使用商品包装形式的常规选择的范围之内,争议商标的独特创意已经使之成为了费列罗公司产品的一种标志性设计,并且经过费列罗公司长期广泛的宣传和使用,使得消费者在看到争议商标后可以清楚地判断出该商标所附着商品的来源,争议商标已经具有了商标所应具备的显著性。商标评审委员会认定争议商标具有显著性并据此维持争议商标注册的结论正确。二审法院维持了一审法院的判决。① 费列罗的三维形状也成为第一个通过司法程序认定的立体商标。

(二) 立体商标的功能性

我国《商标法》在第12条规定,以三维标志申请注册商标的,仅由商品自身的性质产生的形状(如下图1)、为获得技术效果而需有的商品形状(如下图2)或者使商品具有实质性价值的形状(如下图3),不得注册。

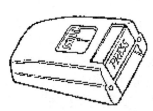  

图1 指定使用商品安全扣　　图2 指定使用商品容器　　图3 指定使用商品珠宝

---

① 该案具体情况参见江苏梁丰食品集团有限公司与商标评审委员会等商标争议行政纠纷一案,北京市高级人民法院行政判决书(2011)高行终字第1289号。

尽管我国立法中已经明确规定了立体商标如具有功能性，则不能获得商标注册，但现实情况中，商标审查机关和法院多在立体商标的显著性上做文章。事实上，在审查立体商标的注册申请时，审查者也要注意从功能性的角度来判断应否给予其商标权的独占保护。因为以缺乏显著性为由驳回申请，申请人如果提交证据证明三维标志已经获得显著性就会获得商标权保护；而如果判断标志具有功能性，则任何人不能以任何理由独占该特征，即使该特征已经通过使用获得了显著性。以芬达饮料瓶为例，可口可乐公司提出，瓶身的下半部分往往是消费者视觉识别的主要部位和主要的接触部位，故该部分的棱纹设计产生了独特的效果，使其区别于一般瓶型。针对这一主张，审查机构完全可以提出，棱纹等防滑设计具有功能性，这样一个特征不能注册为商标。

在雀巢于酱油等调味品注册的方形瓶立体商标(如下图示)中也反映出三维标志的显著性与功能性对于商标权取得的不同意义。雀巢公司在北欧注册了棕色方形瓶立体商标后，在我国申请领土延伸保护。国家工商行政管理总局商标局起初驳回了雀巢的申请，理由为该立体瓶装不具有显著性，后雀巢提供了标志已经获得商标显著性的证据，在商标公告期内无人提出异议的情况下获得了商标的核准注册。随后，雀巢公司就在2008年10月，向广东省开平市的味事达、广中皇两家公司发出警告函，向开平市工商局投诉开平市的民丰、味香皇、和味香三家企业，称雀巢在食用调味品上享有注册号为G640537号的注册商标专用权，开平市的这些调味品企业在酱油等产品上使用与该商标近似的棕色方形瓶包装，侵犯了其商标权。[①] 我国广东的酱油企业很早就已经在产品上使用这种方形瓶了。其实，不论从颜色还是从方形瓶的设计来看，棕色方形瓶都有适用商标功能性原则的空间。因为棕色具有不透光、遮蔽瓶中之物的功能，由此可以保护使用者对调味品的感觉不受到破坏性影响；而方形形状利于抓握，不容易滑脱。试想，如果商标局不是以显著性为由驳回申请，而是直接指出这种形状具有功能性，则雀巢公司就不会轻易获得商标注册，因为功能性标志即使通过使用获得显著性也不能获得商标注册。后来，味事达公司只能向法院提起确认不侵权之诉来维护自身合法权益。[②]

[①] 参见《关注国内立体商标争议第一案背后——雀巢"抡"起"大棒"向中国酱油瓶"开砸"》，资料来源于http://www.legaldaily.com.cn/0801/2009-02/05/content_1029920.htm，2009年12月1日访问。

[②] 味事达公司在确认不侵权之诉中获胜，确定了在自己的产品上继续使用棕色方形瓶的合法地位。具体情况参见雀巢产品有限公司与开平味事达调味品有限公司确认不侵犯注册商标专用权纠纷上诉案判决书，广东省高级人民法院民事判决书(2010)粤高法民三终字第418号。

三、商业外观

商业外观是经营的整体形象,包括餐馆的整体外观和形状、识别性标识、店内厨房地板图案、装饰、菜单、上菜的器具、服务人员的着装以及其他反映该餐馆整体形象的特征。如下页图所示麦当劳店铺整体形象,世界各地的麦当劳快餐店的店面设计都相差无几,其整体经营形象已经在消费者心目中形成了统一而清晰的认识,属于具有极强显著性的商业外观。

从美国对"商业外观"法律保护的实践来看,法院对商业外观的保护,是从立体商标开始的。先从普通商标到立体商标,再到产品外形,再到商业外观。我国学者对商业外观概念的探讨和法理分析,很大程度上是翻译和借鉴美国学者著述和判例解说。在美国,联邦商标法——《兰哈姆法》只在一处使用了商业外观一词,商业外观更多的是判例和法律著作所使用的法律术语。在两比索案中,原告和被告就墨西哥玉米豆卷屋的商业外观产生了纠纷,美国联邦最高法院认为,商业外观如果具有固有显著性的话,不必通过使用获得第二含义即可获得商标法的保护。[1]

世界知识产权组织(WIPO)在其起草的《反不正当竞争示范条款》中将商业

---

[1] 505 U.S. 763.

外观纳入反不正当竞争保护之中,但并未集中使用"商业外观"一词。该示范条款关于商业外观的表述包括"商品外观"和"商品或服务的表示"。前者包括商品的包装、形状、颜色或者其他非功能性特有的特征,且与工业设计的混淆也纳入该范围;后者包括企业的工作服和店铺风格。①

除美国外,还有一些国家以市场混淆为基础对商业外观进行保护,英国就是如此。在英国,商品包装、形状和商业外观可以受禁止仿冒行为的法律保护。按照英国判例,如果通过使用特殊的产品包装或者形状而使其获得了商誉,就可以禁止他人仿冒。为此,原告必须能够证明公众将商业外观作为识别商品或者服务的标识。②

我国已经出现了一些商业外观纠纷,法院是根据反不正当竞争法作出的裁决。例如,在北京胡同文化游览有限公司与北京四方博通旅游文化发展有限公司"胡同游"一案中,被告全套仿冒原告的"胡同游",特别是被告在其所用的三轮车和车工服饰上,使用了与原告完全相同的车篷、车厢和车工的帽子、马甲、裤子的色彩及组合形式,造成与原告特有的包装装潢相混淆,甚至在被告自己印制的宣传材料上印制了原告车队的照片。法院审理后认为,原告为其"胡同游"服务专门设计了三轮车外观及车工服饰,其人力三轮车的外观与从事同类胡同游服务所通用的人力三轮车的外观有明显区别,故应认定原告设计的三轮车外观及车工服饰为其所特有。被告的行为无偿占有了原告为其服务装潢的知名度及影响力所付出的努力。并且,被告的使用行为还会降低原告服务特有装潢的显著性,亦会对原告的权益造成损害。被告使用与原告相近似的三轮车外观及车工服饰的行为构成不正当竞争,应承担相应的法律责任,停止侵权行为,赔偿原告因此所受的损失。③ 案件判决适用的具体法律为《反不正当竞争法》第5条第2项的规定,即经营者不得采用下列不正当手段从事市场交易,损害竞争对手:……(2) 擅自使用知名商品特有的名称、包装、装潢,或者使用与知名商品近似的名称、包装、装潢,造成和他人的知名商品相混淆,使购买者误认为是该知名商品。而最高人民法院《关于审理不正当竞争民事案件应用法律若干问题的解释》在第3条规定,由经营者营业场所的装饰、营业用具的式样、营业人员的服饰等构成的具有独特风格的整体营业形象,可以认定为《反不正当竞争法》第5条第2项规定的"装潢"。最高人民法院的这一解释实际上肯定了法院一直以来以《反不正当竞争法》保护商业外观的具体做法。

---

① 参见孔祥俊:《反不正当竞争法新论》,人民法院出版社2001年版,第841页。
② 参见孔祥俊:《论商业外观的法律保护》,载《人民司法》2005年第4期。
③ 本案一审判决见北京市第一中级人民法院民事判决书(2001)一中知初字第23号,二审判决见北京市高级人民法院民事判决书(2002)高民终字第84号。

思考题：

1. 我国对商业外观提供法律保护的依据是什么？
2. 立体商标的可注册性分析与平面商标的可注册性分析有何不同？

第三节 颜色商标

一、颜色商标的概念

什么是颜色商标？各国商标法律制度给出的定义不尽相同。在法国，所有带颜色的商标都可以被称为颜色商标[①]；而在德国，纯粹由颜色组成的商标才是颜色商标[②]；在西班牙没有关于颜色商标的法律定义，但商标局实践中认为，只有黑白之外的颜色才构成颜色商标[③]。本书认为，如果将所有带颜色的商标都定义为颜色商标，这无疑否定了对颜色商标的注册问题进行独立探讨的必要，因为颜色如果与文字、图形等组合后，判断标识能否获得注册就需要对所有构成要素的显著性进行综合考虑，甚至只需要重点对文字、图形等要素作为商标的显著性问题进行判断了。西班牙将黑白两种颜色排除在颜色商标之外，它规定的已经不是颜色商标的问题，而是彩色商标的问题了。因此，本书认为，所谓的颜色商标应该是单纯由颜色组成的商标，而不论商标是由一种颜色还是由多种颜色组成，也不论颜色是黑白的还是彩色的。此观点和黄晖先生对颜色商标的认识是一致的，他将颜色商标分为颜色组合商标与色差[④]商标、纯色商标。[⑤] 但是，根据这个定义，在那些立法只承认颜色与文字、图形等其他要素组合起来才能获得注册的国家，就不存在颜色商标了。例如，《日本商标法》在第2条第1款规定，商标由文字、图形、记号、三维标志或它们的组合，或者它们与色彩的组合构成。这使颜色在商标法中的地位变得越来越复杂。

颜色商标的复杂性还体现在人们对单色商标和颜色组合商标的认识不同。单色，也被称为单一颜色[⑥]，是和颜色组合相对的一个概念。由于人们对颜色组合的认识不同，自然也会产生对单一颜色的不同定义。法国法中的颜色组合是指将一种或几种颜色联系在一起，而我国《商标审查标准》则规定颜色组合商标

---

① 参见流云：《立体商标颜色商标欧洲考察实录三》，载《中华商标》2003年第3期，第42页。
② 参见流云：《立体商标颜色商标欧洲考察实录一》，载《中华商标》2003年第1期，第48页。
③ 参见流云：《立体商标颜色商标欧洲考察实录二》，载《中华商标》2003年第2期，第48页。
④ 也有人称其为色度，见蔡恒松：《美国颜色商标的法律保护》，载《贵州财经学院学报》2005年第1期（总第114期），第72页。
⑤ 参见黄晖：《颜色商标的法律保护》，载《工商行政管理》2002年第9期，第24页。
⑥ 见李长宝：《单一颜色商标的可注册性》，载《中华商标》2005年第10期，第17—18页。

是由两种或者两种以上的颜色构成的。法国法中由一种颜色构成的组合商标是指颜色的不同色差构成的商标。本书认为,不同色差仍然为不同颜色,例如大红和橙红就为两种颜色;而如果以色差很小的颜色组合为商标,则本身区分起来就很困难,可以视为一种颜色。因此,本书所称颜色组合商标指由两种以上颜色构成的商标。

相对于商品或者服务来说,颜色组合也存在着使用商品常用颜色、叙述性颜色和通用颜色的问题。因此,在这些情况下,也必须要求颜色或颜色组合通过使用获得显著性。① 欧共体商标局就曾驳回过一个由绿色和灰色组成的使用在园艺工具上的商标,因为该商标与绿色植物的颜色太接近。② 我国《商标审查标准》在第五部分颜色组合商标的审查之四(一)规定,颜色组合商标若仅有指定使用商品的天然颜色(例如将黄色注册为芥末的商标)、商品本身或者包装物以及服务场所通用或者常用的颜色(例如将黄金蓝注册为洗衣机或者洗衣粉的商标),则缺乏显著性。

当然,不容否认的是,一般来说,颜色组合商标具有内在显著性,正因为如此,《欧共体商标条例》(CTMR)认为,单一颜色一般缺乏显著性,而双色一般具有显著性。③

二、我国商标法律制度对颜色商标的保护

我国《商标法》第 8 条规定,任何能够将自然人、法人或者其他组织的商品与他人的商品区别开的标志,包括文字、图形、字母、数字、三维标志、颜色组合和声音等,以及上述要素的组合,均可以作为商标申请注册。从该条规定看,颜色商标中只有颜色组合商标才能在我国获得注册。《商标审查标准》在第五部分规定了颜色组合商标的审查,解释了《商标法》第 8 条规定的颜色组合商标是指由两种或两种以上颜色构成的商标。但是,《商标审查标准》在第二部分之五对《商标法》第 11 条第 1 款第 3 项"其他缺乏显著特征的"规定进行了解释,规定了 10 项缺乏显著特征的标志,其中第 6 项为单一颜色。由此看来,《商标审查标准》实际上已经修改了《商标法》的规定,将商标构成要素从颜色组合商标扩大到单纯由颜色组成的商标,并规定单一颜色只有通过使用获得显著性,才可以在我国注册为商标。

但是,商标局和法院对颜色商标的态度并不宽容,即使是颜色组合商标,若

---

① 参见〔法〕卡特琳娜·吉约曼冈:《立体商标、颜色商标及法国的实践》,载《中华商标》2002 年第 4 期,第 8 页。
② 参见黄晖:《颜色商标的法律保护》,载《工商行政管理》2002 年第 9 期,第 24 页。
③ 〔德〕德特勒夫·森能:《OHIM 对立体商标及颜色商标的注册与保护》,载《中华商标》2002 年第 4 期,第 9 页。

要在我国获得商标注册也是有相当难度的。2005年12月17日,北京市第一中级人民法院对我国首例颜色组合商标案宣判,这纸判决给2001年10月27日修改过的《商标法》关于颜色组合可以注册为商标的规定投下了阴影。瑞典凯普曼有限公司败诉了,它在手工具零件上申请的由橘黄色和蓝色组成的商标没有获得注册。法院认为,颜色组合可以作为商标的一种形式,但其应当与其他标志一样具有显著性,才有可能获得注册。原告的申请商标系由橘黄色和蓝色组合构成,该颜色组合本身过于简单,不能起到指示商品或服务来源的作用。同时,原告提交的证据不能证明该申请商标已经获得后天显著性和享有相当高的知名度。[①] 前文已经论述,颜色组合商标一般具有内在显著性,是不需要通过使用获得后天显著性的,而该判决不仅仅明确要求颜色组合商标通过使用获得显著性,还要求其已经享有相当高的知名度。这无异于把已经敞开的颜色组合商标的注册之门关闭了,连《商标法》第8条关于颜色组合商标的规定也形同虚设。该判决出现在《商标审查标准》出台之前,从《商标审查标准》关于颜色商标的规定来看,它是对上述判决的否定和进步。但是,本书认为,即使是在《商标审查标准》出台之后对该案作出判决,其结论也会大同小异。因为《商标审查标准》是在2005年12月31日公布的,且不说上述判决和《商标审查标准》之间的时间间隔非常短,商标局和法院的态度不可能在这么短的时间内发生如此大的变化;而且,我们不能忽视的事实是,新的《商标审查标准》的草拟工作早在2004年就启动了,而新标准的内容在2005年9月就上网公布并征求社会意见,这就决定了商标局和法院的态度不可能因为新标准的出台而有太大的变化。由此,我们可以说,尽管新标准规定了单一颜色商标和颜色组合商标注册的有关规定,但这些规定在实践中适用的空间有多大,我们还不能过于乐观。

三、单一颜色商标的注册问题

由于颜色组合商标一般具有内在显著性,其注册问题相对简单得多,但是对于单色能否通过使用获得显著性而注册为商标,各国法律规定态度不一。法国《知识产权法典》把颜色作为图形商标规定,单色在法国不能获得商标注册,只有颜色的排列、组合、色差才可以。德国《商标法》在第3条规定了可以作为商标保护的标志,其中在第1款规定,任何能够将其商品或服务与其他商品或服务区别开来的标志都可以作为商标,尤其是文字(包括姓名)、图案、字母、数字、声音标志、三维造型(包括商品、容器或包装的形状),也包括颜色和颜色组合。依此规定,单色在德国可以注册为商标。爱芬德国公司就在猫粮商品上注册了红

[①] 该案具体情况请参见郭京霞:《我国首例颜色组合商标案宣判——因形式过于简单被法院驳回》,载《人民法院报》2005年12月17日第4版。

色商标。新西兰和澳大利亚的商标法都规定了颜色可以注册为商标,而不要求颜色必须以组合形式出现才能注册为商标。英国石油公司在澳大利亚已经注册了颜色商标。① 西班牙原来的商标法不允许单色商标进行注册,但是,根据现行商标法,单色如果获得了显著性则可以注册为商标。②

美国巡回法院对颜色商标的可注册性态度不一。早在1949年,美国第三巡回法院就在 Campbell Soup Co. v. Armour & Co. 一案中提出,颜色不能注册为商标,而拒绝了 Campbell Soup 公司就食品包装标签上的红、白颜色提出的商标注册申请。③ 但联邦巡回上诉法院在1985年 In re Owens-Corning Fiberglas Corp. 一案的判决中却允许将粉色注册到玻璃纤维绝缘材料上。④ 上诉人 Owens-Corning Fiberglass 公司自1965年开始制造、出售粉红色的玻璃纤维绝缘材料,并在1985年申请颜色粉红色为其产品的注册商标,却被美国专利商标局驳回了申请。商标审理以及上诉委员会尽管认为商品的颜色有可能成为受保护的商标,但同时认定上诉人并未成功证明粉红色表彰上诉人的商品,于是维持了专利商标局的决定。而联邦巡回上诉法院推翻了这一决定,认为粉红色能够表明上诉人商品的来源。⑤ 1990年,第七巡回法院在 NutraSweet Co. v. Stadat Corp. 一案中又退回到美国第三巡回法院的 Campbell Soup 判决,认为单纯由颜色组成的商标是绝对禁止的。⑥ 1993年,第八巡回法院在 Mater Distributors, Inc. v. Pako Corp. 一案中提出,不能简单地说不允许对纯粹由颜色组成的商标给予保护。⑦ 1994年,第九巡回法院在 Qualitex Co. v. Jacobson Products Co., Inc. 一案中认为,《兰哈姆法》不允许注册"纯粹的颜色"商标。⑧ 1995年,美国联邦最高法院推翻了第九巡回法院在该案中作出的结论,认为《兰哈姆法》并不绝对禁止注册单纯由颜色组成的商标。颜色组成的商标只要符合商标构成的一般要求,就可以注册为商标。⑨ Qualitex 案以最高法院判决的形式确立了单一颜色的商标地位。

遗憾的是,《TRIPs 协定》没有明确承认单色的商标地位。它在第15条第1

---

① 参见李长宝:《单一颜色商标的可注册性》,载《中华商标》2005年第10期。
② 参见流云:《立体商标颜色商标欧洲考察实录二》,载《中华商标》2003年第2期,第49页。
③ 175 F. 2d 795 (C.A.3 1949).
④ 774 F. 2d 1116, 1128. 我国学者对该案的评述见于李明德:《美国对颜色商标和立体商标的保护》,载《中华商标》2002年第4期,第13页。
⑤ 我国学者关于此案的介绍还可见赵杰宏:《颜色商标注册之比较研究》,载《成都理工大学学报(社会科学版)》第12卷第3期,2004年9月,第92页。
⑥ 917 F. 2d 1024, 1028 (C.A.7 1990).
⑦ 986 F. 2d 219, 224 (8th Cir 1993).
⑧ 13 F. 3d 1297 (9th Cir 1994).
⑨ 514 U.S. 159 (1995). 我国学者对该案的评价可见黄晖:《颜色商标的法律保护》,载《工商行政管理》2002年第9期;又见李明德:《美国对颜色商标和立体商标的保护》,载《中华商标》2002年第4期;王笑冰:《从颜色商标保护看美国商标法的第二含义》,载《中华商标》2000年第8期。

款规定,任何能够将一企业的商品或服务与其他企业的商品或服务区分开的标记或标记组合,均应能够构成商标。这类标记,尤其是文字(包括人名)、字母、数字、图形要素、色彩的组合,以及上述内容的任何组合,均应能够作为商标获得注册。从文义来看,它只列举了颜色组合的商标地位。但这并不能说明单一颜色在《TRIPs 协定》的规定下已经被逐出商标之列,因为该条款内容的重点是第一句话所作的抽象概括规定;而且,《TRIPs 协定》以公约地位所规定的也是对于知识产权的最低保护标准,即使它不承认单一颜色的商标地位,成员国也可以高于它的规定为单一颜色提供商标保护。

那么,单一颜色注册为商标的障碍何在?在美国最高法院确立单纯由颜色组成的商标能够获得注册的判例之前,美国法对颜色商标的注册采纯色原则(the mere-color rule),即由纯粹的颜色组成的商标不能获得注册的原则。① 这个原则也被称为颜色本身原则(the color per se rule),即颜色和文字、符号等其他标志结合可以受商标法保护,但是,颜色本身则不能。该原则曾以绝对优势主宰着美国商标法律制度,有人甚至认为,在美国商标法的历史上,没有一个原则像禁止商标保护颜色本身这个原则那样黑白分明。② 根据该原则,为商品或其包装选择某种颜色的人,不能说这个颜色就是他的。反对将颜色作为商标进行注册的最主要的论据有两个——颜色耗尽(color depletion)或颜色匮乏(color scarcity)理论以及色差混淆(shade confusion)理论。

颜色耗尽或颜色匮乏理论认为,我们肉眼所见的光谱范围内的颜色数量是有限的,如果允许某生产者在他的商品上占有某颜色,其他人效仿,则后来的生产者可以使用的颜色就很少,甚至没有了。③ 色差混淆(shade confusion)理论认为,尽管由于颜色存在不同程度的色差,这使颜色不会出现耗尽,但区分相近的不同色差会带来不必要的难题。④ 根据色差混淆理论,确定两个颜色商标是否有混淆的可能会变异为色差混淆问题,法院和作为商标注册机构的商标审理和上诉委员会都不太会处理这个问题。⑤ 困难就在于,色差混淆问题比其他混淆问题都难以解决。因为消费者对颜色的感觉会受法院无法正确把握的许多外界因素的影响。例如,光线会影响人们对受保护颜色的感觉,如黄昏和朝阳下光线对颜色的感觉就有影响。在决定将相似颜色用于相似产品上是否会带来消费者

---

① Thomas A. Schmidt, Creating Protectible Color Trademarks, 81 *Trademark Reporter* 285, 285 (1991).
② Jeffrey M. Samuels & Linda B. Samuels, Color Trademarks: Shades of Confusion, 83 *Trademark Reporter* 554, 554—555 (1993).
③ Brian R. Henry, Right Hat, Wrong Peg: In re Owens-Corning Fiberglas Corporation and the Demise of the Mere Color Rule, 76 *Trademark Reporter* 389, 391 (1986).
④ Qualitex Co. v. Jacobson Products Co., Inc., 13 F.3d 1297, 1302 (C.A.9,1994).
⑤ Jeffrey M. Samuels & Linda B. Samuels, Color Trademarks: Shades of Confusion, 83 *Trademark Reporter* 554, 555 (1993).

混淆,并进而侵犯商标权时,竞争者和法院会因为色差混淆问题而痛苦不堪。

美国联邦最高法院在 1995 年的 Qualitex 一案中对以上两个观点作了一一驳斥。在该案中,美国联邦最高法院指出,允许将颜色注册为商标并不会引起颜色耗尽的问题,这只是用偶然一现的问题去证明对颜色作出一揽子禁止注册的正当性。通常,将某个颜色注册为商标,其他人都能够选择其他颜色作为商标进行注册。而且,即使出现了所谓"颜色耗尽"或"颜色匮乏"问题,商标注册中还有功能(functionality)原则的限制,该原则的适用能够防止反竞争结果的出现,从而将颜色耗尽理论在现实中的影响最小化。①

色差混淆理论受到了最为猛烈的批评和抨击,因为在每一个商标侵权的案件中法院都必须解决两个商标之间的微妙区别,不论商标的实体构成是文字、符号、颜色还是其他。② 确定色差能否产生混淆的可能,与判断文字商标之间是否存在混淆的可能一样困难和微妙。③ 美国最高法院在 Qualitex 案中也否认在判断混淆时颜色具有特殊性,认为在判断是否近似、是否会带来混淆的问题上,颜色不是特例。对于很相似的词语和符号,法院也同样得根据具体情况作出艰难的判断。并且还指出,法院可以再现颜色商标产品销售时的光线条件来解决这个问题。④ 更有人从光度学、色度学的角度分析指出,担心人们无法精确分辨出不同色差的颜色是多余的。因为人类颜色视觉是通过人眼视网膜上三种不同的圆锥细胞实现的。当光线进入人们的视网膜,这三种细胞就开始工作。一个颜色视觉正常的人具有三视觉,称为三色视觉者,可以用三种原色光的相加混合匹配出光谱上的各种颜色。色视觉正常人的三色视觉功能保证了人们对颜色的感觉差异非常小,对颜色进行分辨的精确度极其高。⑤

本书认为,在商标能否获得注册问题上,法律应尽量保持一种中立之态。商标法滥觞于反不正当竞争法,对某类标识的保护不能违背自由竞争之根本。而商标除承担商品来源功能、品质保证功能、广告宣传功能外,还有一定的文化功能,在判断标识可否获得商标地位时还要有公序良俗方面的考量。因此,只要不违背自由竞争和公序良俗,商标能否获得注册仅需要从技术上进行考虑,即商标是否具有显著性、商标是否直接体现为商品之功能。这也就决定了,某类标识用

---

① 514 U.S. 159, 169 (1995).
② Thomas A. Schmidt, Creating Protectible Color Trademarks, 81 *Trademark Reporter* 285, 288 (1991).
③ 774 F. 2d 1116, 1123.
④ 514 U.S. 159, 167—168 (1995). 但是,有学者反驳说,通过再现光线条件来作出一个有力的判断,这会给下级法院出难题,因为光线条件因商店的类型、一天中所处的时间以及销售区域而有所不同。Elizabeth A. Overcamp, Recent Developments: The Qualitex Monster: The Color Trademark Disaster, 2 *Journal of Intellectual Property Law* 595, 616—617 (1995).
⑤ See Lawrence B. Ebert, Trademark Protection in Color: Do It by the Numbers!, 84 *The Trademark Reporter* 379, 403—404 (1994).

于商品之上，如果不违背自由竞争和公序良俗，则法律没有理由将其作为一类全部拒之于外。单一颜色商标也是如此。对于单一颜色商标在注册中遇到的现实问题，我们只能通过提高技术服务手段来处理，这是商标注册实践中的技术操作问题，不能因此而否定单一颜色的商标地位。

本书认为，单一颜色作为商标需要证明第二含义的存在。如果我们细细考察在哪些情况下商家使用颜色作为商标就会明白其中的道理。大多数情况下，经营者选用颜色做商标是因为颜色直接描绘了商品的某个或某些特性，这实际上是在叙述性意义上使用颜色，因此，必须在证明颜色已经确定了商标意义后才能获得商标保护。不过，也的确存在颜色和商品风马牛不相及的情况，但此时单一颜色又过于简单，很难说它本身具有识别性。此种情况下，我们也需要第二含义的确定。

单一颜色注册为商标需要克服商标显著性的障碍，除此之外，它还必须满足非功能性要求。如果颜色和商品发挥的功能直接相关，则不能注册为商标。对于商品来说，如果标记是其功能性特征，对该特征只能通过专利法来保护，专利法提供的保护时间有限。[①] 如果颜色有助于商品的使用、能够提高商品的效能或影响商品的质量、影响商品的成本，则颜色本身具有一定的功能，或者某种颜色会带来消费者感官等审美角度上的愉悦，为消费者所诉求，其他任何颜色都无法达到这种效果，那么该颜色就影响到商品的销售，具有功能性，不能获得商标注册。

思考题：

1. 请判断下列标志是否为颜色商标？为什么？

2. 允许颜色商标的注册会使可注册的颜色发生枯竭吗？为什么？

---

① See Jay Dratler, Jr., Trademark Protection for Industrial Designs, 1988 *University of Illinois Law Review* 887, 938 (1988).

第四节 音响商标与气味商标

音响商标即是以音符编成的一组音乐或以某种特殊声音作为商品或服务的商标。气味商标就是以某种特殊气味作为区别不同商品和不同服务项目的商标。目前,绝大多数国家还不允许注册音响商标和气味商标,例如,日本《商标法》在第 2 条规定,商标只能由文字、图形、记号、三维标志或它们的组合,或者它们与色彩的组合构成。从而排除了音响商标和气味商标。[1] 我国在 2001 年修订《商标法》后,扩大了商标主客体的保护范围,并进一步加强对商标的保护力度。其中,商标保护的客体从平面商标扩大到了立体商标和色彩组合商标。2013 年《商标法》第 8 条增加了"声音"的规定,表明音响商标正式纳入我国商标法保护范畴,但气味商标在我国仍然未被认可。

音响商标和气味商标又被称为"非传统商标""变态商标"。滥觞于美国的这些新奇的商标对商标审查技术的要求很高。生产者和服务者之所以选择这种商标形式,是因为它们本身就会有一种轰动和广告效应。但音响商标和气味商标首先遇到的是功能性的挑战。1978 年,美国专利和商标局商标审判和上诉委员会 (Patent and Trademark Office Trademark Trial and Appeal Board) 在 In re General Electric Broadcasting Company, Inc. 一案中,虽然认为商标申请人通用电气广播公司在电台广播中使用航海用的钟声作为其服务商标不能获得注册,但是同时说明,只有申请人能够证明,购买者或者可能的购买者以及接收声音的人,认识中将声音与提供的服务联系起来,或者(而且)排他地指向不具名的唯一的服务来源时,普通的声音才能获得注册。[2] 后来,专利商标局注册了歌曲的旋律、"AT&T"的字母发音以及音符序列。[3] 法国《知识产权法典》在 711-1 第 2 款第 2 项规定了音响标记,如:声音、乐句可以注册为商标。[4]

1990 年,美国专利和商标局商标审判和上诉委员会在 In Re Celia Clarke, Dba Clarke's Osewez 一案中,确立了气味的商标地位。商标申请人 Celia Clarke 以 Clarke's Osewez 的字号从事经营,向商标局申请在缝纫和刺绣的线上注册一种气味。商标评审官认为,气味类似于商品上的其他装饰品,不能注册为商标。但在上诉中,美国专利和商标局商标审判和上诉委员会根据案件的具体情况综合考虑后认为,"没有什么理由可以解释一种芬芳的气味不能够作为确认和识

---

[1] 还可参见〔日〕纹谷畅男:《无体财产法概论》(第 6 版),日本有斐阁 1996 年版,第 16 页。
[2] 1978 WL 21247 (Trademark Tr. & App. Bd.), 199 U.S.P.Q. 560, 563.
[3] See Robert A. Gorman & Jane C. Ginsburg, *Copyright-Cases and Materials*, 6th Ed., Foundation Press, New York, 2002, p.108.
[4] 参见《法国知识产权法典》,黄晖译,郑成思校,商务印书馆 1999 年版,第 133 页。

别某种产品的商标。从历史记录来看,商标申请人是唯一通过气味来经销纱线的。也就是说,气味不是申请人商品的固有属性或者自然特性,而只是申请人提供的一种特征。而且,申请人在广告中强调她商品的此种特征,宣传其商品散发香味的特性。申请人已经表明,其纱线的客户、经销商和销售商已经认识到申请人就是商品的提供源"。"我们认为,申请人已经初步证明了其气味商标具有的显著性。"但是,专利和商标局商标审判和上诉委员会进一步说明,在香水和具有香气的其他家居产品上使用气味商标则另当别论,因为它们往往是描述一种气味或者产品的其他重要特征。①

思考题:

允许注册音响商标和气味商标的利弊何在?

第五节 集体商标、证明商标与地理标志

一、集体商标

集体商标,是指以团体、协会或者其他组织名义注册,供该组织成员在商事活动中使用,以表明使用者在该组织中的成员资格的标志。集体商标的使用有利于创立商标声誉,取得规模经济效益。在经济发展的初始阶段,大企业集团比较少,中小型企业居多。为了把中小企业的力量集中起来,形成批量优势和广告优势,形成拳头产品,创立驰名商标,提高商品在国内外市场上的竞争力,建立集体商标制度和使用集体商标是一项十分重要的战略措施。集体商标的使用有利于我国传统名优产品的保护和开拓国内外市场。

二、证明商标

证明商标,是指由对某种商品或者服务具有监督能力的组织所控制,而由该组织以外的单位或者个人使用于其商品或者服务,用以证明该商品或者服务的原产地、原料、制造方法、质量或者其他特定品质的特征。如质量标记,在金、银制品上的标记,羊毛制品标记等。下图所示为纯新羊毛证明商标标识。

---

① 1990 WL 354572 (Trademark Tr. & App. Bd.), 17 U.S.P.Q.2d 1238.

这些标记不属于任何个人或企业专有，只要来源于某一地区或达到了相应的质量标准就都可以使用，但擅自使用这些标记会侵害消费者的利益，在这种情况下，消费者可以直接起诉生产者或经营者。法国《知识产权法典》将集体商标和证明商标合一规定为集体证明商标，并在 715-2 第 4 款规定其特殊性在于，集体证明商标不得转让、抵押或作为任何强制执行的标的；但是，作为所有人的法人解散的，该商标得依行政法院政令移转给其他法人。针对集体商标和证明商标的注册、管理，我国国家工商行政管理总局于 2003 年 6 月 1 日颁布了《集体商标、证明商标注册和管理办法》。

三、地理标志

地理标志是由"原产地名称"逐步发展而来的。原产地名称(appellations of origin)在 1883 年签订的《保护工业产权巴黎公约》第 1 条第 2 款中有明确的规定。《巴黎公约》没有对原产地名称作出定义，但 1958 年签订的《保护原产地名称及其国际注册里斯本协定》第 2 条规定："在本协定中，原产地名称系指一个国家、地区或地方的地理名称，用于指示一项产品来源于该地，其质量或特征完全或主要取决于地理环境，包括自然和人为因素。"该公约虽然只有 19 个成员国，但其关于原产地名称的定义为世界各国所接受。

世界知识产权组织在 20 世纪 60 年代通过的《发展中国家原产地名称和产地标记示范法》，是保护地理标志的一个立法范本，它为原产地标记提供了更加完善的保护措施，详细规定了对原产地标记予以保护的条件以及违法使用的责任等。1991 年 12 月 8 日，世界贸易组织缔结的《TRIPs 协定》第二部分第三节专门规定了对地理标志的保护，自《TRIPs 协定》后，国际社会逐渐转向使用"地理标志"。《TRIPs 协定》是目前保护地理标志最新的、最全面的国际条约，它要求各缔约方采取相关措施保护地理标志，同时规定了对葡萄酒和白酒的地理标志的额外保护等。

《TRIPs 协定》第 22 条之 1 规定："地理标志系指标示出某商品来源于(WTO)某成员地域内或来源于该地域中某地区或某地方的标识，而该商品的特定质量、信誉或其他特征主要与该地理来源相关联。"我国《商标法》第16条第2款规定,前款所称地理标志,是指标示某商品来源于某地区,该商品的特定质量、信誉或者其他特征,主要由该地区的自然因素或者人文因素所决定的标志。一个地理标志必须包括三个方面的要件:(1)该地理标志必须是标示出某商品来源于某成员地域内,或来源于该地域中的某地区或某地方;(2)该商品必须具有某种特定的质量、信誉或其他特征;(3)这些特征必须主要与该地理来源相关联。这三个要件缺一不可。我国是地理标志大国,新疆库尔勒香梨、浙江黄岩蜜桔、景德镇瓷器等都属于地理标志产品。下图例示中列出了几个地理标志商品的标识。

地理标志是与商标有关的商品区别标志,与商标权、商誉权、商业秘密权这几种工业产权相比,有着明显的区别:

首先,地理标志不能个体专有,但是商标可独家注册。一般商标不能注册为地理标志,地理标志也不能注册为商标,但是善意注册的继续有效。

其次,时间性要求不同。很多地理标志都与传统、文化、历史紧密相关,而且该项权利也没有保护期的限制。注册商标享有保护期;商业秘密权虽无保护期限制,但其主要内容一旦泄漏则丧失权利。①

再次,权利转让不同。地理标志不得转让或许可不符合条件的经营者使用;商标可被转让或许可他人使用;商业秘密也具有可转让的法律特征;非商誉权的主体可与商誉主体合作,从某种意义上说,商誉权也可被不同程度地转让。

最后,寻求法律保护和救济的权利主体范围不同。地理标志被滥用时,任何权利人均可起诉。而其他权利被侵权时,只有权利个体可以主张权利。

我国入世后,当然应履行《TRIPs 协定》规定的义务,但在管理体制上,目前我国国家工商总局商标局和国家质检总局(原国家技监局)均对地理标志予以保护与管理。两个行政机关的不同保护模式之争引起业内人士的关注和争论。两个行政部门之间管理权限的争执和冲突、审批程序的不同、保护依据的区别,使企业和行业协会陷入矛盾之中。2007 年 1 月 30 日,国家工商总局商标局颁

---

① 颜祥林:《知识产权保护原理与策略》,中国人民公安大学出版社 2001 年版,第 175—176 页。

布了《地理标志产品专用标志管理办法》,确定了专用标志的基本图案由中华人民共和国国家工商行政管理总局商标局中英文字样、中国地理标志字样、GI的变形字体、小麦和天坛图形构成,绿色(C:70 M:0 Y:100 K:15; C:100 M:0 Y:100 K:75)和黄色(C:0 M:20 Y:100 K:0)为专用标志的基本组成色。标志如下图示。使用专用标志无需缴纳任何费用。专用标志应与地理标志一同使用,不得单独使用。地理标志注册人应对专用标志使用人的使用行为进行监督。专用标志应严格按照国家工商行政管理总局商标局颁布的专用标志样式使用,不得随意变化。确定专用标志属于我国《商标法》第10条规定保护的官方标志,各级工商行政管理部门负责对专用标志实施管理。

我国《商标法实施条例》第4条规定,地理标志可以作为证明商标或者集体商标申请注册。如何处理注册地理标志与专用标志的关系,《地理标志产品专用标志管理办法》作了规定,即已注册地理标志的合法使用人可以同时在其地理标志产品上使用该专用标志,并可以标明该地理标志注册号。而专用标志必须与地理标志一同使用,不得单独使用。

证明商标、集体商标的保护方式与普通商标不尽相同,特别是证明商标或集体商标用于保护地理标志时,问题就更为复杂。一般来说,经证明商标或集体商标的注册人允许,产品来自特定地域并符合特定质量要求的经营者可以使用证明商标、集体商标。那么,未经证明商标或集体商标注册人授权,但产品来自同一特定地域的经营者,是否可以在其商品上使用相关产地名称呢?《商标法》规定了地理标志可以以证明商标或集体商标的方式获得注册,但并未规定商标注册人由此便垄断相关地理名称在特定类别商品上的使用。恰恰相反,《商标法实施条例》在第4条规定:"以地理标志作为证明商标注册的,其商品符合使用该地理标志条件的自然人、法人或者其他组织可以要求使用该证明商标,控制该证明商标的组织应当允许。以地理标志作为集体商标注册的,其商品符合使用该地理标志条件的自然人、法人或者其他组织,可以要求参加以该地理标志作为集体商标注册的团体、协会或者其他组织,该团体、协会或者其他组织应当依据其章程接纳为会员;不要求参加以该地理标志作为集体商标注册的团体、协会或者其他组织的,也可以正当使用该地理标志,该团体、协会或者其他组织无权禁止。"由此可见,证明商标或集体商标的注册人并不能排除他人对地理标志中所含地名的正当使用。在舟山市水产流通与加工行业协会(简称舟山水产协会)与北京申马人食品销售有限公司(简称申马人公司)及北京华冠商贸有限公司(简称华冠公司)侵犯商标专用权纠纷一案中[①],北京市高级人民法院据上述规定要旨,对地理标志作为证明商标和集体商标的保护问题作了初步解释。该案中,舟山水产协会于 2005 年 11 月 23 日申请注册了第 5020381 号"舟山带鱼 ZHOUSHANDAIYU 及图"证明商标(即涉案商标),核定使用商品为第 29 类带鱼(非活的)、带鱼片。2008 年 11 月 20 日,该商标获得初步审定公告,同时《"舟山带鱼"证明商标使用管理规则》(简称《管理规则》)获得公告。按照《管理规则》的规定:"舟山带鱼"是经注册的证明商标,用于证明"舟山带鱼"的品质。[②] 一审被告申马人公司向第二被告华冠公司提供"小蛟龙牌舟山精选带鱼段"商品,由第二被告销售。涉案商品的外包装标注"舟山精选带鱼段",同时有"小蛟龙及图"标记。"小蛟龙"是一审被告申马人公司的商标。北京市高级人民法院判决指出,舟山水产协会作为该商标的注册人,对于其商品符合特定品质的自然人、法人或者其他组织要求使用该证明商标的,应当允许。而且,其不能剥夺虽没有向其提出使用该证明商标的要求,但商品确产于浙江舟山海域的自然人、法人或者其他组织正当使用该证明商标中地名的权利。但同时,对于其商品并非产于浙江舟山海域的自然人、法人或者其他组织在商品上标注该商标的,舟山水产协会则有权禁止,并依法追究其侵犯证明商标权利的责任。

思考题:

1. 在地理标志的保护中,美国与欧盟国家的分歧体现在哪里?我们应采取什么样的立场?

2. 我国地理标志保护体制存在的重大问题是什么?

---

① 该案具体情况参见北京市高级人民法院民事判决书(2012)高民终字第 58 号。

② 该品质有三个方面的要求,即生产地域、产品外部特征及加工制造过程。生产地域范围为中华人民共和国浙江省舟山渔场特定生产区域,具体分布在北纬 29 度 30 分到北纬 31 度,东经 125 度以西;舟山渔场地域平均水温 17℃—19℃,盐度 12.02 到 29.10,适宜各种鱼类生长,为舟山带鱼原产地。使用"舟山带鱼"证明商标的产品的品质特征:外观上体延长,侧扁,呈带状;背腹缘几近平行,肛门部稍宽大;尾向后渐细,成鞭状;头窄长,侧扁,前端尖突;头侧视三角形倾斜,背视窄平;吻尖长;眼中大,高位,位于头的前半部;鼻孔大,位于眼的前方;口大、平直;体银白色,背鳍上半部及胸鳍淡灰色,具细小黑点;尾呈暗色;二十二碳六烯酸(DHA)和高脂含量较高,肉质细腻、口感鲜嫩。使用"舟山带鱼"证明商标的产品在加工制造等过程中应符合舟山市地方标准 DB3309/T22-2005《舟山带鱼》的要求。

第六节 特殊标志

特殊标志,是指经国务院主管部门批准举办的全国性和国际性的文化、体育、科学研究及其他社会公益活动所使用的,由文字、图形组成的名称及缩写、会徽、吉祥物等标志。例如,国际奥林匹克委员会的奥运五环标志。

一、特殊标志的特殊性

与一般商标不同,特殊标志在主体、权利取得、权利保护等方面都与一般商标有区别。

(一) 主体特殊

特殊标志的权利主体是经国务院主管部门批准举办的全国性和国际性的文化、体育、科学研究及其他社会公益活动的组织者。而一般商标的主体多为从事工商业经营活动的营利性组织。

(二) 权利取得方式特殊

一般商标要获得商标法的保护,商标注册申请人需要向商标局提出注册申请,经过商标局核准注册后产生商标权。但举办社会公益活动的组织者或者筹备者对其使用的名称、会徽、吉祥物等特殊标志,需要保护的,向商标局提出的是登记申请。商标局收到申请后,认为登记申请符合《特殊标志管理条例》有关规定,申请文件齐备无误的,自收到申请之日起 15 日内,发给特殊标志登记申请受理通知书,并在发出通知之日起 2 个月内,将特殊标志有关事项、图样和核准使用的商品和服务项目,在特殊标志登记簿上登记,发给特殊标志登记证书。特殊标志经核准登记后,由国务院工商行政管理部门公告。

(三) 权利保护期限不同

一般商标的保护期为 10 年,保护期满前 12 个月可以提出续展申请,续展后商标保护期再延长 10 年,续展无次数限制。特殊标志有效期为 4 年,自核准登记日起计算。特殊标志所有人可以在有效期满前 3 个月内提出延期申请,延长的期限由国务院工商行政管理部门根据实际情况和需要决定。

二、特殊标志与商标的共性

特殊标志虽然具有上述特殊性,但它与一般商标又具有很强的共通性,因此,把特殊标志作为一类特殊的商业标识放进商标法里一并规范有其合理性。

(一) 特殊标志的商业使用

特殊标志所有人可以在与其公益活动相关的广告、纪念品及其他物品上使用该标志,并许可他人在国务院工商行政管理部门核准使用该标志的商品或者服务项目上使用。特殊标志的商业使用体现了它的商业价值,同时为其他商业主体试图不当利用特殊标志的商业影响力提供了诱因。

(二) 特殊标志保护以登记为要件

在我国,商标不是通过使用获得保护的,而是通过国家工商行政主管部门的核准注册;尽管特殊标志是通过登记加核准程序获得保护的,但形式上也必须通过工商行政管理部门才能获得保护。

(三) 特殊标志也有合法性要求

《特殊标志管理条例》第4条规定,含有下列内容的文字、图形组成的特殊标志,不予登记:(1) 有损于国家或者国际组织的尊严或者形象的;(2) 有害于社会善良习俗和公共秩序的;(3) 带有民族歧视性,不利于民族团结的;(4) 缺乏显著性,不便于识别的;(5) 法律、行政法规禁止的其他内容。

(四) 特殊标志也不得与他人权利相冲突

《特殊标志管理条例》第10条规定,已获准登记的特殊标志有下列情形之一的,任何单位和个人可以在特殊标志公告刊登之日至其有效期满的期间,向国务院工商行政管理部门申明理由并提供相应证据,请求宣告特殊标志登记无效:(1) 同已在先申请的特殊标志相同或者近似的;(2) 同已在先申请注册的商标或者已获得注册的商标相同或者近似的;(3) 同已在先申请外观设计专利或者已依法取得专利权的外观设计专利相同或者近似的;(4) 侵犯他人著作权的。

(五) 国家工商行政管理部门对特殊标志进行类似商标的行政管理

《特殊标志管理条例》第15条规定,特殊标志所有人或者使用人有下列行为之一的,由其所在地或者行为发生地县级以上人民政府工商行政管理部门责令改正,可以处5万元以下的罚款;情节严重的,由县级以上人民政府工商行政管理部门责令使用人停止使用该特殊标志,由国务院工商行政管理部门撤销所有人的特殊标志登记:(1) 擅自改变特殊标志文字、图形的;(2) 许可他人使用特殊标志,未签订使用合同,或者使用人在规定期限内未报国务院工商行政管理部门备案或者未报所在地县级以上人民政府工商行政管理机关存查的;(3) 超出核准登记的商品或者服务范围使用的。

思考题:

商标法规范特殊标志的根据是什么?

第四章 商标权的取得与注册

与著作权的产生方式不同,商标权的取得以使用或注册为前提,形成使用取得和注册取得。当今世界各国的商标保护制度呈现出多样化的特征,这种多样化首先就表现为商标权利取得方式的不同。

第一节 商标权取得模式

一、注册与使用取得商标权的二元模式

商标保护的历史表明,最早对商标提供保护的普通法国家通过判例法确立了以商标在公众中享有声誉为保护前提的规则,而商标声誉则是通过商标的使用建立起来的。从17世纪初叶开始,英国通过普通法独创的"假冒诉讼"实现了对商标在先使用者的保护。在英国工业化初期,衡平法院在抵制模仿商标和商号方面一直居领导地位,因为原告希望获得禁令。很快,在普通法中也出现了这种损害赔偿之诉,竞争者可以诉对方欺诈。但这种发展有局限性,因为欺诈要求主观故意欺骗这一要件。衡平法院就不存在这个问题,只要是有受假冒之害的可能,人们就可以阻止被告的行为,即使他们完全是无辜的。当时的商誉被视为一种财产,而公众上当本身就是"欺诈"。1857年,法国商标立法推动了英国注册制的采用。仿冒诉讼虽然有用,但是它的成立必须依赖于原告证明自己已经在公众之中建立了商誉。这既耗时,又耗力。有了注册制则不然。1875年英国颁布了《商标注册条例》,商品商标可以通过注册获得。尽管在注册制运行的最初三十年,只有非常有限的标志能够注册为商标,如特殊形式表现的人名和公司名称,但它还是为商标权的取得带来了很多便捷,如在注册前并不要求对商标进行使用。根据英国1994年颁布的现行《商标法》第2条及第9条的规定,注册商标所有人拥有依据该法通过商标注册而获得的财产权,该权利自注册之日起生效。[①] 该《商标法》第2条第2款特别指出:"本法不得影响有关假冒的法律。"因此,在英国,商标保护的方法为复合型而非选择型,即普通法上的假冒诉讼与制定法上的侵权诉讼相结合。因此,英国是实行注册取得与使用取得两种取得

---

① W. R. Cornish, *Intellectual Property: Patents, Copyright, Trade Marks and Allied Rights*, London Sweet & Maxwell, 1996, pp. 517—520.

方式的国家。

与英国相映成趣,德国在秉持大陆法系的注册保护传统的同时,吸纳了普通法系国家的使用保护原理。德国起初只采用注册原则,随着法院承认为商标带来市场声誉的使用也具有产生商标权的效力,立法机关在1934年肯定了使用取得商标权原则。① 1995年德国《商标法》扩展了产生商标保护的途径。该法明确规定,商标保护应同等地产生于注册或使用。该法第4条具体规定了产生商标保护的三种情形:第一,一个标志在专利局设立的注册簿中作为商标注册;第二,一个标志通过在商业过程中使用,在相关的交易圈内获得了作为商标的第二含义;第三,一个标志属于《保护工业产权巴黎公约》第6条之2意义上的驰名商标。该法第14条第1款接着规定:"根据第4条获得商标保护的所有人应拥有商标专用权。"②在德国,对于经注册取得之商标称为"形式商标权";对于未经注册但已经使用之标识在一定条件下亦予以保护,而称之为"实质商标权",只要一定之表征(Ausstattung)在特定交易范围内被当成是某项商品或服务之标记,而能与他人所提供之商品或服务相区别,即受到商标法之保护,亦即此种权利系基于该表征因被使用,在交易上取得一定之价值与作用(Verkehrsgeltung)而受到保护。③ 和美国实行的无条件的使用取得模式不同,德国采用的是有条件的使用取得模式,在相关交易取得一定的效力后,标志才能获得商标权。④

二、使用取得商标权的一元模式

使用原则是一种较早出现而今仍为某些国家所采用的商标权的取得原则。根据这一原则,对某项商标的独占使用权归属于该商标的首先使用者。从权利的原始取得的角度来看,这种情形之下的商标权利的取得与物权的取得相似,即主体对商标的首先使用行为这一法律事实是商标权利形成的依据。同时,"使用"所及的地理范围决定了权利的效力范围。直接承继了英国判例法而后又有了进一步发展的美国判例法认为,商标的使用是取得商标权的前提。目前,美国和菲律宾的商标制度都仅以使用作为确立商标权的依据。尽管美国联邦商标法——《兰哈姆法》也规定了注册制度,但这种注册制与实行注册取得商标权的

---

① 参见〔德〕阿博莱特·克里格:《商标法律的理论和历史》,载李继忠、董葆霖主编:《外国专家商标法律讲座》,工商出版社1991年版,第12页。
② 王春燕:《商标保护法律框架的比较研究》,载《法商研究》2001年第4期。
③ 参见谢铭洋:《智慧财产权之基础理论》,台湾翰芦图书出版有限公司1997年版,第37页。
④ 刘孔中:《智慧财产权法制的关键革新》,台湾元照出版有限公司2007年版,第153页。

国家不同,它要求商标在注册前必须进行使用或者意图使用(intent-to-use)。①《兰哈姆法》只是对业已存在的通过使用而产生的普通法上的商标权予以制定法上的确认,而不是创设新的商标权取得途径。② 1988年经修改后于1989年11月16日生效的《兰哈姆法》修正案在"商标的注册"一节中,除了已经在贸易活动中实际使用的商标的注册以外,增加规定了申请人对在商业活动中具有予以使用的真实意图(bona fide intent to use)的商标的注册。在后一种情形之下,《兰哈姆法》规定,从申请日起赋予基于真实使用意图的先申请商标注册者一种初期的所有权,这种权利将在注册发布时实际生效。然而,只有当实际使用开始时,注册才会发布;未注册的先使用人在注册人的申请日之前已经确立使用的地理区域内,仍然享有优先于注册人的权利。这表明,美国现行有关商标保护的制定法仍然维持使用原则,但这种使用原则已经是"改良后的使用原则"。③ 商标注册虽然与商标权利的获得无关,但商标注册后,会获得一些额外的好处。如联邦注册补充了商标所有人依据普通法所享有的权利,商标注册人可以根据联邦的注册向美国海关提出申请,阻止侵权物品的进口。注册证书是一个基本证明,表明已经获得注册的商标的有效性和商标注册之有效性,表明注册人就该商标享有权利,可以在商业活动中排他性地使用自己已经获得注册的商标。这样商标注册人就可以在侵权诉讼中免去证明自己拥有商标权的责任。而且,最重要的是,联邦商标注册人在全国范围内获得了权利,因为根据普通法,商标权人仅在自己的商业活动所及的范围内享有权利,他无法阻止他人在国内其他地域使用相同或者近似的商标。④

三、注册取得商标权的一元模式

与商标权取得上的使用原则相对应,商标权取得上的注册原则以申请注册在先作为确定商标权归属的依据;只有注册商标才受到商标权保护。有人也称其为纯粹的注册原则模式。⑤ 在这一原则之下,权利的取得基于如下三个法律事实:主体选定商标的行为,主体向国家商标行政主管机关的申请行为,国家商标行政主管机关的审批行为。上述三个行为互相结合才使得相关权利得以形成。法国采取这一原则。法国《知识产权法典》712-1规定,商标所有权通过注

---

① 参见李明德:《美国知识产权法》,法律出版社2003年版,第288—296页。
② Arthur R. Miller & Michael H. Davis, *Intellectual Property*, West Publishing Company, 1983, pp. 149—150.
③ 文学:《商标使用与商标保护研究》,法律出版社2008年版,第170页。
④ 参见李明德:《美国知识产权法》,法律出版社2003年版,第292页。
⑤ 文学:《商标使用与商标保护研究》,法律出版社2008年版,第171页。

册取得。商标得以共有形式取得。注册自申请提交之日起10年有效并得多次续展。我国商标立法也采行商标权的注册取得原则,在《商标法》第4条规定,自然人、法人或者其他组织在生产经营活动中,对其商品或者服务需要取得商标专用权的,应当向商标局申请商标注册。同时,该法第56条规定,注册商标的专用权,以核准注册的商标和核定使用的商品为限。

采用一元注册制模式的国家,一般都为保护商标在先使用设计在先使用人继续使用不侵权制度。从限制注册商标专用权的角度谈商标在先使用的效果问题,商标在先使用人可以商标使用在先来对抗在后注册的商标专用权人。我国学者对此有不同的提法,有的称其为"先使用权",认为先使用权是指某人在他人申请商标注册前已经在相同或者类似商品上使用与注册商标相同或近似商标,当他人申请注册的商标被核准注册后,该先用人享有在原有的范围内继续使用其商标的权利。① 有的则称其为"商标先用权",认为商标先用权是指在他人获得商标权之前已经使用该商标的所有人,享有在原有范围内继续使用该商标的权利。② 有的称其为"商标在先使用权"。③ 当然,这里在先使用的商标指的是未注册商标,是时间上早于他人实际使用但自己未予申请注册的商标。④ 事实上,先使用权是保护在先使用人的其中一种形式,为与"在先使用"相区别,本书采"商标先使用权"的提法。但无论采什么提法,如上两种定义方式所示,就该概念所下的定义都大同小异。

在先使用的商标与在后注册商标之间的冲突问题在我国存在已久,早在20世纪就出现过相关案例,如"芙蓉"在某企业生产的肥皂上虽已使用二十多年,但因另一家企业注册了"芙蓉"牌肥皂而被迫停止再使用。⑤ 遗憾的是,第三次修改《商标法》之前,我国商标法律制度对商标先使用权未作具体规定。这也招来学界和实务界的口诛笔伐,在世界诸国和法域的商标法律制度大多都规定商标先使用权的情况下,我国却没有顺势而动;而且商标先使用权制度能够弥补申请在先原则和注册原则的不足,保护公平竞争,平衡商标注册人和先使用人的利益,避免给在先使用人带来不公平的后果,制止商标抢注行为。⑥ 2013年《商标法》在第59条第3款规定了商标在先使用权,即商标注册人申请商标注册前,他人已经在同一种商品或者类似商品上先于商标注册人使用与注册商标相同或者

---

① 冯晓青:《商标权的限制研究》,载《学海》2006年第4期。
② 王莲峰:《我国商标权限制制度的构建——兼谈〈商标法〉的第三次修订》,载《法学》2006年第11期。
③ 汪泽:《论商标在先使用权》,载《法商研究》2002年第6期。
④ 苏启云:《在先使用未注册商标的法律保护》,载《现代法学》1998年第5期。
⑤ 参见《商标通讯》1994年第8期。
⑥ 汪泽:《论商标在先使用权》,载《法商研究》2002年第6期。

近似并有一定影响的商标的,注册商标专用权人无权禁止该使用人在原使用范围内继续使用该商标,但可以要求其附加适当区别标识。但该条如何适用,需要探讨的问题很多。

有学者主张,只要在先商标使用人对该商标的使用是连续性的就可以主张先使用权[1];另有学者认为,先使用的商标必须在商标权人使用前已经产生了一定的影响,并为相关消费者所熟悉[2];还有人认为,主张先使用权的商标必须也具有一定程度的知名度,但不一定是在全国范围内为广大公众所熟悉,只是在某个或某几个狭小的地域范围内具有一定知名度即可。[3] 有的则采日本《商标法》中"广为知晓"(広く認識されている)的要求。[4] 2013年《商标法》采用的是"有一定影响"标准。

关于在什么范围内继续使用商标的问题,有人认为,其适用的范围仅限于原来使用的商品和服务,不得扩大到类似的商品和商标上[5],也不能超出原来的特定地区[6];但也有人认为,商标在先使用人可以扩大生产规模、扩大经营地域,如果商标注册权人限制在先使用人的生产规模则构成商标权的滥用。但商标注册权人有权要求在先使用人附加一些区别性标志以使二者商品区别开来。[7] 我们可以设想一下,假如我们限定在先使用人使用商标的商品或服务类型,同时也限定其使用的地域范围;再假设在后注册的商标专用权人的商品逐渐占领了全国市场,那么,商标在先使用人主张并行使商标先使用权的意义并不大,相反可能会因为行使商标先使用权而贻误了以其他商标迅速发展的大好时机。因为在我们假想的格局下,注册商标权人最终会以汪洋大海淹没在先商标使用人所坚守的那座孤岛——原有的经营区域,在先使用人在一直使用的商标之上建立起来的商誉最终也会拱手让给注册商标专用权人。从这个意义上考虑,第二种观点有很大的说服力,它直接关系到先使用权存在的根本意义问题。但是,现实生活中的情况纷繁复杂,注册商标权人的商品也可能始终未占领相关市场,甚至迅速退出市场,或者注册商标权人一直没有挤进在先商标使用人所在的经营区域,先使用权人始终立于不败之地,在这些情况下,即使限定在先商标使用人继续使用的地域范围和经营规模,行使先使用权仍然有意义。而且,如果商标法不将使用作为商标权产生的方式,商标在先使用就只能作为限制注册商标专用权的事由,

---

[1] 参见吴汉东:《知识产权法》,北京大学出版社2007年版,第304页。
[2] 参见冯晓青:《知识产权法利益平衡理论》,中国政法大学出版社2006年版,第676页。
[3] 参见李扬:《商标法中在先权利的知识产权法解释》,载《法律科学》2006年第5期。
[4] 参见张耕等:《商业标志法》,厦门大学出版社2006年版,第156页。
[5] 参见吴汉东:《知识产权法》,北京大学出版社2007年版,第304页。
[6] 参见冯晓青:《商标权的限制研究》,载《学海》2006年第4期。
[7] 参见李扬:《商标法中在先权利的知识产权法解释》,载《法律科学》2006年第5期。

允许在先使用商标超出原来的经营和地域范围,这明显有悖"限制事由"的防御性质,也不利于鼓励商标使用人尽快申请注册商标,与商标注册制设计之初衷不符。因此,本书倾向于限定在先使用商标继续使用的商品范围和地域范围的观点。至于在商品或服务之上附加一些标识使在先使用商标与注册商标不发生混淆,这本是商标先使用权行使的条件之一——非混淆性使用,而不是商标先使用权人能够扩大生产规模和经营范围的理由,因为如果商标的继续使用必然会导致消费者混淆,则先使用权从一开始就不得行使。从《日本商标法》第32条的规定来看,其第1款规定,在他人申请注册商标之前,在日本国内非以不正当竞争为目的在该商标注册申请指定的商品或服务或者类似商品或服务上已经使用与申请注册商标相同或者近似的商标,结果使其经营的商品或服务的标志在他人提出商标注册申请时已在需求者中广为知晓,则该商标使用人有权继续在前述商品或者服务上使用该商标。继承了该业务经营的人也同样享有此权利。[①] 第2款规定,商标权人或商标专用权人可以要求前款先使用权人在其经营的商品或服务上附加适当的标识,以防止发生混淆。很明显,在并存使用容易导致混淆的情况下,要求附加标识是商标专用权人对商标先使用权人的权利,本属于先使用权人的义务,不可能因此给先使用权人带来什么优惠或豁免,先使用权人也不能因附加标识行为而提出扩大经营规模等要求。

历史上还存在过一种注册制度,即先注册、后使用的制度,这种制度也被称为"全面注册制"或者"强制注册制"。实行它的目的主要是在全国范围内实现统一管理,是典型计划经济的反映。原苏联和我国1963年的《商标条例》都实行这种制度。原苏联解体后,这种制度不复存在了。[②]

从经济分析的角度来看,使用取得是一种占有所有权,容易导致浪费性使用,以现在的浪费性使用手段表明将来的所有权;而注册取得是一种纸面所有权,交易成本过高,可能导致非实际使用者先占之后许可给其他人使用或转让给其他人。最有效率的模式应该是二者的结合,在注册制下考虑一定程度上要求商标的商业使用,在使用原则下考虑采用注册的形式要求。目前德国和英国的双重模式已经代表了商标取得模式融合之大趋势。

---

① 本书赞同日本法的这种规定方式,商标上的商誉附随在业务经营之上,具有可转移的性质。但是,本书不认为商标在先使用权本身可以转移的观点,它必须与商业经营以及商誉一起转移,这是它和商标专用权不同之处。类似观点可见蒋志文:《未注册商标的法律保护》,载《人民司法》2006年第1期。

② 参见郑成思:《四种商标专用权制度与我国的立法选择——商标制度的起源与发展(三)》,载《中华商标》1998年第1期。

思考题:

1. 比较注册取得商标权模式与使用取得商标权模式的利弊。
2. 什么是商标先使用权?
3. 商标权取得模式的发展方向是什么?为什么?

第二节 我国《商标法》规定的商标注册原则

我国《商标法》关于商标注册的原则规定在第 6 条、第 7 条、第 12—27 条以及第 30—32 条。综合这些条款的规定,可以看出我国商标法规定的注册原则如下。

一、自愿注册原则

我国商标法规定,商标法保护的商标都是注册商标,商标未经注册不受商标法保护,以此来鼓励商标使用人进行商标注册。但是,商标是否注册并不影响商标标注的商品在市场上流通。因此,是否要注册商标完全由商品的生产者自己决定。但是,对于某些特殊商品,因其特殊性质,国家必须强化对其管理,我国商标法律制度规定了必须进行注册以后才能在市场销售。我国《商标法》第 6 条规定,法律、行政法规规定必须使用注册商标的商品,必须申请商标注册,未经核准注册的,不得在市场销售。

哪些商品必须进行商标注册才能在市场上流通,我国相关制度规定经历过一些变化。1988 年《商标法实施细则》第 7 条规定:"国家规定并由国家工商行政管理局公布的人用药品和烟草制品,必须使用注册商标。"1988 年 1 月 14 日,《国家工商行政管理局关于公布必须使用注册商标的商品的通知》规定,依照当时的《商标法》第 5 条和《商标法实施细则》第 7 条的规定,我局确定必须使用注册商标的人用药品包括中成药(含药酒)、化学原料药及其制剂、抗生素、生化药品、放射性药品、血清疫苗、血液制品和诊断药品;烟草制品包括卷烟、雪茄烟和有包装的烟丝。2002 年国务院对《商标法实施细则》进行第三次修改,在其第 4 条中规定:"商标法第 6 条所称国家规定必须使用注册商标的商品,是指法律、行政法规规定的必须使用注册商标的商品。"根据这一规定,"必须使用注册商标"的商品限于"法律、行政法规规定的"。2013 年《商标法》吸收了该条规定的内容,将"国家规定必须使用注册商标的商品"调整为"法律、行政法规规定必须使用注册商标的商品"的表述。因为《商标法》第 6 条已经作了如此明确的规定,所以 2014 年《商标法实施条例》也就删除了2002年《商标法实施条例》第4条的规定。因此,只有法律和行政法规才能确定强制注册商标的商品,1988年的《商标法实施细则》《国家工商行政管理局关于公布必须使用注册商标的商品的通知》不是行政法规,更不是法律。对商标强制注册的商品类别进行规定的行政法规曾经有过两个,一个是烟草方面的,另一个是关于药品的。关于烟草制品的强制注册问题是由《烟草专卖法》规定的。1983年11月1日施行的《烟草专卖条例》第16条规定:"卷烟、雪茄烟必须使用注册商标;没有注册商标的产品,不得在市场上销售。"1992年1月1日施行的《烟草专卖法》取代了上述《烟草专卖条例》,该法第20条规定:"卷烟、雪茄烟和有包装的烟丝必须申请商标注册,未经核准注册的,不得生产、销售。"该法现在仍然有效。关于药品的强制注册问题,1985年7月1日施行的《药品管理法》第41条规定:"除中药材、中药饮片外,药品必须使用注册商标;未经核准注册的,不得在市场销售。注册商标必须在药品包装和标签上注明。"1990年第一次修改《药品管理法》时,取消了有关药品必须使用注册商标的规定,而2001年12月1日修订后的《药品管理法》也未对有关药品必须使用注册商标再作出新的调整。因此,药品已经不再实行强制注册,目前,我国只强制烟草制品进行商标注册。

综上所述,我国商标注册原则严格意义上来说是自愿注册为原则,强制注册为例外。

二、诚实信用原则

诚实信用原则是民事立法中的"帝王条款",它在民事立法和法律适用中发挥一般条款的作用。从市场经济角度讲,诚实信用原则又是一项道德准则,它要求市场活动主体诚实不欺,恪守信用。在《商标法》第三次修订前,我国很多法院在商标案件的判决中都明确提到了诚实信用原则,并认识到这一原则在规范市场中与商标注册、使用有关的行为的重要性。2013年《商标法》在第7条明确将"诚实信用原则"作为申请商标注册和使用商标的一般原则,同时又在具体条文中规定了诚实信用原则的贯彻。例如,《商标法》第32条规定,申请商标注册不得损害他人现有的在先权利,也不得以不正当手段抢先注册他人已经使用并有一定影响的商标,这即是申请注册时诚实信用原则的要求。在使用商标过程中,也要求市场主体遵循诚实信用原则。如《商标法》第49条规定的商标使用人不能自行改变注册商标、注册人名义、地址或者其他注册事项的要求。

诚实信用原则不仅约束注册商标申请人、使用人和未注册商标使用人的行为,还约束商标代理机构的行为。目前,市场中很多和商标相关的乱象都与商标代理机构存在或多或少的联系,商标代理机构职业自律性差,侵犯客户权益或者教唆其客户侵犯其他商标权利主体权益的现象屡见不鲜。为此,《商标法》第19条规定,商标代理机构应当遵循诚实信用原则,遵守法律、行政法规,按照被代理人的委托办理商标注册申请或者其他商标事宜;对在代理过程中知悉的被代理人的商业秘密,负有保密义务。委托人申请注册的商标可能存在本法规定不得注册情形的,商标代理机构应当明确告知委托人。商标代理机构知道或者应当知道委托人申请注册的商标属于本法第15条和第32条规定情形的,不得接受其委托。商标代理机构除对其代理服务申请商标注册外,不得申请注册其他商标。对于商标代理机构办理商标事宜过程中,伪造、变造或者使用伪造、变造的法律文件、印章、签名的,以诋毁其他商标代理机构等手段招徕商标代理业务或者以其他不正当手段扰乱商标代理市场秩序的行为,《商标法》还规定由工商行政管理部门责令限期改正,给予警告,处1万元以上10万元以下的罚款;对直接负责的主管人员和其他直接责任人员给予警告,处5000元以上5万元以下的罚款;构成犯罪的,依法追究刑事责任。商标代理机构违反《商标法》规定的,由工商行政管理部门记入信用档案;情节严重的,商标局、商标评审委员会并可以决定停止受理其办理商标代理业务,予以公告。对于商标代理机构违反诚实信用原则,侵害委托人合法利益的,应当依法承担民事责任,并由商标代理行业组织按照章程规定予以惩戒。

总之,2013年《商标法》将诚实信用原则作为一般原则引入,是商标法的一大亮点。希望通过具体条文的推进实施,该原则能够得到真正遵守。

三、分类注册和一标多类原则

商品分类是指一件商标注册申请可指定的商品范围。为了便于商标注册和管理,商标管理机关根据一定的标准,将所有商品划归为若干类,按一定的顺序排列编成表册。目前世界上商品分类表有两类,一类是本国独立实行的商品分类表,另一类是国际统一的商品分类表。我国于1988年11月加入《巴黎公约》,同时于1988年11月1日起开始实行世界知识产权组织提供的《商标注册用商品国际分类》,国家工商行政管理总局商标局于1988年9月15日下发了《关于实行商标注册用商品国际分类的通知》。我国目前实行的《商标注册用商品与服务国际分类表》是《尼斯协定》各成员国于2012年1月1日起正式启用的第十版《尼斯分类》。该分类把商品和服务共分为45类。

我国《商标法》第22条第1款规定:"商标注册申请人应当按规定的商品

分类表填报使用商标的商品类别和商品名称,提出注册申请"。这是商标的分类注册原则。第 2 款规定:"商标注册申请人可以通过一份申请就多个类别的商品申请注册同一商标"。这是商标申请的一标多类原则。我国商标法规定这项注册原则与《商标注册马德里协定》的规定是一致的。在我国,2013 年修订《商标法》之前,申请注册商标应当按照商品或服务类别申请,即通常所说的"一标一类",而在《马德里协定》和《议定书共同实施条例》中,一份商标国际注册申请中可以指定多类商品或服务,即"一标多类"。以欧盟商标的注册为例,一件申请可以指定很多类商品或服务,只是指定的类别越多,缴纳的费用越多。

一标多类节约了商标注册申请人的申请成本和商标局的审查成本,但一标多类制下,如何处理部分类别的注册申请被驳回与同一申请中其他类别注册申请的关系、商标转让可否分类分别处理等问题,还需要进一步研究。

四、申请在先原则

我国《商标法》第 31 条规定,两个或者两个以上的商标注册申请人,在同一种商品或者类似商品上,以相同或者近似的商标申请注册的,初步审定并公告申请在先的商标;同一天申请的,初步审定并公告使用在先的商标,驳回其他人的申请,不予公告。严格意义上说,我国实行的不是绝对的申请在先注册原则,而是以申请在先注册为原则,同时考虑在先使用原则。两个或者两个以上的申请人,在同一种商品或者类似商品上,分别以相同或者近似的商标在同一天申请注册的,各申请人应当自收到商标局通知之日起 30 日内提交其申请注册前在先使用该商标的证据。同日使用或者均未使用的,各申请人可以自收到商标局通知之日起 30 日内自行协商,并将书面协议报送商标局;不愿协商或者协商不成的,商标局通知各申请人以抽签的方式确定一个申请人,驳回其他人的注册申请。商标局已经通知但申请人未参加抽签的,视为放弃申请,商标局应当书面通知未参加抽签的申请人。

五、优先权原则

在我国的商标注册中,因为实行先申请原则,这样申请日期对于能否获得商标注册和商标法的保护就至关重要。在涉及国外注册时,问题就更复杂。我国《商标法》规定了两种优先权。第 25 条规定了国际优先权,即商标注册申请人自其商标在外国第一次提出商标注册申请之日起 6 个月内,又在中国就相同商品以同一商标提出商标注册申请的,依照该外国同中国签订的协议或者共同参加的国际条约,或者按照相互承认优先权的原则,可以享有优先权。依照前款要求优先权的,应当在提出商标注册申请的时候提出书面声明,并且在 3 个月内提交第一次提出的商标注册申请文件的副本;未提出书面声明或者逾期未提交商标注册申请文件副本的,视为未要求优先权。第 26 条规定了展览会优先权,即商标在中国政府主办的或者承认的国际展览会展出的商品上首次使用的,自该商品展出之日起 6 个月内,该商标的注册申请人可以享有优先权。依照前款要求优先权的,应当在提出商标注册申请的时候提出书面声明,并且在 3 个月内提交展出其商品的展览会名称、在展出商品上使用该商标的证据、展出日期等证明文件;未提出书面声明或者逾期未提交证明文件的,视为未要求优先权。

思考题:

1. 我国商标注册的原则有哪些?
2. 商标申请在先原则与专利先申请原则的区别是什么?
3. 我国商标注册的原则与国际商标注册原则的差距体现在哪里?

第三节 我国商标注册申请流程

在商标注册申请程序方面,我国和《商标注册马德里协定》的规定也有差别。我国商标法规定了两次公告程序。第一次是商标经实质审查被初步审定之后的公告。在法律规定的时限内,任何人都可以对第一次公告刊登的商标提出异议。如果没有异议或经裁定异议不成立,该商标将被第二次公告并予以注册。然而,在办理商标国际注册时,根据《议定书共同实施条例》的有关要求,各成员国不需要另行公告,仅依赖于由国际局发行的《国际商标公告》即具有法律效力。

在中华人民共和国国家工商行政管理总局商标局的官方网站,能够查到我国商标申请注册流程图。2014 年,我国设立知识产权专门法院后,商标授权确权案件的司法管辖发生了变化,对商标评审委员会决定、裁定不服而提起的诉讼,改由北京知识产权法院管辖。因此,本书做了相应的调整后,附如下商标注册流程图。申请过程中,每一步骤需要遵循的具体规定,本书再逐一展开详细论述。

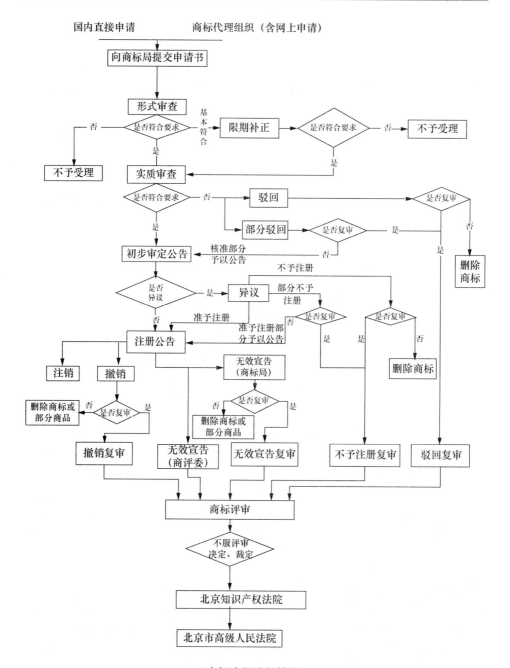

商标注册流程简图

（本图基本架构来源于中华人民共和国国家工商总局商标局官方网站 http://sbj.saic.gov.cn/sbsq/zclct/，2015年11月1日访问。）

一、商标注册申请人提出申请

首先,申请人必须分类提出申请,按规定的商品分类表填报使用商标的商品类别和商品名称。商品名称或者服务项目未列入商品和服务分类表的,应当附送对该商品或者服务的说明。

每一件商标注册申请应当向商标局提交《商标注册申请书》1份、商标图样5份;指定颜色的,并应当提交着色图样5份、黑白稿1份。商标图样必须清晰、便于粘贴,用光洁耐用的纸张印制或者用照片代替,长或者宽应当不大于10厘米,不小于5厘米。以三维标志申请注册商标的,应当在申请书中予以声明,并提交能够确定三维形状的图样。以颜色组合申请注册商标的,应当在申请书中予以声明,并提交文字说明。申请注册集体商标、证明商标的,应当在申请书中予以声明,并提交主体资格证明文件和使用管理规则。商标为外文或者包含外文的,应当说明含义。申请人应当提交能够证明其身份的有效证件的复印件。商标注册申请人的名义应当与所提交的证件相一致。

商标注册申请人或者注册人发现商标申请文件或者注册文件有明显错误的,可以申请更正。商标局依法在其职权范围内作出更正,并通知当事人。

其次,如果申请人是外国人或者外国企业的,他们在中国申请商标注册和办理其他商标事宜,应当委托依法设立的商标代理机构代理。

最后,申请人要求优先权的,应该在申请之时即提出。申请人提交的第一次提出商标注册申请文件的副本应当经受理该申请的商标主管机关证明,并注明申请日期和申请号。因为展出商品而要求优先权的,申请人提交的证明文件应当经国务院工商行政管理部门规定的机构认证;展出其商品的国际展览会是在中国境内举办的除外。

二、商标注册的初步审定与公告

商标局对受理的商标注册申请,依照《商标法》《商标法实施条例》和《商标审查标准》的有关规定进行审查,对符合规定的或者在部分指定商品上使用商标的注册申请符合规定的,予以初步审定,并予以公告;对不符合规定或者在部分指定商品上使用商标的注册申请不符合规定的,予以驳回或者驳回在部分指定商品上使用商标的注册申请,书面通知申请人并说明理由。申请注册的商标,同他人在同一种商品或者类似商品上已经注册的或者初步审定的商标相同或者近似的,由商标局驳回申请,不予公告。

商标局对在部分指定商品上使用商标的注册申请予以初步审定的,申请人可以在异议期满之日前,申请放弃在部分指定商品上使用商标的注册申请;申请人放弃在部分指定商品上使用商标的注册申请的,商标局应当撤回原初步审定,终止审查程序,并重新公告。

在审查过程中,商标局认为商标注册申请内容需要说明或者修正的,可以要求申请人作出说明或者修正。申请人未作出说明或者修正的,不影响商标局作出审查决定。

2013 年《商标法》最大的特色之一就是增加了商标局审查时限和商标评审委员会评审时限的规定,以加快商标注册申请和争议处理的速度,解决商标注册审查迟滞和争议久拖不决的问题。《商标法》第 28 条规定,对申请注册的商标,商标局应当自收到商标注册申请文件之日起 9 个月内审查完毕,符合本法有关规定的,予以初步审定公告。第 34 条规定,对驳回申请、不予公告的商标,商标局应当书面通知商标注册申请人。商标注册申请人不服的,可以自收到通知之日起 15 日内向商标评审委员会申请复审。商标评审委员会应当自收到申请之日起 9 个月内作出决定,并书面通知申请人。有特殊情况需要延长的,经国务院工商行政管理部门批准,可以延长 3 个月。当事人对商标评审委员会的决定不服的,可以自收到通知之日起 30 日内向人民法院起诉。

三、商标审查中的商标异议与商标核准注册

对初步审定的商标,自公告之日起 3 个月内,任何人均可以提出异议。对商标局初步审定予以公告的商标提出异议的,异议人应当向商标局提交商标异议书一式两份。商标异议书应当写明被异议商标刊登《商标公告》的期号及初步审定号。商标异议书应当有明确的请求和事实依据,并附送有关证据材料。商标局应当将商标异议书副本及时送交被异议人,限其自收到商标异议书副本之日起 30 日内答辩。被异议人不答辩的,不影响商标局的异议决定。当事人需要在提出异议申请或者答辩后补充有关证据材料的,应当在申请书或者答辩书中声明,并自提交申请书或者答辩书之日起 3 个月内提交;期满未提交的,视为当事人放弃补充有关证据材料。

对初步审定公告的商标提出异议的,商标局应当听取异议人和被异议人陈述事实和理由,经调查核实后,自公告期满之日起 12 个月内作出是否准予注册的决定,并书面通知异议人和被异议人。有特殊情况需要延长的,经国务院工商行政管理部门批准,可以延长 6 个月。

商标局作出准予注册决定的,发给商标注册证,并予公告。异议人不服的,可以依照《商标法》第 44 条、第 45 条的规定向商标评审委员会请求宣告该注册商标无效。商标局作出不予注册决定,被异议人不服的,可以自收到通知之日起 15 日内向商标评审委员会申请复审。商标评审委员会应当自收到申请之日起 12 个月内作出复审决定,并书面通知异议人和被异议人。有特殊情况需要延长的,经国务院工商行政管理部门批准,可以延长 6 个月。被异议人对商标评审委

员会的决定不服的,可以自收到通知之日起30日内向人民法院起诉。人民法院应当通知异议人作为第三人参加诉讼。2013年《商标法》简化了商标公告期间的异议处理程序,只有作为被异议人的商标注册申请人对商标局异议决定不服的,才进入商标评审委员会对异议的复审程序;异议人对商标局的决定不服的,则进入第44条和第45条规定的宣告商标无效程序。这种处理实际上是优先保证完成商标注册,把争议处理留在商标注册之后。

法定期限届满,当事人对商标局作出的驳回申请决定、不予注册决定不申请复审或者对商标评审委员会作出的复审决定不向人民法院起诉的,驳回申请决定、不予注册决定或者复审决定生效。经审查异议不成立而准予注册的商标,商标注册申请人取得商标专用权的时间自初步审定公告3个月期满之日起计算。自该商标公告期满之日起至准予注册决定作出前,对他人在同一种或者类似商品上使用与该商标相同或者近似的标志的行为不具有追溯力;但是,因该使用人的恶意给商标注册人造成的损失,应当给予赔偿。

四、宣告注册商标无效的决定、裁定与诉讼

商标已经获得注册的,核准公告后,如果商标局或者其他人仍然认为商标注册存在问题的,在商标注册公告后可以宣告商标无效。宣告注册商标无效的程序可以由商标局依据职权启动,作出"决定",对该"决定"不服的,可以向商标评审委员会申请复审,商标评审委员会复审后也作出"决定"。宣告注册商标无效的程序如果是由其他单位、个人或利害关系人启动的,则直接向商标评审委员会提出,商标评审委员会作出的是"裁定"。宣告注册商标无效的事由分两类,一类是相对事由,基于这类事由启动的宣告注册商标无效程序必须在商标注册5年内进行。基于此类事由宣告注册商标无效的,规定在《商标法》第45条,即已经注册的商标,违反本法第13条第2款和第3款、第15条、第16条第1款、第30条、第31条、第32条规定的,自商标注册之日起5年内,在先权利人或者利害关系人可以请求商标评审委员会宣告该注册商标无效。对恶意注册的,驰名商标所有人不受5年的时间限制。商标评审委员会收到宣告注册商标无效的申请后,应当书面通知有关当事人,并限期提出答辩。商标评审委员会应当自收到申请之日起12个月内作出维持注册商标或者宣告注册商标无效的裁定,并书面通知当事人。有特殊情况需要延长的,经国务院工商行政管理部门批准,可以延长6个月。当事人对商标评审委员会的裁定不服的,可以自收到通知之日起30日内向人民法院起诉。人民法院应当通知商标裁定程序的对方当事人作为第三人参加诉讼。另外一类为绝对事由,没有5年期限的限制。基于此类事由宣告注册商标无效的程序等规定在《商标法》第44条,即已经注册的商标,违反本法第10条、第11条、第12条规定的,或者是以欺骗手段或者其他不正当手段取得注册的,由商标局宣告该注册商标无效;其他单位或者个人可以请求商标评审委员会宣告该注册商标无效。商标局作出宣告注册商标无效的决定,应当书面通知当事人。当事人对商标局的决定不服的,可以自收到通知之日起15日内向商标评审委员会申请复审。商标评审委员会应当自收到申请之日起9个月内作出决定,并书面通知当事人。有特殊情况需要延长的,经国务院工商行政管理部门批准,可以延长3个月。当事人对商标评审委员会的决定不服的,可以自收到通知之日起30日内向人民法院起诉。其他单位或者个人请求商标评审委员会宣告注册商标无效的,商标评审委员会收到申请后,应当书面通知有关当事人,并限期提出答辩。商标评审委员会应当自收到申请之日起9个月内作出维持注册商标或者宣告注册商标无效的裁定,并书面通知当事人。有特殊情况需要延长的,经国务院工商行政管理部门批准,可以延长3个月。当事人对商标评审委员会的裁定不服的,可以自收到通知之日起30日内向人民法院起诉。人民法院应当通知商标裁定程序的对方当事人作为第三人参加诉讼。

值得一提的是,基于相对理由提出宣告注册商标无效请求的,其申请主体限定为"在先权利人或利害关系人";而基于绝对事由提出宣告注册商标无效申请的主体可以是任何单位和个人,商标局也可以依职权启动宣告注册商标无效程序。

如果我们对宣告注册商标无效的事由进行整理,可以列出如下类型。

1. 不受5年期限限制的理由

第一,违反《商标法》第10条的规定,商标使用了绝对不能注册为商标的标识的。

第二,违反了《商标法》第11条的规定,商标欠缺显著性特征的。

第三,违反了《商标法》第12条的规定,立体商标具有功能性特征的。

第四,以欺骗手段或者其他不正当手段取得注册的。

第五,恶意注册驰名商标的。

该类型的异议因商标违反商标法的强行性规定,不存在直接的争议当事人,因此,异议的提出主体可以是任何单位或者个人,商标局也可以依据职权径行作出相应的处理决定。

2. 必须在商标注册后5年之内提出的理由

第一,违反《商标法》第13条第2款或第3款的规定,就相同或者类似商品申请注册的商标是复制、摹仿或者翻译他人未在中国注册的驰名商标,容易导致混淆的;或者就不相同或者不相类似商品申请注册的商标是复制、摹仿或者翻译他人已经在中国注册的驰名商标,误导公众,致使该驰名商标注册人的利益可能受到损害的。

第二,违反《商标法》第15条的规定,未经授权,代理人或者代表人以自己的名义将被代理人或者被代表人的商标进行注册的;就同一种商品或者类似商品申请注册的商标与他人在先使用的未注册商标相同或者近似,申请人与该他人具有前款规定以外的合同、业务往来关系或者其他关系而明知该他人商标存在的。

第三,违反《商标法》第 16 条第 1 款的规定,商标中含有商品的地理标志,而该商品并非来源于该标志所标示的地区,误导公众的。

第四,违反《商标法》第 30 条的规定,申请注册的商标,不符合商标法有关规定或者同他人在同一种商品或者类似商品上已经注册的或者初步审定的商标相同或者近似的。

第五,违反《商标法》第 31 条的规定,违反商标先申请原则的。

第六,违反《商标法》第 32 条的规定,申请商标注册损害他人现有的在先权利,或者以不正当手段抢先注册他人已经使用并有一定影响的商标的。

因为我们已经在商标构成要件部分分析了《商标法》第 10 条关于合法性、第 11 条关于显著性、第 12 条关于功能性、第 32 条前半句关于在先性的有关问题,因此,此部分不再重述。关于《商标法》第 30 条规定的理解与适用问题,本书主要在假冒仿冒商标侵权部分介绍,即《商标法》第 57 条第 1 项和第 2 项规定的"在相同或类似商品上使用相同或近似商标"。但是,这里必须指出的是,在商标注册申请审查过程中,根据《商标法》第 30 条的规定,判断申请注册的商标是否与同一种或类似商品上已经注册的或者初步审定的商标相同或近似时,商标局及商标评审委员会主要根据《商标审查标准》作出判断。在商标侵权诉讼中,法院在判断被控侵权人使用的商标是否与注册商标相同或近似、商标使用的商品或服务是否构成相同或类似时,只是参考《商标审查标准》的规定,其判断依据主要是最高人民法院《关于审理商标民事纠纷案件适用法律若干问题的解释》以及最高人民法院《关于审理商标授权确权行政案件若干问题的意见》的有关规定,判断中会考虑注册商标的显著性和知名度、被控侵权商标与注册商标的实际使用情况等。

下面,主要对前文未论证过的几种情况展开分析。

(一) 商标抢注行为——第 32 条后半句

狭义的商标抢注行为只是广义抢先注册行为的一种。抢先注册是指一方当事人未经申请注册,就对自己设计或者选定的商标进行了使用和宣传,而另一方当事人却抢先对该商标提出了注册申请或者完成了申请注册的行为。"抢先"有两种情况:一为当事人不知他方已就相同或近似商标进行了使用和宣传,且没有进行商标注册;二为当事人知悉他方已就相同或近似商标进行了使用和宣传,但没有进行商标注册。对于前一种情况,可以称为在先申请注册,通常申请人申请注册的商标只与他人已使用、宣传的商标具有相似性,同一性只是在非常例外的情况下才会出现;而对于后一种情况,则可称为抢夺申请注册。① 同时,商标抢注行为除自然人、法人或其他组织以营利为目的,故意将他人已使用但未注册的商标抢先注册的情况外,还包括将他人已拥有在先权利的文字、图案等注册为商标的行为。② 这里谈的是狭义的商标抢注行为,即首先要求商标注册申请人主观上具有恶意,若注册申请人主观是善意的,则不属于此类型行为;其次,商标注册申请抢先注册的是他人在先使用的未注册商标,而不是在先商号或作品等。

商标抢注也被人称为"鬼"商标现象之一,"盗名窃誉"③,如何认识其构成,我国《商标法》第32条后半句作了原则性规定,商标局颁布的《商标审理标准》在第四部分作出了详细规定。

第一,他人商标在注册商标申请之前已经使用并有一定影响。

严格意义上,在先使用既包括从未注册过的商标所进行的在先使用,也包括注册商标保护期届满后没有续展注册但仍在使用的商标。④ 本书在此不作进一步类型划分,将两种情况放在一起论述。

《商标审理标准》指出,认定商标是否有一定影响,应当就个案具体情况综合考虑相关公众对该商标的知晓情况,该商标使用的持续时间和地理范围,该商标的任何宣传工作的时间、方式、程度、地理范围,其他使该商标产生一定影响的因素。从该规定的内容来看,要求在先使用的商标已经使用并有一定的影响并不需要达到"驰名商标"的知名度,因为在"一定影响"的判断中,只是参考了《商标法》第14条认定驰名商标的考虑因素,不考虑驰名商标判断要素中的"商标作为驰名商标受保护的记录",但增加了对商标使用的地理范围要素进行特别考虑的规定。

第32条规定的主要是申请注册商标与其他权利之间的冲突问题,因此,是一条权利冲突规定。该冲突规定后半句中的"一定影响"与第59条第3款先使用权条款中的"一定影响"是否相同? 在理解和适用中颇有争议。

日本《商标法》在第4条第1款第10项⑤也规定了权利冲突条款,而且也和我国《商标法》的规定类似,在对商标使用程度的规定上采用了和先使用权条款

---

① 章正璋:《商标抢注行为与我国现行法律制度关系之初探》,载《中国人民大学学报》1996年第6期。
② 郑向东:《论商标"抢注"的制度原因及商标法律制度的完善——"中央一套"商标申请注册引发的法律思考》,载《经济师》2007年第3期。
③ 王正发:《中国的"鬼"商标现象——对我国商标抢注及相关问题的评析》,载《中国专利与商标》2007年第1期。
④ 汪泽:《对"在先使用并有一定影响的商标"的保护——适用商标法第三十一条典型商标异议案点评》,载《中华商标》2007年第11期,又见《中国人民大学复印报刊资料(民商法学)》2008年第3期收录。
⑤ 第4条第1款第10项的规定:把与需要者所广为认识的标识他人经营的商品的标志相同或相近似的商标,用于相同或类似商品之上的,不予注册。

中相同的表述——广为认识;所不同的是,日本《商标法》在第 4 条第 1 款第 10 项没有针对商标注册人主观恶意的要求。关于如何认识两条规定中的同一表述"广为认识",日本学界和司法界有两种观点。一种观点为同一说,认为日本《商标法》第 32 条第 1 款规定的先使用权中所说的"被需要者广为认识"和第 4 条第 1 款第 10 项中的同一用语,理解应该是一样的。理由是二者使用的都是"被需要者广为认识(需要者の間に広く認識されている)"这样同一种表述;而且从历史沿革来讲,现行法第 32 条先使用权来源于旧法第 9 条,第 9 条设立的原因就在于:对于违反旧法第 2 条第 1 款第 9 项(现行法第 4 条第 1 款第 10 项)规定,不能进行商标注册,但因错误而进行注册的情况下,先使用人在一定的除斥期间内(相当于我国《商标法》中规定的 5 年商标争议期间)可以请求商标无效;错过了这个期间之后,为了保护标识达到周知程度的先使用人,才设立旧法第 9 条先使用权的规定。① 因此,"被需要者广为认识"的内容应该是同一的。另一种观点(区别说)认为,第 32 条第 1 款规定的先使用权中所说的"被需要者广为认识"和第 4 条第 1 款第 10 项拒绝商标注册事由中同一用语的含义是不同的,先使用权制度中达到"被需要者广为认识(周知)"的程度要低于拒绝商标注册事由中所达到的程度,即第 32 条先使用权中的"广为认识(周知)"程度和第 4 条拒绝商标注册事由的周知程度相比,可以在更狭小的地域范围、更低的渗透度上成立。② 有学者则直接指出,比起阻却注册事由所要求的广为认识,先使用权构成要件中的被需要者广为认识,其认定更宽松。③

  日本司法实务中的裁判绝大多数认为二者的范围是不同的,通常情况下,法院在判决书中一般认为日本《商标法》第 32 条先使用权中的"广为认识"和第 4 条阻却注册理由中的"广为认识"具有相同的范围,但在最终的认定结果上往往确定实质上不同的影响范围。例如,在东京高等法院判决的 DCC 事件中,原告 daiwa 咖啡以先使用为理由,根据日本《商标法》第 4 条第 1 款第 10 项,请求撤销上岛咖啡注册成功的 DCC 商标。法院认为虽然原告 daiwa 咖啡使用 DCC 标识在先,但是在广岛县的市场占有率不过 30%,相邻数县的占有率更是远不及 30%,没有达到第 4 条要求的"在全国主要商圈同种商品经营中达到相当的认识程度,或者至少不止一个县、在相当于相邻数县的范围内的同种商品经营中达到半数以上认识"的标准,因而驳回了其无效请求。④ 而同一时期另一个广岛

---

  ① 关于这段历史的梳理,参见〔日〕纲野诚:《商标》,日本有斐阁 2002 年版,第 778 页。
  ② 参见〔日〕小野昌延编:《注解商标法》,日本青林书院 2005 年版,第 804—813 页。
  ③ 参见〔日〕森林稔:《商标法与反不正当竞争法中的先使用权》,载日本工业所有权法学会编:《知识产权与先使用权》,日本有斐阁 2003 年版,第 110 页。
  ④ 东京高等法院昭和五十八年(1983 年)6 月 16 日判决,《无体财产关系民事·行政判例集》15 卷 2 号,第 501 页。本案介绍可以参见〔日〕平尾正树:《商标法》,日本学阳书房 2006 年版,第 366—367 页,注释 6。

DCC案件中,商标权人上岛咖啡变为原告,依据自己的注册商标DCC专有权,要求被告先使用人daiwa咖啡停止使用DCC的标识。在该案中,法院在论述一般抽象论认识时,认为第32条先使用权中"广为认识"的判断标准,和前述东京高院DCC案件中对第4条拒绝注册理由中"广为认识"的判断标准几乎相同,因而判定被告daiwa咖啡在该县仅30%的市场占有率不能满足先使用权中对"广为认识"的要求,被告不能行使第32条先使用权的抗辩。然而,法院最后却并没有承认注册商标权的禁止权,而是在斟酌诸要素的基础上以权利滥用的理由否定了商标权人的请求,允许被告daiwa咖啡继续使用DCC标识。本案裁判法院根据法律条文的规定,在抽象论上肯定了第32条先使用的"广为认识"和第4条阻却注册理由的"广为认识"范围相同,但是,根据被告市场份额30%这样一个相同的事实,最终在结论上肯定了先使用人可以继续使用标识的事实状态。①

在解释英国《商标法》第11条关于商标先使用权的规定时,英国学者认为,如果在先使用的商标商业信誉在特定地域范围内,商标在先使用人可以以"在先权利"行使先使用权抗辩;如果其权利扩大到更大的区域范围内,则先使用人应该采取更积极的措施,挑战对其提出侵权指控的注册商标的注册有效性;如果他们没有采取这样的积极作为,最后只能认可商标的注册。② 由此看来,在英国,阻却商标注册的事由中,先使用标识达到的影响程度应该强于先使用抗辩构成要件中的商标影响范围。

我们再来看一下德国的情况。德国《商标法》在第4条——商标权的取得条款中,统一规定了商标权取得的方式为登记、使用、驰名。③ 与我国不同,德国对达到一定影响,具有"流通效果"(Verkehrsgeltung)④的未注册商标通过"使用商标"的方式进行保护。对于在商业活动中已经使用,但没有达到"流通效果"的未注册商标,德国商标法出于对法律稳定性的考量不承认"在先使用权"(Vorbenutzungsrecht),不提供商标法保护,只有在出现不正当竞争的情况下,权

---

① 广岛地方法院福山支部昭和五十七年(1982年)9月30日判决,载《判例时报》499号,第211页。
② See〔英〕W. R. Cornish, *Intellectual Property* (3rd ed.), Sweet & Maxwell, 1996, p. 630.
③ 德国《商标法》第4条规定:商标保护产生于:(1)一个标志在专利局设立的注册簿上作为商标注册;(2)通过在商业过程中使用,一个标志在相关商业范围内获得作为商标的流通效果;或者(3)具有《保护工业产权巴黎公约》第6条之2意义上的驰名商标的知名度。
④ 对于流通效果(Verkehrsgeltung)的表述和认定标准可以追溯到与德国原《商标法》第25条有关的文献和判决中。1995年《商标法》基于原商标在学理和判决中的总结,将这一表述作为认定未注册商标的保护前提,并通过立法进行了确定。根据通说,流通效果是指:在一定的区域内,通过使用形成指示商品来源的功能。参见 Ingerl/Rohnke, Markengesetz Kommentar, 3. Auflage, 2010, §4, Rn. 11; Stöbele/Hacker, Markengesetz Kommentar, 10. Auflage, 2012, §4, Rn. 23. 其判定是在个案中通过诉讼以问卷调查形式证明。Klaka, in Althammer/Stöbele/Klaka, Makengesetz, 5. Auflage, 1997, §4, Rn. 18.

利人才可以寻求反不正当竞争法的保护。① 从流通效果所及的区域来看,其既可以是在所在经济圈(如:南德、北德、鲁尔区等)或者较大的城市(柏林、慕尼黑、汉堡等)内具有区域性的周知性,也可以是在全国范围内具有周知性。② 不具有全国"流通效果"的使用商标,只能在其流通效果所及的地域范围内行使排他权③;也不能行使异议权和撤销权。在全国都具有"流通效果"的使用商标,不但能够在异议期(3个月)内向德国专利商标局提出异议(Widerspruch,德国《商标法》第42条),而且在异议期之后也能够向普通法院提出撤销新注册商标之诉(Löschungsanspruch,德国《商标法》第12条)。这样,流通效果所及的地域也就决定了未注册商标所有人绝对权的效力。非具有全国性流通效果的未注册商标不享有阻却商标注册和撤销商标注册的权利,但可在其所处的经济圈内享有对抗注册商标的绝对权。由此可见,尽管德国《商标法》是通过使用取得商标权的方式保护未注册商标的,与我国单一注册制模式不同,但对使用取得商标权的未注册商标保护,根据其影响程度不同而赋予不同的权能。和日本、英国的商标法律制度一样,德国商标法律制度规定,只有在更大的区域范围内获得商誉和影响,商标先使用人才可以对商标注册提出异议或撤销商标注册,否则只能享有在特定区域内继续使用原有商标的权利。

我国《商标法》第32条和第59条第3款对先使用的未注册商标的保护,表述上都要求先使用商标"有一定影响",解释上似乎应该采取同一性理解。第32条明确规定了"以不正当手段抢先注册"的主观恶意要件,似乎对阻却注册的正当性进行了补强,理解上也可以认为,因为注册申请人主观具有恶意而放松对"一定影响"要件的要求。也即,因为商标注册申请人主观恶意要件的存在,而不必要求阻却注册事由中先使用商标的"一定影响"要强于先使用抗辩条款中的"一定影响"。这样,似乎就可以将阻却注册先使用条款中的"一定影响"与先使用抗辩条款中的"一定影响"作同一解释。但本书认为,注册商标的效力及于全国,而先使用抗辩中的先使用具有鲜明的地域性特征,作为阻却商标注册事由的先使用商标,应该比在先使用抗辩中的先使用商标在影响程度和范围上要强。另外,先使用能够阻却商标注册的根本原因在于先使用已经使得商标积累了一定的信誉,法律需要对这种实质意义上的识别来源标识加以保护。制止恶意注册人抢注并非该制度的全部意义,而只是其中的一个内容。正如我国学者所说,赋予未注册驰名商标和在先使用并有一定影响的商标异议权和撤销权的根据是

---

① Ingerl/Rohnke, Markengesetz, 3. Auflage 2010, §14 Rn. 31; Spengle, GRUR 1953, 160;德国联邦最高法院判例:GRUR 1967, 298—Modess。
② Althammer, Warenzeichengesetz, 4. Auflage, 1989, §25, Rn. 17; Schricker, GRUR 1980, 462ff。
③ Ingerl/Rohnke, Markengesetz Kommentar, 3. Auflage, 2010, §4, Rn. 24; BGHZ 21, 182, 196—Ihr Funkberater; OLG Dresden GRUR-RR 2002, 257, 259f. —Halberstädter Würstchen.

该商标的知名度和影响力,是法律对在先使用人富有成效的使用行为的肯定和保护,与他人的注册是否属于恶意抢注、手段是否正当无关。① 从日本、德国、英国的相关规定来看,对在先使用阻却商标注册事由也都未规定注册人主观恶意要件。通过商标注册人的主观要件区别先用权抗辩与阻却商标注册事由的构成,并非一种合理的选择;本书更倾向于通过先使用的强度来区别不同的后果,即先使用的影响范围局限于特定的有限区域时,先使用抗辩成立;当先使用的影响范围扩大到很大的区域时,则赋予先使用人异议权和宣告注册商标无效权。在先使用人放弃行使异议权或宣告注册商标无效权的时候,仍允许其在原有范围内继续使用商标。

关于上述几个国家《商标法》对于先使用抗辩条款与先使用阻却商标注册条款的不同规定,请见下表。

国别 事项	德国	英国	日本	中国
商标权取得模式	使用+注册	使用+注册	注册	注册
阻却注册对注册人主观方面的要求	无,但若注册人为恶意的,5年期间经过后,先使用人仍然可以撤销注册	无,但若注册人为恶意的,5年期间经过后,先使用人仍然可以撤销注册	无	有(不正当手段抢先注册)
阻却注册对先使用商标客观方面的要求	先使用商标具有全国流通效果	先使用商标在大的区域范围内建立了商业信誉	被需要者广为认识	一定影响
撤销或宣告注册商标无效的时间要求(从注册之日起算)	5年(恶意注册的不受5年期间限制)	5年(恶意注册的不受5年期间限制)	5年(以不正当竞争为目的进行注册的,不受5年期间限制)	5年(无例外规定)
阻却注册的根据	使用商标权	使用商标权	商标使用	商标使用

第二,在先使用的商标与申请注册的商标相同或者近似,且两商标所使用的商品或服务原则上相同或者类似。

第三,商标注册申请人具有恶意。

本书认为,通常情况下只要证明商标注册申请人知晓就可成立主观恶意,因为让在先使用人举证证明商标注册人的主观状态在实践中难度很大;而且,商标既然已经通过使用产生了一定的影响,就为对其进行保护的正当性提供了相当

---

① 张玉敏:《论使用在商标制度构建中的作用——写在商标法第三次修改之际》,载《知识产权》2011年第9期。

有说服力的根据。"知晓"既包括知道,也包括应该知道。

(二)仿冒驰名商标的——第13条第2款、第3款

我国《商标法》第13条第2款、第3款规定,就相同或者类似商品申请注册的商标是复制、摹仿或者翻译他人未在中国注册的驰名商标,容易导致混淆的,不予注册并禁止使用。就不相同或者不相类似商品申请注册的商标是复制、摹仿或者翻译他人已经在中国注册的驰名商标,误导公众,致使该驰名商标注册人的利益可能受到损害的,不予注册并禁止使用。该条规定的主旨非常明显,就是扩大对驰名商标的保护,对未注册驰名商标不提供跨商品类别的保护,但是对注册驰名商标的保护范围超越商标注册核定使用的商品或服务的类别。这两款规定事实上是高于《保护工业产权巴黎公约》的保护水平的。根据该《公约》第6条之2对驰名商标的规定,商标注册国或使用国主管机关认为一项商标在该国已成为驰名商标,已经成为有权享有本公约利益的人所有,而另一商标构成对此驰名商标的复制、仿造或翻译,用于相同或类似商品上,易于造成混乱时,本同盟各国应依职权——如本国法律允许——或应有关当事人的请求,拒绝或取消该另一商标的注册,并禁止使用。商标的主要部分抄袭驰名商标或是导致造成混乱的仿造者,也应适用本条规定。这里同样将对驰名商标的保护范围限定在相同或类似商品范围内。但是,世界贸易组织《与贸易有关的知识产权协定》(《TRIPs协定》)的规定却与我国商标法规定的主旨相同。《TRIPs协定》第16条第3款规定,《巴黎公约》1967年文本第6条之2,原则上适用于与注册商标所标示的商品或服务不类似的商品或服务,只要一旦在不类似的商品或服务上使用该商标,即会暗示该商品或服务与注册商标所有人存在某种联系,从而注册商标所有人的利益可能因此受损。这也是对驰名商标提供的特殊保护。

1. 驰名商标的概念与构成

何为驰名商标?国家工商行政管理总局2003年4月17日发布、2003年6月1日实施的《驰名商标认定和保护规定》在第2条规定,驰名商标是指在中国为相关公众广为知晓并享有较高声誉的商标。最高人民法院《关于审理涉及驰名商标保护的民事纠纷案件应用法律若干问题的解释》(法释〔2009〕3号)(以下简称《驰名商标司法解释》)第1条规定,本解释所称驰名商标,是指在中国境内为相关公众广为知晓的商标。该司法解释仅以公众客观知晓为其规定驰名商标的内涵,没有明确规定"较高声誉"要求,是否享有较高声誉不是判断驰名与否的具体构成要素。2013年《商标法》在第13条第1款对驰名商标的定义中,坚持驰名商标的单一标准——为相关公众所熟知的商标。2014年,国家工商行政管理总局修订了《驰名商标认定和保护规定》,将"享有较高声誉"从第2条驰名商标的定义中删除,仅规定"在中国为相关公众所熟知的商标"为驰名商标。

在判断是否构成驰名商标时,要考虑一些具体要素。《TRIPs协定》第16条

规定,确认某商标是否系驰名商标,应顾及有关公众对其知晓程度,包括在该成员地域内因宣传该商标而使公众知晓的程度。我国《商标法》第 14 条第 1 款规定,认定驰名商标应当考虑下列因素:相关公众对该商标的知晓程度;该商标使用的持续时间;该商标的任何宣传工作的持续时间、程度和地理范围;该商标作为驰名商标受保护的记录;该商标驰名的其他因素。

对于这些要素是进行全部考虑,还是进行重点要素的判断分析,《驰名商标司法解释》在第 4 条规定,人民法院认定商标是否驰名,应当以证明其驰名的事实为依据,综合考虑《商标法》第 14 条第 1 款规定的各项因素,但是根据案件具体情况无需考虑该条规定的全部因素即足以认定商标驰名的情形除外。

从应提交的证据来看,该解释第 5 条规定,当事人主张商标驰名的,应当根据案件具体情况,提供下列证据,证明被诉侵犯商标权或者不正当竞争行为发生时,其商标已属驰名:(1)使用该商标的商品的市场份额、销售区域、利税等;(2)该商标的持续使用时间;(3)该商标的宣传或者促销活动的方式、持续时间、程度、资金投入和地域范围;(4)该商标曾被作为驰名商标受保护的记录;(5)该商标享有的市场声誉;(6)证明该商标已属驰名的其他事实。前款所涉及的商标使用的时间、范围、方式等,包括其核准注册前持续使用的情形。对于商标使用时间长短、行业排名、市场调查报告、市场价值评估报告、是否曾被认定为著名商标等证据,人民法院应当结合认定商标驰名的其他证据,客观、全面地进行审查。

2. 驰名商标的认定

在驰名商标的认定上,主要有主动认定和被动认定两种方式。被动认定方式,又称事后认定,是在商标所有人主张权利时,也即存在实际的权利纠纷的情况下,应商标所有人的请求,有关部门对其商标是否驰名、能否给予扩大范围的保护进行认定。被动认定是商标行政管理机关、司法机关认定驰名商标的基本模式,目前为西方多数国家所采用,被视为国际惯例。主动认定方式,又称事前认定,是在并不存在实际权利纠纷的情况下,有关部门出于预防将来可能发生的权利纠纷的目的,应商标所有人的请求,对商标是否驰名进行认定。主动认定着眼于预防可能发生的纠纷,是行政机关认定驰名商标的方式。主动认定方式不适用于司法机关。

《商标法》第 14 条第 2 款、第 3 款规定,在商标注册审查、工商行政管理部门查处商标违法案件过程中,当事人依照本法第 13 条规定主张权利的,商标局根据审查、处理案件的需要,可以对商标驰名情况作出认定。在商标争议处理过程中,当事人依照本法第 13 条规定主张权利的,商标评审委员会根据处理案件的需要,可以对商标驰名情况作出认定。目前,我国商标法律实践中,以商标行政管理机关被动认定为主要模式。为认定驰名商标,2009 年 4 月 12 日,国家工商行政管理总局制定了《驰名商标认定工作细则》(以下简称《细则》),商标局、商标评审委员会成立驰名商标认定委员会,其成员包括商标局、商标评审委员会的局长、主任、副局长、副主任、巡视员、副巡视员,局长、主任为主任委员。商标局、商标评审委员会承办处依《细则》进行驰名商标认定申请材料的受理、整理和审查工作;商标局局长办公会、商标评审委员会委务会依《细则》进行驰名商标认定中的审定工作;驰名商标认定委员会依《细则》进行驰名商标认定中的复审工作;国家工商行政管理总局局长办公会对驰名商标认定委员会拟认定的驰名商标予以核审。

然而,司法机关被动认定有其不可替代的优越性,特别是在第三次修改商标法之前,因法院处理案件受审判时限的限制,审结案件时间短,所以,商标持有人愿意选择司法机关被动认定方式。《商标法》第 14 条第 4 款规定,在商标民事、行政案件审理过程中,当事人依照本法第 13 条规定主张权利的,最高人民法院指定的人民法院根据审理案件的需要,可以对商标驰名情况作出认定。商标所有人在个案认定商标驰名后,往往持认定驰名商标的判决以驰名商标权利人的身份向其他人提出权利请求。于是,曾经有一段时间,法院出现了大量的"假驰名商标诉讼",商标所有人选择一个经营规模、经济实力非常小的企业甚至个体工商户作为被告,要求法院保护其商标权,同时主张商标为驰名商标。名义上,商标所有人是为了获得权利救济而起诉的,实质上诉讼是虚,认定驰名商标为实。针对这类现象,《驰名商标司法解释》积极作出对应处理,采取两种措施。

其一,明确规定哪些案件需要对驰名商标进行认定,哪些案件人民法院不需要对商标驰名与否作出判断。

《驰名商标司法解释》第 2 条规定,在下列民事纠纷案件中,当事人以商标驰名作为事实根据,人民法院根据案件具体情况,认为确有必要的,对所涉商标是否驰名作出认定:(1) 以违反《商标法》第 13 条的规定为由,提起的侵犯商标权诉讼;(2) 以企业名称与其驰名商标相同或者近似为由,提起的侵犯商标权或者不正当竞争诉讼;(3) 符合本解释第 6 条规定的抗辩或者反诉的诉讼。第 3 条规定,在下列民事纠纷案件中,人民法院对于所涉商标是否驰名不予审查:(1) 被诉侵犯商标权或者不正当竞争行为的成立不以商标驰名为事实根据的;(2) 被诉侵犯商标权或者不正当竞争行为因不具备法律规定的其他要件而不成立的。原告以被告注册、使用的域名与其注册商标相同或者近似,并通过该域名进行相关商品交易的电子商务,足以造成相关公众误认为由,提起的侵权诉讼,按照前款第 1 项的规定处理。

其二,限定人民法院在具体案件中作出的商标驰名判断的效力。

《驰名商标司法解释》第 13 条规定,在涉及驰名商标保护的民事纠纷案件中,人民法院对于商标驰名的认定,仅作为案件事实和判决理由,不写入判决主文;以调解方式审结的,在调解书中对商标驰名的事实不予认定。2013年《商标法》在第14条第1款再次强调,驰名商标应当根据当事人的请求,作为处理涉及商标案件需要认定的事实进行认定。同时进一步严格规范驰名商标的使用问题,即生产者、经营者不得将"驰名商标"字样用于商品、商品包装或者容器上,或者用于广告宣传、展览以及其他商业活动中。

3. 驰名商标的保护

如何保护驰名商标早已成为一个国际性的问题。目前,世界各国法律对驰名商标的保护均采取特殊法律规定的形式,从《巴黎公约》到《TRIPs协定》,其间许多国际条约对驰名商标的保护都作了相关的规定。在我国,2002年全国人大常委会修改《商标法》的重要内容之一就是为驰名商标提供法律保护。2003年4月17日国家工商行政管理总局还发布了于2003年6月1日实施的《驰名商标认定和保护规定》。2009年,就驰名商标的保护问题,我国最高人民法院还专门制定了《驰名商标司法解释》。2014年,国家工商行政管理总局修订了2003年《驰名商标认定和保护规定》。驰名商标的特殊保护、扩大保护主要体现在以下几个方面。

（1）注册驰名商标受到跨类保护。本书上文已述。

（2）驰名商标的保护不仅可以阻却侵害其权利的商标注册,同时还禁止侵权标志作为未注册商标使用。

《商标法》第13条第2款、第3款规定的法律后果是"不予注册并禁止使用",而第11条、第12条、第32条规定的法律后果是"不得作为商标注册""不得注册"。

（3）驰名商标保护可以基于混淆,也可以基于对驰名商标信誉度的损害。

《驰名商标司法解释》第9条规定,足以使相关公众对使用驰名商标和被诉商标的商品来源产生误认,或者足以使相关公众认为使用驰名商标和被诉商标的经营者之间具有许可使用、关联企业关系等特定联系的,属于《商标法》第13条第1款[1]规定的"容易导致混淆"。

足以使相关公众认为被诉商标与驰名商标具有相当程度的联系,而减弱驰名商标的显著性、贬损驰名商标的市场声誉,或者不正当利用驰名商标的市场声誉的,属于《商标法》第13条第2款[2]规定的"误导公众,致使该驰名商标注册人的利益可能受到损害"。

从该条第2款的规定来看,该解释对驰名商标提供的保护已经突破了混淆法理,而采用淡化法理。本书将在商标侵权部分具体分析商标淡化的问题。

---

[1] 为2013年《商标法》第13条第2款,以下亦同。
[2] 现为《商标法》第13条第3款。

（三）代理人或代表人等抢注商标的——第 15 条

《商标法》第 15 条规定："未经授权，代理人或者代表人以自己的名义将被代理人或者被代表人的商标进行注册，被代理人或者被代表人提出异议的，不予注册并禁止使用。就同一种商品或者类似商品申请注册的商标与他人在先使用的未注册商标相同或者近似，申请人与该他人具有前款规定以外的合同、业务往来关系或者其他关系而明知该他人商标存在，该他人提出异议的，不予注册。"[①] 该条是对在先使用未注册商标的保护，因商标注册人主观恶性大，该条规定并不要求在先使用人使用商标已经具有"一定影响"。在先使用人可以根据第 33 条提出商标注册异议，异议期过后，还可以根据第 45 条申请宣告注册商标无效。但是，宣告商标无效的申请必须在商标注册之日起 5 年内提出，否则，商标注册人获得确定的商标专用权。如果商标先使用人错过了 5 年争议期间，商标专用权确定，商标先使用人是否还可以主张先使用权抗辩，并继续使用商标？从构成要件看，若先使用的未注册商标并未达到"一定影响"，则先使用权抗辩不成立。[②]

《商标法》第 15 条第 1 款规定，未经授权，代理人或者代表人以自己的名义将被代理人或者被代表人的商标进行注册，被代理人或者被代表人提出异议的，不予注册并禁止使用。这是关于代表人或代理人抢注的规定，行为具体构成要件如下：

（1）系争商标注册申请人是商标所有人的代理人或者代表人；

（2）系争商标指定使用在与被代理人、被代表人的商标使用的商品/服务相同或者类似的商品/服务上；

（3）系争商标与被代理人、被代表人的商标相同或者近似；

（4）代理人或者代表人不能证明其申请注册行为已取得被代理人或者被代表人授权；

（5）被代理人、被代表人或者利害关系人应当自系争商标注册之日起 5 年内提出宣告注册商标无效的请求。

以上五个构成要件中，最难以判断的是第一个构成要件，即代理关系、代表关系的判定。从法律严格定义来说，狭义的代表人仅指法定代表人，而狭义代理人仅指民法上特定代理关系产生的代理人。这也是"头孢西林"案中的焦点争

[①] 根据该款的规定，只有在先使用人提出异议的情况下，商标注册异议程序才能启动；而根据《商标法》第 45 条的规定，只有利害关系人提出申请的条件下，商标宣告无效程序才能启动。也就是说，在先使用人不提出主张的情况下，《商标法》不主动对注册的有效性进行干预。这样，法律为先使用人和商标注册申请人，就商标注册达成自愿协议安排，留出了空间。同时，正如下文所说，如果先使用人认可商标注册人注册，而不提出异议、宣告无效申请的，不妨碍商标注册人注册商标。此时，应视为先使用人放弃了相关权益。

[②] 关于商标先使用权抗辩问题，请参见本书后文的论述。

议。该案中,重庆正通公司制造头孢西林药品,它与四川华蜀公司签订专有销售协议。在双方合作期间生产的产品包装上,"头孢西林"四字被以特殊字体使用在显著位置,且字号明显大于其他文字。在该产品包装上标明:四川省隆昌华蜀动物药业有限公司开发,重庆正通动物药业有限公司制造。产品包装上使用了注册商标"华蜀"。产品介绍的首句为"本品是华蜀公司2002倾力奉献……"等。该兽药外包装上还有"华蜀精心奉献兽医首选""您放心的选择华蜀兽药"等宣传语。2004年双方终止了合作关系。被告华蜀公司申请了"头包西灵Toubaoxilin"商标,于2004年2月7日被核准注册,商标专用权人为华蜀公司。2004年3月31日,正通公司以争议商标的注册违反了《中华人民共和国商标法》第10条、第11条第1款第1项、第15条①及第31条②为由,向商标评审委员会提起撤销争议商标的申请。2005年3月4日,商标评审委员会针对正通公司提出的商标争议,作出商评字[2005]第289号裁定,将华蜀公司在第5类兽医用药等项目上注册的争议商标予以撤销。

华蜀公司不服,起诉到北京市第一中级人民法院。该法院维持了商标评审委员会的裁定,认为关于《商标法》第15条中"代理"的法律含义,包括《中华人民共和国合同法》在内的我国现行法律对代理概念的理解已经不再拘泥于《中华人民共和国民法通则》第63条的规定。而销售代理作为一种由代理人占有生产商的产品,以自己的名义或者生产商的名义将生产商所有的产品销售给第三人的法律活动,其出现是市场经济发展的必然结果,对《商标法》第15条中的代理作出包含销售代理的广义理解既符合商业活动的惯例,也符合商标法维护诚实信用的市场秩序的立法本义。

华蜀公司上诉到北京市高级人民法院,北京市高级人民法院撤销了北京市第一中级人民法院的判决和商标评审委员会的裁定,认为《商标法》第15条规定中的代理人为商标代理人,即指接受商标注册申请人或者商标注册人的委托,在委托权限范围内,代理其委托人办理商标注册申请、请求查处侵权案件或者办理其他商标事宜的人。代表人即为商标代表人,即指代表本企业办理商标注册和从事其他商标事宜的人。本案华蜀公司与正通公司基于《专销协议书》而形成的是生产销售合作关系,一审认定二者形成代理人与被代理人的关系显系错误。华蜀公司通过自己使用"头孢西林"商品名称,并使该商品名称商标化,其申请"头包西灵Toubaoxilin"商标的行为不属于《商标法》第15条规定的情形,因此,商标评审委员会及一审判决关于华蜀公司申请"头包西灵Toubaoxilin"商标的行为违反《商标法》第15条规定的认定错误,应予以纠正。

---

① 为2013年《商标法》第15条第1款,以下亦同。
② 第31条为2013年《商标法》第32条,以下亦同。

正通公司和商标评审委员会均表示不服，申请最高人民法院再审。最高人民法院在再审中推翻了北京市高级人民法院的判决，认为为正确理解《商标法》第 15 条规定，消除分歧，正确适用法律，可以通过该条规定的立法过程、立法意图以及参照相关国际条约的规定等确定其含义。

该条规定系 2001 年 10 月 27 日修改的《商标法》增加的内容。原国家工商行政管理局局长王众孚受国务院委托于 2000 年 12 月 22 日在第九届全国人民代表大会常务委员会第十九次会议上所做的《关于〈中华人民共和国商标法修正案（草案）〉的说明》指出，"《巴黎公约》第 6 条之 7 要求禁止商标所有人的代理人或者代表人未经商标所有人授权，以自己的名义注册该商标，并禁止使用。据此，并考虑到我国恶意注册他人商标现象日益增多的实际情况，草案增加规定：'未经授权，代理人或者代表人以自己的名义将被代理人或者被代表人的商标进行注册，被代理人或者被代表人提出异议的，不予注册并禁止使用'"。据此，《商标法》第 15 条的规定既是为了履行《巴黎公约》第 6 条之 7 规定的条约义务，又是为了禁止代理人或者代表人恶意注册他人商标的行为。《巴黎公约》第 6 条之 7 第（1）项规定，"如果本联盟一个国家的商标所有人的代理人或者代表人，未经该所有人授权而以自己的名义向本联盟一个或一个以上的国家申请该商标的注册，该所有人有权反对所申请的注册或要求取消注册"。据该条约的权威性注释、有关成员国的通常做法和我国相关行政执法的一贯态度，《巴黎公约》第 6 条之 7 的"代理人"和"代表人"应当作广义的解释，包括总经销、总代理等特殊销售关系意义上的代理人或者代表人。参照最高人民法院《关于审理国际贸易行政案件若干问题的规定》第 9 条关于"人民法院审理国际贸易行政案件所适用的法律、行政法规的具体条文存在两种以上的合理解释，其中有一种解释与中华人民共和国缔结或者参加的国际条约的有关规定相一致的，应当选择与国际条约的有关规定相一致的解释，但中华人民共和国声明保留的条款除外"的规定，《巴黎公约》第 6 条之 7 规定的"代理人"的含义，可以作为解释我国《商标法》第 15 条规定的重要参考依据。

根据上述立法过程、立法意图、《巴黎公约》的规定以及参照上述司法解释精神，为制止因特殊经销关系而知悉或使用他人商标的销售代理人或代表人违背诚实信用原则、抢注他人注册商标的行为，《商标法》第 15 条规定的代理人应当作广义的理解，不只限于接受商标注册申请人或者商标注册人委托、在委托权限范围内代理商标注册等事宜的商标代理人、代表人，而且还包括总经销（独家经销）、总代理（独家代理）等特殊销售代理关系意义上的代理人、代表人。[①]

本案历经周折，最后确定《商标法》第 15 条规定的代理人和代表人是广义

[①] 该案具体情况见最高人民法院行政判决书（2007）行提字第 2 号。

上的代理人和代表人,而不是狭义的代理人、代表人。这和《商标审理标准》的规定一致:"《商标法》第 15 条的内容源于《保护工业产权巴黎公约》第 6 条之 7 的规定,因此在对代理关系进行界定时,应当结合该条的立法目的,即制止代理人违反诚实信用原则的恶意抢注行为,进行解释。该条所述的代理人不仅包括《中华人民共和国民法通则》《中华人民共和国合同法》中规定的代理人,也包括基于商事业务往来而可以知悉被代理人商标的经销商。代表人系指具有从属于被代表人的特定身份,执行职务行为而可以知悉被代表人商标的个人,包括法定代表人、董事、监事、经理、合伙事务执行人等人员。"

《商标法》第 15 条第 2 款规定,就同一种商品或者类似商品申请注册的商标与他人在先使用的未注册商标相同或者近似,申请人与该他人具有前款规定以外的合同、业务往来关系或者其他关系而明知该他人商标存在,该他人提出异议的,不予注册。例如,在"Haupt"商标争议案中,商标注册人的法定代表人和总经理曾经在商标在先使用人的公司做报关员兼出纳员,在同样的锯片产品上使用完全一样的"Haupt"商标,"Haupt"商标属于在先使用人独创,且相对于锯片产品来说具有很强的显著性,此时就可以判断注册人利用不正当手段成立。[①]

(四)以欺骗或其他不正当手段取得商标注册的——第 44 条第 1 款

《商标法》第 44 条第 1 款规定,已经注册的商标,违反本法第 10 条、第 11 条、第 12 条规定的,或者是以欺骗手段或者其他不正当手段取得注册的,由商标局宣告该注册商标无效;其他单位或者个人可以请求商标评审委员会宣告该注册商标无效。以不正当手段取得注册是基于进行不正当竞争、牟取非法利益的目的,恶意进行注册的行为。此种情形是指在《商标法》第 13 条、第 15 条、第 32 条等条款规定的情形之外,以欺骗或其他不正当竞争手段取得商标注册的行为,如通过向商标局提供虚假文件、伪造证明而获得商标注册的情况。本书认为,第 44 条第 1 款的适用应仅限定在第 10 条、第 11 条、第 12 条、第 13 条、第 15 条、第 32 条等条款不能适用的情形。同时,根据该条款启动宣告注册商标无效程序的主体并不限定,商标局或商标评审委员会也可以依职权启动宣告无效程序,而且宣告无效请求并不受 5 年商标争议期间的限制,因此,该条款的适用也主要应该限定在损害了不特定私权利主体的权益、破坏公平竞争的市场秩序的情况。在耐克国际有限公司与中华人民共和国国家工商行政管理总局商标评审委员会等商标争议行政纠纷案判决中,北京市高级人民法院也曾经表达过类似观点,认为第 44 条法律规定中所指的"其他不正当手段"系指欺骗手段以外扰乱商标注册

---

① 参见国家工商行政管理总局《"Haupt"商标争议裁定书》,商标评审委员会商评字(2005)第 1648 号;关于此案的评析可参见汪泽:《对"以其他不正当手段取得注册"的理解与适用——"Haupt"商标争议案评析》,载《中华商标》2007 年第 5 期。

秩序、损害公共利益、不当占用公共资源或者以其他方式谋取不正当利益的手段，由此被侵害的主体属于不确定的公众群体。①

（五）宣告注册商标无效决定、裁定的司法审查

2001年第二次修改《商标法》后，商标评审委员会不论是就驳回商标申请进行评审作出的决定，还是就撤销或维持商标注册进行评审作出的裁定都不再是终局的。我们看到1982年、1993年《商标法》第21条都规定，对驳回申请、不予公告的商标，商标局应当书面通知申请人。申请人不服的，可以在收到通知15天内申请复审，由商标评审委员会作出终局决定，并书面通知申请人。第22条规定，对初步审定、予以公告的商标提出异议的，商标局应当听取异议人和申请人陈述事实和理由，经调查核实后，作出裁定。当事人不服的，可以在收到通知15天内申请复审，由商标评审委员会作出终局裁定，并书面通知异议人和申请人。在两条规定中，都是"由商标评审委员会作出终局决(裁)定"。

加入世界贸易组织后，我国履行公约义务，将知识产权作为私权来保护，私权保护的最终救济途径是司法程序，因此如果当事人对知识产权行政管理部门作出的决定或裁定不服，还可以向人民法院起诉，提起司法审查。因此，第二次修改《商标法》后，对商标评审委员会的决定、裁定不服的，均可以通过诉讼程序对商标行政主管机关的决定、裁定进行司法审查。2013年《商标法》仍然坚持司法救济为最后一道程序的原则，但将原来的撤销注册程序改为宣告商标无效程序，并进一步细化了"决定"和"裁定"的区别。

1. 对商标评审委员会决定、裁定不服的案件受理的法院及其内部分工

在北京、上海、广州设立专门的知识产权法院前，由于商标评审委员会位于北京市第一中级人民法院管辖区域，因此对商标评审委员会的裁定不服提起的诉讼由北京市第一中级人民法院管辖，二审由北京市高级人民法院管辖。但法院内部究竟如何分工，还需要明确。

2002年5月，最高人民法院《关于专利法、商标法修改后专利、商标相关案件分工问题的批复》（法〔2002〕117号）指出，对于人民法院受理的涉及专利权或者注册商标专用权的民事诉讼，当事人就同一专利或者商标不服专利复审委员会的无效宣告请求复审决定或者商标评审委员会的裁定而提起诉讼的行政案件，由知识产权审判庭审理；不服专利复审委员会或者商标评审委员会的复审决定或者裁定的其他行政案件，由行政审判庭审理。根据这一批复精神，如果商标争议裁定涉及利害关系人与商标权人之间就商标有效性发生争议的，由知识产权庭审理；如果不存在对方当事人，则由行政审判庭审理。由此形成了由北京市第一中级人民法院民事审判第五庭、北京市高级人民法院民事审判第三庭、最高

---

① 参见北京市高级人民法院行政判决书(2013)高行终字第76号。

人民法院民事审判第三庭和相应法院行政审判庭同时审理专利、商标授权确权行政案件的格局。该批复确定的审理分工既考虑了此类案件的司法审查属性，又考虑了此类案件的专业性特点和知识产权审判庭的审判历史，符合当时的历史背景和特殊需要。但是，当事人之间是否另有民事争议成为决定案件在民事审判庭和行政审判庭审理分工的依据，产生了司法标准不统一的问题。

2008年6月5日国务院颁布的《国家知识产权战略纲要》明确提出要"研究设置统一受理知识产权民事、行政和刑事案件的专门知识产权法庭"，并将其作为"完善知识产权审判体制，优化审判资源配置，简化救济程序"的一项重要内容。各地法院也在尝试知识产权审判的"三审合一""两审合一"模式。

为此，2009年6月，最高人民法院发布了《关于专利、商标等授权确权类知识产权行政案件审理分工的规定》，其第1条规定，下列一、二审案件由北京市有关中级人民法院、北京市高级人民法院和最高人民法院知识产权审判庭审理：(1) 不服国务院专利行政部门专利复审委员会作出的专利复审决定和专利无效决定的案件；(2) 不服国务院专利行政部门作出的实施专利强制许可决定和实施专利强制许可的使用费裁决的案件；(3) 不服国务院工商行政管理部门商标评审委员会作出的商标复审决定和裁定的案件……这样，知识产权授权确权类案件全部由北京市中级人民法院、北京市高级人民法院和最高人民法院的知识产权审判庭审理，立案时统一使用"知行"字编号。

2014年8月31日，第十二届全国人民代表大会常务委员会第十次会议通过《关于在北京、上海、广州设立知识产权法院的决定》，旨在"推动实施国家创新驱动发展战略，进一步加强知识产权司法保护，切实依法保护权利人合法权益，维护社会公共利益"。① 随着知识产权专门法院的建立，有关知识产权法院的选址、管辖、内部机构、人员编制等问题逐渐明确。2014年10月27日最高人民法院审判委员会第1628次会议通过了《关于北京、上海、广州知识产权法院案件管辖的规定》，自2014年11月3日起施行。根据该管辖规定，不服国务院部门作出的有关专利、商标、植物新品种、集成电路布图设计等知识产权的授权确权裁定或者决定的第一审行政案件，由北京知识产权法院管辖，当事人对知识产权法院作出的第一审判决、裁定提起的上诉案件和依法申请上一级法院复议的案件，由知识产权法院所在地的高级人民法院知识产权审判庭审理。因此，知识产权专门法院设立后，关于商标授权确权争议的行政诉讼，一审由北京知识产权法院管辖，二审上诉法院为北京市高级人民法院。

---

① 参见全国人民代表大会常务委员会《关于在北京、上海、广州设立知识产权法院的决定》，资料来源：http://npc.people.com.cn/n/2014/0901/c14576-25574846.html，2015年6月6日访问。

2. 法院诉讼与商标评审委员会评审的衔接

法院判决结果要么撤销商标评审委员会的决定、裁定,要么维持商标评审委员会的决定、裁定。从目前的法律制度安排来看,法院不能直接针对商标是否有效进行判断,它只能针对商标评审委员会的具体行政行为作出判断。

这就出现了一个问题,法院作出判决后,如果是撤销商标评审委员会的决定或裁定,商标评审委员会是否必须按照判决主旨再重新作出具体行政行为?2006年,北京市高级人民法院在"大厨"商标案中对这个问题进行了解答:"商标法及其实施条例以及《商标评审规则》对于在人民法院仅判决撤销或者部分撤销商标评审委员会作出的决定、裁定的情况下,商标评审委员会是否应重新进行评审并作出重审决定、裁定没有予以明确的规定。根据行政法及行政诉讼法的原理,行政机关依照当事人申请作出的具体行政行为被人民法院撤销后,除根据情况没有必要重新作出具体行政行为外,行政机关应当重新作出具体行政行为。本案中,第2345号裁定是商标评审委员会依成昌行公司的申请作出的具体行政行为,该裁定被部分撤销后,法律程序自然恢复到争议申请的评审程序阶段。尽管第74号判决没有责令商标评审委员会重新作出具体行政行为,但其仍应对成昌行公司的申请依法作出相应的裁定。"[①]该判决结论说明,通常情况下,法院撤销商标评审委员会的决定或裁定后,商标评审委员会需要重新进行评审,除非实际情况不需要再进行重审。

接下来的问题是,商标评审委员会是否必须按照法院的判决主旨作出具体行政行为?根据我国《行政诉讼法》第71条的规定,"人民法院判决被告重新作出行政行为的,被告不得以同一的事实和理由作出与原行政行为基本相同的行政行为"。据此规定,针对同一争议事实和理由,商标评审委员会应该作出与法院判决主旨相同的评审决定。

思考题:

1. 我国商标注册申请的主要程序是什么?
2. 宣告注册商标无效的理由有哪些?

---

① 该案具体情况见北京市高级人民法院行政判决书(2006)高行终字第184号。

第五章　商标权的内容

商标权是指商标权利人在自己的商品或服务上使用商标,并排除他人未经许可在类似的商品或者服务上使用相同或者近似标志的权利。商标权的具体内容因实现方式不同表现为不同的形态,同时,作为一种受法律保护的知识产权,商标权利又受到各种限制。

第一节　商标专用权、商标使用许可权、转让权及商标专用权质押

一、商标专用权

商标专用权就是商标权人所享有的专有权,是商标权的本权利,其他权利都是从该权利中派生出来的。在实行注册制的国家,商标权利自核准注册之日起产生。该权利除了内含有商标权人对自己商标进行使用的权利外,还意指商标权人有权禁止其他人在相同或者类似的商品或者服务上使用相同或者近似的商标标识。使用注册商标,可以在商品、商品包装、说明书或者其他附着物上标明"注册商标"或者注册标记。注册标记包括(注外加圈)和(R外加圈)。使用注册标记,应当标注在商标的右上角或者右下角。

关于商标专用权的保护,我们主要通过商标权侵权来认识。

二、商标使用许可权

商标权人除有权在自己提供的商品或者服务之上加注商标,实施商标权以外,还可以许可他人在他人生产的商品或者服务上加注商标。2013年《商标法》不但明确了许可合同的备案由许可人来完成,而且还规定许可需要由商标局进行公告。许可他人使用其注册商标的,许可人应当将其商标使用许可报商标局备案,由商标局公告。商标使用许可未经备案不得对抗善意第三人。

我国《商标法》第43条规定,商标注册人可以通过签订商标使用许可合同,许可他人使用其注册商标。许可人应当监督被许可人使用其注册商标的商品质量。被许可人应当保证使用该注册商标的商品质量。经许可使用他人注册商标的,必须在使用该注册商标的商品上标明被许可人的名称和商品产地。违反该规定,在使用该注册商标的商品上未标明被许可人的名称和商品产地的,由工商

行政管理部门责令限期改正;逾期不改正的,收缴其商标标识;商标标识与商品难以分离的,一并收缴、销毁。

商标使用许可因许可方式不同,被许可人的权利范围也不相同。法国《知识产权法典》在714-1第2款和第3款规定,商标权可全部或部分作独占或非独占性许可使用,也可作为抵押。非独占许可依使用章程产生。被许可人违反许可限制的,商标注册申请权或商标权得用以对抗之。法国规定了两种许可方式,即独占许可和非独占性许可。我国台湾地区学者也将商标授权契约分为两种:独占授权(exclusive license),即授权人在授权使用之同一时期与同一地域内不得将同一专用权授权给被授权人以外之人使用,包括授权人本身在内;被授权人具有排他的专用权,从而得行使侵害停止请求权及损害赔偿请求权。非独占授权(non-exclusive license),授权人得在同一时期与同一地域内将同一专用权授予两个以上之人实施或使用。① 我国最高人民法院《关于审理商标民事纠纷案件适用法律若干问题的解释》在第3条规定了三种商标被许可人。

(1) 独占使用许可,是指商标注册人在约定的期间、地域和以约定的方式,将该注册商标仅许可一个被许可人使用,商标注册人依约定不得使用该注册商标。

(2) 排他使用许可,是指商标注册人在约定的期间、地域和以约定的方式,将该注册商标仅许可一个被许可人使用,商标注册人依约定可以使用该注册商标,但不得另行许可他人使用该注册商标。

(3) 普通使用许可,是指商标注册人在约定的期间、地域和以约定的方式,许可他人使用其注册商标,并可自行使用该注册商标和许可他人使用其注册商标。

三种被许可人的权限范围不同,他们在诉讼中的地位和享有的权利也不相同。《商标法》第60条规定的发生商标侵权行为时有权提起诉讼请求的利害关系人,包括注册商标使用许可合同的被许可人、注册商标财产权利的合法继承人等。在发生注册商标专用权被侵害时,独占使用许可合同的被许可人可以向人民法院提起诉讼;排他使用许可合同的被许可人可以和商标注册人共同起诉,也可以在商标注册人不起诉的情况下,自行提起诉讼;普通使用许可合同的被许可人经商标注册人明确授权,可以提起诉讼。

商标权许可给第三人使用后,如果商标权人转让商标权的,如何处理商标权的受让人与商标权的被许可人之间的关系,最高人民法院《关于审理商标民事纠纷案件适用法律若干问题的解释》在第20条作了规定,注册商标的转让不影响转让前已经生效的商标使用许可合同的效力,但商标使用许可合同另有约定的除外。也即,在商标权使用许可合同没有另行约定的情况下,商标权的被许可

---

① 参见曾陈明汝:《商标法原理》,中国人民大学出版社2003年版,第79页。

人可以以被许可使用商标权对抗新的商标权人。

商标许可使用中的法律问题很多,商业风险很大。许可人是否为真正的权利人、许可使用的商标权是否存在瑕疵,这些都属于被许可人方面的风险。而对许可人来说,被许可人能否保证商标使用的商品的质量,从而维护商标的信誉?被许可人能否按照约定支付许可使用费?被许可人使用商标的方式是否适当,在自己的商品上使用被授权商标的同时,保证同一商标标识商品的来源同一性?这些都是非常关键的问题。在东阳市上蒋火腿厂与浙江雪舫工贸有限公司侵害商标权案中,东阳市上蒋火腿厂(以下简称上蒋火腿厂)是"雪舫蒋"商标的权利人。2007年,浙江雪舫工贸有限公司(以下简称雪舫工贸公司)经上蒋火腿厂许可,获得该商标的独占许可使用权。在合同执行过程中,雪舫工贸公司在其火腿商品上同时标注"雪舫蒋"和"吴宁府"商标。上蒋火腿厂以雪舫工贸公司侵害其"雪舫蒋"商标权为由,起诉至法院。两审法院均支持了商标权人的请求。浙江省高级人民法院在终审判决中指出,雪舫工贸公司同时使用两商标的行为,将导致同一商品出现两个来源这一客观后果,消费者将产生"雪舫蒋"和"吴宁府"商标具有商品来源关系上的同一性的认知,从而影响"雪舫蒋"商标识别功能的正常发挥,因此,构成商标侵权。同时,还特别强调了这种使用行为在商标许可使用关系结束之后,会产生对商标权人不利的持续影响力,使雪舫工贸公司自有且并无知名度的"吴宁府"商标变相获取和攀附已经具有较高市场知名度的"雪舫蒋"商标商誉。[①] 该案判决的主张和说理,对于如何规范商标许可使用关系、厘清授权使用行为和侵权行为之间的界限,具有非常重要的参考价值。

但商标许可使用关系中最麻烦的问题是,商标使用人使用商标所有人的商标,在商标上积累的商誉最终会随着商标的回归而转移到商标所有人那里。这样,商标使用人打造了品牌,却不能享有由此带来的利益。因此,在使用合同期限届满、品牌回归前,商标被许可人如何处理好品牌价值的分享问题至关重要。在加多宝和王老吉凉茶之争中,就体现了商标许可人和被许可人之间这种非常微妙的利益博弈关系。

1997年,主营药品业务的广药集团无力经营广州羊城药业股份有限公司旗下的王老吉品牌,将其商标使用权许可给香港鸿道集团旗下的加多宝使用。自此,药品属性的绿盒王老吉属广药,而饮料属性的红罐王老吉则属于加多宝。2002年起,加多宝开始投入大笔资金进行品牌推广宣传。2002年红罐王老吉销售额1.8亿元,到2007年时则飙升到近90亿元,2009年突破160亿元。2010年8月30日,广药集团就向鸿道集团发出律师函,提出时任广药集团总经理的李益民由于收受巨额贿赂而签署的两个补充协议无效。如果根据这两个补充协

[①] 该案具体情况参见浙江省高级人民法院民事判决书(2013)浙知终字第301号。

议,"红罐王老吉"的生产经营权从 2010 年 5 月延续到 2020 年,广药集团每年收取商标使用费。2011 年 4 月 26 日,广药集团向中国国际经济贸易仲裁委员会提出仲裁申请,要求裁决后两个补充协议无效,商标使用合同应该于 2010 年 5 月终止。2012 年 5 月 9 日,中国国际经济贸易仲裁委员会作出裁决,广药集团与加多宝母公司鸿道集团签订的《"王老吉"商标许可补充协议》和《关于"王老吉"商标使用许可合同的补充协议》无效,鸿道集团应停止使用"王老吉"商标。2012 年 5 月 17 日,加多宝向北京市第一中级人民法院提起了撤销该裁决的申请。2012 年 6 月 3 日,一直运营绿色利乐包装王老吉的广药集团正式推出红色罐装王老吉凉茶。两版红罐王老吉外包装相似度非常高。加多宝称广药集团推出红罐王老吉为侵权,决定起诉。2012 年 7 月 16 日,北京市第一中级人民法院驳回鸿道集团提出的撤销中国贸仲京裁字第 0240 号仲裁裁决的申请。该裁定为终审裁定。

尽管商标许可合同的届满日期有了结论,但围绕王老吉展开的商标利益之争却在结案后仍未终止,该案将商标许可使用中的品牌价值积累与转移以及其中的利益冲突问题体现得淋漓尽致。商标许可合同纠纷开始后,双方通过各种经营策略展开商战。加多宝后续在自己的红罐自有品牌上斥巨资投入广告,广药集团极力扩张王老吉品牌辐射效应。商战之外,两家企业在法律上又开始了一轮轮较量。在商标之战失利后,加多宝首先以广州王老吉大健康产业有限公司擅自使用其红罐王老吉凉茶的知名商品特有包装装潢为由,向法院提起不正当竞争诉讼。[①] 而广药集团也不示弱,围绕着加多宝的广告宣传语提起了一系列不正当竞争之诉,如针对加多宝在广告中使用的"王老吉改名加多宝""全国销量领先的红罐凉茶改名加多宝"宣传用语等。[②] 这说明,商标使用许可合同在履行中及结束后,如何处理由此而引发的商誉回归问题非常复杂,在合同签订之时若未作特别明确规定,问题的解决就更加困难。

三、商标转让权

关于商标权能否转让、转让是否受严格的条件限制,各国立法和司法实践态度不一。《保护工业产权巴黎公约》在第 6 条之 4"商标的转让"中,仅仅规定了商标连同厂商或者牌号一起转让的情形。但这种连同厂商或者牌号一起转让的地域范围仅限于在某一成员国内。该条第 1 款规定,当依照本同盟一个成员国

[①] 该包装装潢案的一审判决参见广东省高级人民法院民事判决书(2013)粤高法民三初字第 2 号。
[②] 关于广药集团与加多宝集团之间的虚假宣传纠纷案的具体情况及相关法院判决,可见如下判决书:广东省广州市中级人民法院民事判决书(2013)穗中法知民初字第 499 号;重庆市第五中级人民法院民事判决书(2013)渝五中法民初字第 00345 号;北京市第三中级人民法院民事判决书(2014)三中民初字第 08077 号。

的法律,商标转让只有连同该商标所属厂商或牌号同时转让方为有效时,则只需将该厂商或牌号在该国的部分连同带有被转让商标的商品在该国制造或销售的独占权一起转让给受让人,就足以承认其转让为有效。当然,如果该转让行为在另一国家造成公众混淆,则另一成员国没有义务承认该转让有效,这是该条第 2 款的规定:前款规定并不使本同盟各国负有义务,在某一商标转让后,即使受让人使用该商标将在事实上,特别在使用商标的商品的原产地、性质或主要品质方面,迷惑公众时,仍须承认其转让为有效。《TRIPs 协定》第 21 条规定了商标的许可与转让,成员国可确定商标的许可与转让条件;而"确定条件"应理解为不得采用商标强制许可制度,同时,注册商标所有人有权连同或不连同商标所属的经营一道,转让其商标。这样,《TRIPs 协定》实际上把商标转让和许可应遵守的条件交给成员国自己来规定。《TRIPs 协定》实际上以公约的形式承认了商标可以不同经营一起转让,这也体现了《TRIPs 协定》鼓励自由贸易的特点。在大多数国家,因为商标专用权不是自动产生的,因国家权力机关介入而发生,所以关于该权利的转让等交易,公权力也有介入之余地。我国商标法规定了商标转让中的主要步骤。

第一,转让人与受让人之间签订转让协议。转让注册商标的,转让人和受让人应当签订转让协议。

第二,向商标局提交转让申请。转让注册商标的,转让人和受让人应当共同向商标局提出申请。

第三,商标局核准、公告。转让注册商标经核准后,予以公告。受让人自公告之日起享有商标专用权。

商标局对商标转让申请的核准只是进行形式上的审查,对申请人(当事人)提交的材料、章戳、双方当事人意思表示是否真实等不予实质审查,因此,一般不会不核准商标转让申请。商标局对商标转让主要审查两点:(1) 一并转让问题。即转让注册商标的,商标注册人对其在同一种或者类似商品上注册的相同或者近似的商标,应当一并转让;未一并转让的,由商标局通知其限期改正;期满不改正的,视为放弃转让该注册商标的申请,商标局应当书面通知申请人。这种强制一并转让相同或类似商品上的相同或近似商标的规定实际上也是为了防止发生消费者混淆。(2) 混淆问题。对可能产生误认、混淆或者其他不良影响的转让注册商标申请,商标局不予核准,书面通知申请人并说明理由。

正因为商标局对商标转让只进行形式审查,因此现实生活中发生很多虚假转让侵害商标权人或商标受让人权利的情况,如商标"一女二嫁"行为、盗取或伪造印章转让他人注册商标行为。而且,因为商标转让程序较商标变更登记程序简单,商标所有人有时也以形式上的商标转让行为达成变更商标所有权主体之实质目的。

为了规范商标转让行为,减少商标转让争议,避免虚假转让行为,2009年7月,国家工商行政管理总局商标局发布了《关于申请转让商标有关问题的规定》(商标综字[2009]205号),于2009年8月10日开始实施。该规定指出,在办理转让商标申请手续时,除应当按照有关规定提交《转让申请/注册商标申请书》等材料外,还应当提供能够证明转让、受让双方主体资格的加盖公章的有效证件复印件。

商标局对上述证件的真实性、有效性产生怀疑的,可以要求提供有关证明文件或经过公证的复印件,对于在国外形成的文件可以要求提供经公证、认证的复印件,对于在港、澳、台地区形成的文件可以要求履行相关证明手续。

商标权利人发现其商标未经同意被他人申请转让并向商标局提出书面反映的,或者商标局对转让的真实性产生怀疑的,商标局可以向受让人发出补正通知书,要求其书面说明有关情况,必要时可以要求提供经公证的转让协议或经公证的转让人同意转让的声明,或者其他证明文件。商标权利人或利害关系人对商标转让存在异议,要求商标局中止审查的,应当提出书面申请,并提供有关司法机关的立案证明或其他证明文件。商标局依据该申请可以中止对转让商标申请的审查程序。

问题是,如果发生了虚假转让的情况,而商标局又因为仅仅进行了形式审查而在不明真相的情况下核准了商标转让申请,商标权利人如何获得救济。例如,在西安美星电子科技发展工贸公司与商标评审委员会一案中,原告是西安美星电子科技发展工贸公司(以下简称"美星电子"),它于1997年注册了美星EP商标,该商标于1998年转让给现商标所有人西安美星环保产品有限公司(以下简称"美星环保")。美星电子于2003年5月向商标评审委员会提交争议裁定申请,称美星环保采用欺骗和不正当手段盗用美星电子的印章,将争议商标办理了转让注册,请求商标评审委员会撤销该注册商标转让行为,归还该商标。商标评审委员会根据当时的《商标法》第41条及《商标法实施条例》第28条的规定,对该争议申请不予受理。美星电子不服商标评审委员会的决定,向北京市第一中级人民法院起诉,要求法院判决商标评审委员会受理该商标争议申请,撤销不当转让商标行为。北京市第一中级人民法院和北京市高级人民法院都认为,此类案件不应由商标评审委员会进行评审,认为根据行政权法定原则,行政机关的行政活动必须以法律为依据,法无明文规定的不得为之。商标评审委员会仅负有对商标初始核准注册行为的审查职权,对商标转让核准注册事项的审查不属于商标评审委员会受案范围,维持了商标评审委员会的不予受理决定。

法院之所以作如此判断,是从规范和实证两个角度作出分析后得出的结论。

从规范意义上分析,我国 2002 年《商标法实施条例》第 28 条①规定了商标评审委员会受理商标评审申请的范围。商标评审委员会根据事实,依法进行评审。这其中规定的评审事项并不包括商标转让问题。从实证的角度分析,很多商标转让争议涉及商标转让合同纠纷,而商标局对商标转让申请的审查,很难判断商标转让申请书上章戳的真假,当事人通过民事诉讼,法院经过调查,可以弄清楚商标转让合同是否是当事人双方真实意思的表达,可以对纠纷有一个公正的判决;如果法院判决商标转让行为无效,则当事人可凭法院生效判决要求商标局撤销转让,商标自然回到原转让人手中。由此可见,关于商标转让的合同纠纷,当事人不应该向商标评审委员会提交撤销商标转让不当申请,而应该通过民事诉讼的途径解决。②《关于申请转让商标有关问题的规定》也明确指出,商标权利人发现其商标未经同意已经被他人转让的,可以向人民法院提起民事诉讼。商标局依据人民法院的裁判对该商标转让作出决定。

注册商标专用权因转让以外的继承等其他事由发生移转的,接受该注册商标专用权的当事人应当凭有关证明文件或者法律文书到商标局办理注册商标专用权移转手续。注册商标专用权移转的,注册商标专用权人在同一种或者类似商品上注册的相同或者近似的商标,应当一并移转;未一并移转的,由商标局通知其限期改正;期满未改正的,视为放弃该移转注册商标的申请,商标局应当书面通知申请人。商标移转申请经核准的,予以公告。接受该注册商标专用权移转的当事人自公告之日起享有商标专用权。

四、商标专用权质押

商标权人除可以自己使用商标、许可他人使用商标、转让商标专用权外,还可以将商标专用权质押给他的债权人,用于担保其债务的履行,由此实现通过商标融资。2009 年 9 月,为充分发挥商标专用权无形资产的价值,促进经济发展,根据《物权法》《担保法》《商标法》和《商标法实施条例》的有关规定,国家工商行政管理总局制定了《注册商标专用权质权登记程序规定》(工商标字[2009] 182 号)。该规定明确指出,自然人、法人或者其他组织以其注册商标专用权出质的,出质人与质权人应当订立书面合同,并向商标局办理质权登记。质权登记申请应由质权人和出质人共同提出。质权人和出质人可以直接向商标局申请,也可以委托商标代理机构代理。在中国没有经常居所或者营业所的外国人或者外国企业应当委托代理机构办理。

---

① 2014 年《商标法实施条例》在第 51 条作了相关规定。
② 参见李祥章:《撤销商标转让不当申请是否属于商标评审委员会受案范围?》,载《中华商标》2005 年第 1 期。

办理注册商标专用权质权登记,出质人应当将在相同或者类似商品/服务上注册的相同或者近似商标一并办理质权登记。质权合同和质权登记申请书中应当载明出质的商标注册号。

申请注册商标专用权质权登记的,应提交下列文件:

(1) 申请人签字或者盖章的《商标专用权质权登记申请书》。

(2) 出质人、质权人的主体资格证明或者自然人身份证明复印件。

(3) 主合同和注册商标专用权质权合同。

(4) 直接办理的,应当提交授权委托书以及被委托人的身份证明;委托商标代理机构办理的,应当提交商标代理委托书。

(5) 出质注册商标的注册证复印件。

(6) 出质商标专用权的价值评估报告。如果质权人和出质人双方已就出质商标专用权的价值达成一致意见并提交了相关书面认可文件,申请人可不再提交。

(7) 其他需要提供的材料。

上述文件为外文的,应当同时提交其中文译文。中文译文应当由翻译单位和翻译人员签字盖章确认。

《注册商标专用权质权登记程序规定》同时对商标专用权质押合同条款的内容作出规范,认为注册商标专用权质权合同一般包括以下内容:

(1) 出质人、质权人的姓名(名称)及住址;

(2) 被担保的债权种类、数额;

(3) 债务人履行债务的期限;

(4) 出质注册商标的清单(列明注册商标的注册号、类别及专用期);

(5) 担保的范围;

(6) 当事人约定的其他事项。

申请登记书件齐备、符合规定的,商标局予以受理。受理日期即为登记日期。商标局自登记之日起 5 个工作日内向双方当事人发放《商标专用权质权登记证》。

思考题:

1. 商标许可使用合同的类型有哪些?不同类型许可证下,被许可使用人的诉讼主体地位有何不同?

2. 商标许可使用合同未进行备案,其效力有何瑕疵?

3. 商标转让协议未经商标局核准,其效力如何?

4. 1996 年 2 月 29 日,杭州娃哈哈公司与达能公司签署《商标转让协议》,

将"娃哈哈"商标转让给达娃合资公司,但当时国家商标局对此未予核准。双方协商于1999年再次签订《商标使用许可合同》,替代原来的《商标转让协议》,将"娃哈哈"商标许可给达娃合资公司使用,双方对此也从无异议。2006年,所谓的"阴阳"合同曝光后,达能方面提出,1996年的《转让协议》并未终止,要求将"娃哈哈"商标继续转让给合资公司。为此,娃哈哈集团在双方约定的争议解决机构——杭州仲裁委员会申请了仲裁。仲裁委于2007年12月作出裁决,确认《商标转让协议》已于1999年12月终止。达能公司对这一仲裁结果不服,并于2008年6月向杭州市中级人民法院提起诉讼,要求撤销裁决。问:如果你是该案主审法官,你会如何裁决?为什么?

第二节 商标权的限制

和著作权、专利权等知识产权一样,商标权利的行使也要受到一定的限制。从发展的角度看,知识产权的诞生是一个历史的概念,知识产权中的权利类型首先经过发现的过程,当商标权在法律上被确定保护后,伴随而来的是权利内容的丰富和发展;同时,权利保护中涉及的利益冲突,在生活中不断博弈,法律制度不断摸索出各种权利限制规则。

一、商标保护期与续展

商标权与其他知识产权一样,都是有保护期限的。知识产权是一种合法的垄断权利,法律为平衡权利人利益与社会公共利益,特别规定了对权利人权利的一些限制,其中保护期是最重要的一种限制。权利的保护期是社会回报知识产权人的收益期,期限经过后,智慧成果进入公有领域,社会公众可以自由地享用智慧成果。但是,商标权是一种非常特殊的权利,它和专利权、著作权等创造性成果权不同,它并不阻止他人以同样商品或者服务进入市场,而是排除他人以同样标记的商品或者服务进入市场,经营者可以选择很多其他标志。因此,商标专用权原则上并不会带来商业垄断。正是基于这样一种考虑,各国商标法尽管都设置了商标权的保护期,但同样都允许商标权进行续展,对续展的次数也不进行限制。《TRIPs协定》第18条规定,商标的首期注册及各次续展注册的保护期,均不得少于7年。商标的续展注册次数应系无限次。这样,从理论上说,只要商标注册人积极进行商标续展,商标权就可以获得无限期保护。

我国商标法律制度中关于商标续展的规定体现在《商标法》第40条和《商标法实施条例》第33条。《商标法》第40条规定,注册商标有效期满,需要继续使用的,应当在期满前12个月内申请续展注册;在此期间未能提出申请的,可以给予6个月的宽展期。每次续展注册的有效期为10年,自该商标上一届有效期满次日起计算。期满未办理续展手续的,注销其注册商标。商标局应当对续展注册的商标予以公告。《商标法实施条例》第33条规定,注册商标需要续展注册的,应当向商标局提交商标续展注册申请书。商标局核准商标注册续展申请后,发给相应证明,并予以公告。

从我国商标法律制度的规定来看,商标续展中有两个期限:一个是商标续展期,它是商标权保护期届满前的12个月;另一个是宽展期,它从商标权保护期届满的第二日起算,到满6个月为止。

在商标续展期中,如果有人侵犯了商标专用权,问题处理起来很简单,因为此时商标权仍然有效,侵权行为成立。但是,如果商标权人在续展期间提出续展申请,在商标有效期届满之时,其申请仍未被核准,其他人在商标权有效期届满后使用相同或类似商标的行为是否构成侵权呢?本书认为,这需要分情况进行处理,如果续展期间内提出的续展申请被核准了,则商标专用权连续存在,他人在此期间内在相同或类似商品上使用与该商标相同或者近似商标的,属于商标侵权行为;如果提出续展申请但未被核准的,该商标专用权自有效期满后不受法律保护,他人在此期间内使用与该商标相同或者近似商标的,不构成侵权。商标注册机构和人民法院遇有悬而未决的商标续展问题时,应该先中止有关程序,待商标续展问题确定后作出相应的处理。当然,事实上,由于大多数情况下续展申请只是一种手续上的要求,商标局一般都会核准商标权人的续展申请,因此,续展申请被核准前发生的在相同或类似商品上使用与商标注册人相同或类似商标的行为,被认定构成商标侵权的可能性极大。

比较难以解决的问题是宽展期内商标续展问题的处理,如果商标权人在6个月的宽展期才申请商标权续展,在发布商标权续展公告前他人使用了与原注册商标相同或近似的商标,该如何处理?

1999年12月29日,国家工商行政管理总局发布的《关于商标行政执法中若干问题的意见》第12条第2款规定,请求保护处于宽展期的商标的,投诉人应当提供续展申请证明,否则,工商行政管理机关不予立案;已经立案的,应当中止,待续展核准情况确定后再行处理。本书赞同该规定的处理方式:首先要求投诉人提供续展申请的证明,否则不予立案;同时,案件具体处理须等待续展申请是否被核准的结果明确后来确定。如果续展申请被核准,则他人行为构成侵权;如果续展申请不被核准,则他人行为不构成商标侵权。

同时,本书认为,宽展期内提出商标续展申请使商标权的效力暂时得以确定,但其权利范围要受到限制,即对在保护期满至申请提出之前这段时间发生的侵犯商标权的行为,商标权人无权提出损害赔偿救济。因为他没有在商标续展期中及时提出续展申请,对于法律规定的特殊优惠期发生的与商标专用权相冲突的行为,他不能提出权利请求。宽展期延长的不是商标专有权有效期间,而是行使商标续展权利的期间。

二、商标权行使范围的限制

我国《商标法》第 56 条规定,注册商标的专用权,以核准注册的商标和核定使用的商品为限。这是商标注册中的分类注册原则决定的。但该限制有例外情况,即已经注册的驰名商标的保护不受商品或者服务类别的限制,这就是驰名商标的特殊保护问题,本书已经在上文交代,不再重复。

三、合理使用

商标的合理使用,简言之,是指在一定条件下非商标权人可以使用他人的商标,但不构成侵权。商标法律制度中最初出现的合理使用制度是商业活动主体对人名、地名和叙述性词汇进行的合理使用,美国判例[1]和学者[2]称其为传统合理使用(classic fair use)。在我国,也有人将本书所称的"传统合理使用"翻译为"法定合理使用"。[3] 该翻译方式着眼于这种合理使用的存在依据——美国《兰哈姆法》,而后面我们将要提到的指明商标权人的合理使用是判例创设的,从这个意义上说,该翻译方式有一定的道理。我国还有学者将法定合理使用分为两类——叙述性合理使用和说明性合理使用,认为法定合理使用广泛适用于对商标的叙述性使用,特别是对叙述性商标的使用。具体体现在为提供商品或服务的基本信息而善意地使用商品通用名称或自己的名称、地址、原产地等,不构成侵犯他人商标权。说明性合理使用指的是生产者、经营者为了向公众介绍自己生产经营的产品的质量、功能、主要原料、用途、产品型号等涉及产品的基本信息,使用他人的注册商标。[4] 其实,不论是产地名称还是产品质量功能等,都可以说是商标法意义上的叙述性词汇,因此本书认为,可以把两种分类合二为一。美国判例法发展了指明商标权人的商标合理使用制度(nominative fair use)。[5]

---

[1] New Kids on the Block v. News America Pub., Inc., 971 F.2d 302, 20 *Media L. Rep.* 1468, 23 U.S.P.Q.2d 1534 (9th Cir. 1992).

[2] J. Thomas McCarthy, *McCarthy on Trademarks and Unfair Competition* (4th ed.), Thomson West, 2007, 23:11.

[3] 参见邱进前:《美国商标合理使用原则的新发展:The Beach Boys 一案评析》,载《电子知识产权》2005 年第 5 期,第 51 页。

[4] 冯晓青:《商标权的限制研究》,载《学海》2006 年第 4 期。

[5] 我国学者在对该制度的探讨中,采用了不同的翻译方式,有的翻译为"商标连带使用"(王莲峰:《商标法学》,北京大学出版社 2007 年版,第 119 页);有的翻译为"被提及的商标合理使用"(武敏:《商标合理使用制度初探》,载《中华商标》2002 年第 7 期);有的翻译为"指示性合理使用"(邱进前:《美国商标合理使用原则的新发展:The Beach Boys 一案评析》,载《电子知识产权》2005 年第 5 期,第 51 页);也有人将其类型化,认为这种合理使用主要有指示性合理使用和平行使用(冯晓青:《商标权的限制研究》,载《学海》2006 年第 4 期)。本书总结该类商标合理使用制度的具体类型,分析其共同构成要素,并尽量保持与英文 nominative fair use 原字面意义一致,采"指明商标权人的商标合理使用"的翻译方式。

指明商标权人的商标合理使用,是指在一定条件下,非商标权人使用了他人商标,但在使用中指明了商标权利人,不构成侵权。本书对二者分别进行探讨。

(一) 叙述性合理使用

我国台湾地区"商标法"第36条第1款第1项规定,凡以善意且合理使用之方法,表示自己之姓名、名称或其商品或服务之名称、形状、品质、功用、产地或其他有关商品或服务本身之说明,附记于商品之上,非作为商标使用者,不受他人商标专用权之效力所拘束。商品本身之说明,本就欠缺构成商标之显著性要件,人人得而使用作为说明,惟若已取得商标次要意义而具可注册性时,善意合理之使用亦具有阻却违法性。①

《TRIPs协定》第17条规定,成员可规定商标权的有限例外,诸如对说明性词汇的合理使用之类,只要这种例外顾及了商标所有人及第三方的合法利益。同时,《TRIPs协定》还在地理标志的保护中作出了相应的规定。第24条规定了地理标志保护的例外,其中第6款规定,如果某成员在其地域内的商品或服务上以惯用的通常语作为通常名称使用时,与其他成员地理标志相同,则本节并不要求该成员适用本节之规定。如果在《建立世界贸易组织协定》生效之日,某成员地域内已有的葡萄品种的惯用名称与其他成员葡萄酒产品之地理标志相同,则本节并不要求该成员适用本节之规定。第8款规定,本节不得损害任何人在贸易活动中对其姓名或其继受之营业名称的使用权,但若以误导公众的方式使用,则不在其列。《TRIPs协定》也规定了如果不产生误导公众的后果的,对于地理标志的使用构成合理使用。我国2002年《商标法实施条例》第49条规定,注册商标中含有的本商品的通用名称、图形、型号,或者直接表示商品的质量、主要原料、功能、用途、重量、数量及其他特点,或者含有地名,注册商标专用权人无权禁止他人正当使用。2013年《商标法》将该条款吸收进第59条,列为第1款,同时加入了功能性三维标志的合理使用问题,即注册商标中含有的本商品的通用名称、图形、型号,或者直接表示商品的质量、主要原料、功能、用途、重量、数量及其他特点,或者含有的地名,注册商标专用权人无权禁止他人正当使用。三维标志注册商标中含有的商品自身的性质产生的形状、为获得技术效果而需有的商品形状或者使商品具有实质性价值的形状,注册商标专用权人无权禁止他人正当使用。本书认为,将功能性标准放入合理使用中规定,并与叙述性标志的规定并列,此种做法欠妥。因为前者是不能获得注册的标志,而后者是通过使用获得显著性而可以获得商标注册的标志,因此,他人对功能性标志的使用本身就是合理的,商标权人对功能性标志无任何排他性独占权,也就谈不上他人对其独占权提出合理使用的权利限制问题。

---

① 参见曾陈明汝:《商标法原理》,中国人民大学出版社2003年版,第77页。

就叙述性合理使用问题,我国最高人民法院曾作出过地名合理使用问题的解释。最高人民法院在《关于对南京金兰湾房地产开发公司与南京利源物业发展有限公司侵犯商标专用权纠纷一案请示的答复》中指出,以地名作为文字商标进行注册的,商标专用权人有权禁止他人将与该地名相同的文字作为商标或者商品名称等商业标识在相同或者类似商品上使用来表示商品的来源;但无权禁止他人在相同或者类似商品上正当使用该地名来表示商品与产地、地理位置等之间的联系(地理标志作为商标注册的另论)。该案中,"百家湖"系地名,原告利源公司开发了百家湖花园,并于2000年取得了"百家湖"注册商标专用权。2001年10月10日,被告金兰湾公司将其新开发的高层住宅楼冠名为"百家湖·枫情国度",并以这个名称进行广告宣传。原告要求被告停止使用"百家湖"一词。最高人民法院指出,判断地名使用是否构成合理使用需要从以下几个要素考虑[①]:

第一,使用人使用地名的目的和方式。使用地名的方式往往表现出使用目的。使用人使用地名的方式是公众惯常理解的表示商品产地、地理位置等方式的,应当认为属于正当使用地名。

第二,商标和地名的知名度。如果作为商标所使用的文字知名度高,则一般情况下,相关公众混淆、误认的可能性较大;如果其作为地名知名度高,则相关公众对其出处的混淆、误认的可能性会较小。

第三,相关商品或服务的分类情况。商品或服务的分类情况,往往决定了是否需要指示其地理位置。房地产销售中指示房地产的地理位置,一般应当认为是基于说明该商品的自然属性的需要。

第四,相关公众在选择此类商品或服务时的注意程度。根据相关公众选择此类商品或服务时的一般注意程度,审查确认是否会因这种使用而对该商品或服务的来源混淆、误认。

第五,地名使用的具体环境、情形。在房地产广告上为强调地理位置的优越而突出使用地名,与在一般商品上、一般商品的广告上为强调商品的产地而突出使用地名,引发的公众注意程度不同,产生的效果也有所差别。

最高人民法院列出的这些判断要素,在判断通用名称、人名以及其他标识的合理使用问题上同样适用。

(二) 指明商标权人的合理使用

1. 指明商标权人的商标合理使用的具体类型

从西方国家的商标立法和司法实践来看,指明商标权人的商标合理使用主

[①] 参见最高人民法院《关于对南京金兰湾房地产开发公司与南京利源物业发展有限公司侵犯商标专用权纠纷一案请示的答复》(2003)民三他字第10号。

要包括如下类型。

第一,为说明商品特点、服务的内容等而对他人商标进行的合理使用。

我国有学者称该合理使用为指示性合理使用,认为客观地说明商品或者服务的特点、用途等而在生产经营活动中使用他人注册商标的行为构成合理使用。① 欧共体法院审理的 BMW 公司与 Deenik 商标侵权案的焦点问题就是这种合理使用问题。在该案中,被告是主要经营 BMW 二手车并从事该种汽车修理和维护的汽车修理主,他在不属于 BMW 的特约经销商的情况下使用了"BMW 修理维护"的广告。欧洲法院认为,被告有权在经销二手车时使用原告的商标做广告,这是保障被告将从事该种牌号的汽车销售和维修信息提供给社会公众所必需的。②

第二,对商品零部件、配件或重新包装的商品等作说明时使用他人商标。

我国学者称该类使用为平行使用,是指在自己的商品上非显著性地正当使用带有先前商标的商品。根据平行使用理论,将附载他人商标的商品作为自己商品的一部分时,只要不是突出使用该商标,以致使人误认为是自己商品的商标,就属于商标的合理使用。③ 在商品进行重新包装、翻新等情况下,也会出现对商品原真实情况进行说明而使用他人商标的情形。1924 年,美国最高法院通过"普里斯特尼茨"案确立了"说明事实情况原则"。被告普里斯特尼茨购买了"Coty"香粉和"Coty"的大瓶香水后,将其重新包装进行销售。由于被告在销售中使用了原告的商标,原告提起诉讼要求被告停止使用自己的商标。霍姆斯大法官在判决中称:"当商标的使用方式没有欺骗公众时,我们看不出商标使用的词汇会如此神圣不可侵犯,甚至于都不能用它来说明事实情况。"④

第三,在比较广告中使用他人商标。

早在 1968 年,美国第九巡回法院在 Smith v. Chanel, Inc. 一案的判决中就指出,和他人商品作比较时使用他人商标不构成混淆的,不构成商标侵权。该案中,原审被告、二审上诉人史密斯以 Ta'Ron 公司的名义经营香水批发业务,在广告中他称自己的"Second Chance"与世界上最好的香水的 Chanel #5(25 美元)的味道相同,但价钱只有 7 美元。第九巡回法院在判决中指出,只要不存在来源混淆或者赞助关系的误认,没有获得专利的香水生产者就不能阻止其他生产者生产该香水仿制品。⑤

---

① 冯晓青:《商标权的限制研究》,载《学海》2006 年第 4 期。
② 黄晖:《驰名商标和著名商标的法律保护》,法律出版社 2001 年版,第 194 页。
③ 冯晓青:《商标权的限制研究》,载《学海》2006 年第 4 期。
④ Prestonettes, Inc. v. Coty, 264 U.S. 359, 368; 44 S. Ct. 350, 351, 68 L. Ed. 731(1924). 我国学者对该案的介绍可参见李明德:《美国知识产权法》,法律出版社 2003 年版,第 310 页。
⑤ Smith v. Chanel, Inc., 402 F.2d 562, 563 (9th Cir. 1968).

2. 指明商标权人的商标合理使用的构成要件

美国第九巡回法院于 2002 年作出判决的戴安娜王妃物品销售案（Cairns v. Franklin Mint Co.），对指明商标权人的合理使用的构成要素进行了精辟的分析。该案原告是戴安娜王妃的遗嘱执行人、戴安娜王妃纪念基金的信托人；被告是一家公司，销售带有戴安娜王妃名字和肖像的收藏品，原告认为被告侵犯了自己受商标权保护的戴安娜商标。第九巡回法院以被告对戴安娜王妃名字和肖像的使用构成指明商标权人的合理使用为由，判定被告的行为不违反美国商标法。该案关于合理使用的分析，提到了如下主要判断要素：

第一，被告如果不使用他人商标，就很难描述特定的商品或服务。

在戴安娜王妃物品销售案中，法院指出，如果不使用"戴安娜王妃"的名字或者肖像，就很难对商品作出描述，因为如此一来，被告就必须采用诸如"在 1997 年交通事故中丧生的英国王妃"这样一种表述，这不但冗长，而且不容易被人理解。而对她的那些衣物、饰品的描述则更需要通过利用肖像来解决。

第二，被告仅仅在区别商标所标识的商品或服务所必需的目的范围内合理使用商标。

在戴安娜王妃物品销售案中，法院接着指出，如果不特别指出"戴安娜王妃"，则被告可能会很难销售"威尔士王妃戴安娜的瓷像娃娃"，因为不是每一个客户都能识别出娃娃上的特征。由于被告对自己商品的描述在相当程度上依赖于对戴安娜王妃名字和肖像——原告商标的使用，所以，被告在确保顾客明白其指示的商品的限度内使用商标是合理的、必要的。

第三，合理使用者没有暗示自己与商标持有人具有赞助、许可关系的任何行为。

在戴安娜王妃物品销售案中，被告在广告中没有指明自己受基金赞助或受其许可，也没有说明自己不受基金赞助或许可，但是，在被告销售的其他公众人物的物品中，它却明确表明，自己是受相关人物、机构赞助、许可的。因此，法院认为，被告没有暗示自己与基金有赞助、许可关系的任何行为。[①]

3. 我国立法和司法对指明商标权人的合理使用问题的认识

早在 1995 年 7 月，我国工商行政管理局就对指明商标权人的商标合理使用作出过规范——《关于禁止汽车零部件销售商店、汽车维修站点擅自使用他人注册商标的通知》（以下简称"1995《通知》"）。1995《通知》明确指出，未经商标注册人许可，禁止汽车零部件销售商店和汽车维修站点，将中外汽车企业的注册商标作为招牌使用；汽车零部件销售商店和汽车维修站点，为了说明本店经营汽车零部件品种及提供服务的范围，应直接使用叙述性的文字，如"本店销售××

---

① Cairns v. Franklin Mint Co., 292 F. 3d 1139, 1153—1155 (9th Cir. 2002).

×汽车零部件""本店维修×××汽车"等字样,其字体应一致,不得突出其中的文字商标部分,也不得使用他人的图形商标或者单独使用他人的文字商标。[①] 1996年6月10日,国家工商行政管理局又下发了一道类似的通知——《关于禁止擅自将他人注册商标用作专卖店(专修店)企业名称及营业招牌的通知》(以下简称"1996《通知》")。[②] 1996《通知》针对的是有些地方的商品销售网点和提供某种服务的站点,未经商标注册人允许,擅自将其注册商标作为自己的企业名称或营业招牌使用,如Gucci专卖店、奔驰汽车专修店、迅达电梯专营店等。1996《通知》规定:未经商标注册人允许,他人不得将其注册商标作为专卖店、专营店、专修店的企业名称或营业招牌使用;商品销售网点和提供某种服务的站点,在需说明本店经营商品及提供服务的业务范围时,可使用"本店修理××产品""本店销售××西服"等叙述性文字,且其字体应一致,不得突出其中商标部分。1995《通知》只是为了在1995年11月底前完成对汽车零部件销售商店和汽车维修站点使用他人注册商标的清理工作而下达的,在1995年12月底以前也就完成了它的历史使命。1996《通知》也是为了组织各地工商行政管理部门进行专项检查、店铺清理而下发的,严格意义上说,在1996年9月底前,各地工商行政管理部门将清理结果报国家工商行政管理局以后,其历史使命也已经完成。同时,这两个《通知》充其量也不过是在当时的历史条件下工商总局发布的一道指示,是运动式行政管理的产物,因此,两个《通知》的合理成分都没有被后来的法律法规吸收。

立法规定尚付阙如,但司法实践已经意识到并开始摸索分析指明商标权人的合理使用问题了。2006年提起诉讼,2007年4月作出判决的卡特彼勒公司与长生滤清器有限公司商标侵权纠纷案中,上海市浦东新区人民法院就指明商标权人的商标合理使用问题给出了相当详细的分析。在卡特彼勒案中,原告为美国卡特彼勒公司,被告为浙江瑞安市长生滤清器有限公司,被告在一批出口叙利亚的滤清器产品中使用了原告的"C"图形商标和"FOR CATERPILLAR"文字,原告起诉至法院,认为被告侵犯了它的商标权。上海市浦东新区人民法院认为,被告瑞安市长生滤清器有限公司在滤清器产品中使用"FOR CATERPILLAR"不构成合理使用,侵犯了原告美国卡特彼勒公司(CATERPILLAR INC.)的"CATERPILLAR"文字和"C"图形商标。其中,在判断被告在商品上使用"FOR CATERPILLAR"文字是否构成合理使用时,法院指出,"FOR CATERPILLAR"紧靠在"C"图形标识之下,而该"C"图形标识系原告注册商标;涉案滤清器产品上所附表明被告自己商标的镭射标签粘贴可揭,底色为银白,其上英文字母亦为白

---

① 工商标字[1995]第195号。
② 工商标字[1996]第157号。

色,标记本身不明显,而且字体小;原、被告的滤清器产品外观相同、颜色相近。因此,被告在其生产的滤清器显著位置以较大的字体突出使用"FOR CATERPILLAR"文字,同时又未以相应方式如实表述产品来源,而且所附镭射标签系粘贴,可以较为方便地揭去,这种使用方式客观上易使相关公众联想到该产品的来源与"CATERPILLAR"商标注册人之间存在某种联系,而且不排除被告对此效果的主观故意。因此,法院指出,涉案产品对"FOR CATERPILLAR"文字的使用不属于对注册商标的合理使用。①

四、商标权用尽

商标权用尽是知识产权权利穷竭问题,也即专利产品、商标所标识的商品、作品在首次投入市场后,其知识产权人的权利就告罄,权利人不能再主张专用权,这也被称为首次销售原则。商标权用尽的原则主要是防止商标权人依据商标专用权而控制商品的销售,妨碍商品的自由流通。

商标权用尽原则在我国商标法中没有作具体规定。但我国台湾地区"商标法"第 36 条第 2 款规定,附有商标之商品,由商标专用权人或经其同意之人于市场上交易流通者,或经有关机关依法拍卖或处置者,商标专用权人不得就该商品主张商标权。但为防止商品变质、受损或有其他正当事由者,不在此限。

商标权发生国内穷竭没有争议,但是否发生国际穷竭问题很大。关于商标权是否国际穷竭的问题实际上主要涉及商品的平行进口问题,即我国台湾地区学者所称"真正商品的平行输入问题",也就是第三人未得内国商标权人之同意而自外国输入之行为。而其所输入之真品,在内国市场上销售,与内国商标权人或独家经销商之正常输入行为并行,且在内国市场上竞销。认为此种平行进口非法的人提出的依据是:商标属地主义与独立原则;品质保证以维护商标信誉;售后服务以保障消费者权益;制止搭便车的行为。认为应该允许平行进口的人提出的根据是:促进自由贸易以防止独家垄断;价格竞争;增加消费者选择的机会;耗尽理论。② 我国学者认为,商标权的权利穷竭与版权或者专利权的权利穷竭问题不同,因为版权和专利权的权利穷竭都有地域性,即版权和专利权在一国的穷竭,并不导致它在国际市场上穷竭。例如,中国的专利权人许可将其专利产品在中国制造并销售,并不导致他的权利在美国穷竭。这也就是专利法中规定的进口权问题。但是,商标权则不同,因为商标是把一个企业与他企业产品区分开来的标志,无论把它用在哪个国家,均不应改变,否则会使消费者对同一来源的商品产生不同来源的误解,不利于市场安定,也不利于商标权人自己。这与商

---

① 该案具体情况见上海市浦东新区人民法院民事判决书(2006)浦民三(知)初字第 122 号。
② 参见曾陈明汝:《商标法原理》,中国人民大学出版社 2003 年版,第 81 页。

标权的地域性并不冲突。① 但本书认为,此种观点有待商榷。目前各个市场因劳动力、原材料等原因导致商品的成本在各地区不相同,如果允许商标标识的产品自由地出入各个国家,会使一些人瞄准商品价格在各个地区的差别而通过进口、出口获利,这必然会冲击在原产国生产的商标标识的商品,最终影响商标权人的利益。

由于各国就商标权是否国际穷竭的问题达不成一致,《TRIPs 协定》对此问题没有作出明确规定,而是交给各成员国自己解决。《TRIPs 协定》第 6 条规定,权利穷竭问题,在符合上述第 3 条至第 4 条的前提下,在依照本协议而进行的争端解决中,不得借本协议的任何条款,去涉及知识产权权利穷竭问题。

从目前我国发生的几起有影响的平行进口的案例来看,因为我国法律没有明确规定平行进口如何处理,司法判决结果也不统一,有的认为平行进口不合法,非经商标权人同意进口贴附商标标识的商品的构成商标侵权,侵犯商标被许可使用人的独占使用权;有的则判决平行进口合法。

(一) 力士香皂案

在 2000 年初作出判决的上海利华有限公司与广州经济技术开发区商业进出口贸易公司(以下简称贸易公司)商标侵权诉讼中,贸易公司从泰国利华公司进口了力士香皂至广州,而上海利华公司是与荷兰利华公司签订合同在中国独占使用力士商标的被许可人,因此,上海利华起诉贸易公司商标侵权。广州市中级人民法院判决贸易公司侵犯了上海利华对 LUX 及 LUX(力士)商标享有的独占许可使用权,二审法院广东省高级人民法院以贸易公司无法证明其进口的"LUX"香皂来源于荷兰利华为由,判决被告败诉。

(二) AN'GE 服装案

在北京法华毅霖商贸有限责任公司与北京世纪恒远科贸有限公司、重庆大都会太平洋百货有限公司一案中,法华毅霖公司通过与(法国)AN'GE 股份有限公司签订合同,取得了在中国内地重庆等地区独家经营"AN'GE"牌服装的权利。被告北京世纪恒远科贸有限公司在被告重庆大都会广场太平洋百货有限公司开设专柜销售"AN'GE"牌服装,其销售的"AN'GE"牌服装是由重庆机械设备进出口有限公司代理从香港瑞金公司进口的。香港瑞金公司为香港销售"AN'GE"牌服装的经销商。一审的北京市朝阳区人民法院和二审法院都支持了被告,认为世纪恒远公司通过正当的交易行为从香港瑞金公司委托进口"AN'GE"牌服装,该批进口"AN'GE"牌服装确系(法国)AN'GE 股份有限公司生产销售的正宗产品,且该批"AN'GE"牌服装履行了正当的进口关税手续。在此基础上,世纪恒远公司销售"AN'GE"牌服装,未使消费者对"AN'GE"品牌的来源及"AN'GE"牌服

---

① 参见郑成思:《知识产权论》,法律出版社 2003 年版,第 351—352 页。

装的具体销售者产生误解和混淆,因此,不能就此认定世纪恒远公司的上述行为违反了我国《反不正当竞争法》的相关规定。

(三) 米其林案

2009年4月,湖南省长沙市中级人民法院在"米其林"案中又判决平行进口非法。原告米其林是一家法国企业,相关商品上的"轮胎人图形"与"MICHELIN"系列商标在全球拥有极高的知名度和声誉。2008年4月,原告代理人发现被告谈国强和欧灿在长沙一个小市场零售轮胎,认为该轮胎系侵犯原告注册商标专用权的产品,遂购买一只轮胎并予以公证封存,并于2009年1月诉至长沙市中级人民法院,请求法院判令两被告停止侵权、赔偿经济损失10万元并在媒体上发表声明以消除影响。经技术鉴定,涉案轮胎产自原告的授权厂,即米其林日本东京公司,并非假冒伪劣产品;被告称涉案轮胎是他们从长沙市雨花区欢乐轮胎经营部购进的,而后者售给前者的轮胎又是从广州市天河区港达轮胎销售中心单位买入的,轮胎来源渠道并无违法之处。法院判决被告谈国强、欧灿停止侵权行为,并且赔偿原告经济损失5000元。①

(四) 香奈(J. P. CHENET)葡萄酒案

该案一审原告及上诉人是法国大酒库股份公司(以下简称大酒库公司),是"J. P. CHENET"注册商标的所有人,涉案商品为葡萄酒。被告与被上诉人是慕醒国际贸易(天津)有限公司(以下简称天津慕醒公司),因进口标注"J. P. CHENET"商标的白葡萄酒、桃红葡萄酒和红葡萄酒而与大酒库公司发生纠纷。天津慕醒公司所进口的涉案葡萄酒系大酒库公司生产,慕醒公司是从英国CASTILLON公司处购得涉案葡萄酒,而CASTILLON公司是从大酒库公司的英国经销商AMPLEAWARDLTD公司处购得的涉案葡萄酒,涉案葡萄酒商品也依法履行了进口报关手续。

天津市高级人民法院在该案终审判决中指出,对于天津慕醒公司未经大酒库公司授权进口带有"J. P. CHENET"商标的葡萄酒是否构成商标侵权,应综合考虑以下因素:第一,天津慕醒公司进口的葡萄酒与大酒库公司授权王朝公司在我国销售的葡萄酒是否存在大酒库公司所主张的"重大差异"。也即前文所述的输入是否为"真品"的问题。该院认为,首先,根据本案已查明事实,天津慕醒公司从英国进口的香奈干红葡萄酒、香奈桃红葡萄酒、香奈干白葡萄酒三种葡萄酒均为大酒库公司生产并销售给其英国经销商的产品,产品上所附着的商标也是来源于大酒库公司的商标,天津慕醒公司在进口中对涉案三种葡萄酒未进行任何形式的重新包装或改动。其次,该案已有证据不能证明大酒库公司为了满

---

① 参见《国内法院判决首例商标平行进口案》,资料来源于 http://www.sipo.gov.cn/sipo2008/albd/2009/200905/t20090506_459195.html,2009年12月1日访问。

足不同市场条件下消费者的不同需求等,对国际市场有着严格的划分,销售至中国的葡萄酒与销售至英国的同品牌葡萄酒在质量等级、成分、品质、保质期、价格及服务等方面均有明显的不同。

因此,天津慕醍公司进口的涉案葡萄酒与大酒库公司在中国销售的葡萄酒,在质量等级、品质、成分、保质期、价格及服务等方面并不存在"重大差异"。

第二,消费者混淆的可能性是否存在及大酒库公司的商誉是否受到损害。天津市高级人民法院指出,天津慕醍公司从英国进口的葡萄酒与大酒库公司在我国销售的葡萄酒的质量等级和品质并不存在实质性差异,且本案中进口商品的原来状况未被改变,即对消费者作出是否购买的决定具有影响的因素没有发生变化,故天津慕醍公司的进口行为并不足以造成消费者对商品来源的混淆和信任度的破坏,进而大酒库公司在我国的商誉及利益也不会受到危害。

法院判决认定,大酒库公司关于天津慕醍公司未经其授权进口涉案葡萄酒构成商标侵权的主张不能成立。该案最终的结论实际上支持平行进口合法化。

从上面几个典型案例的梳理,我们可以看出,关于平行进口问题,我国法院的判决说理和逻辑论证越来越成熟和有说服力。但法无明文规定必然产生判决结果不一致。因此,平行进口问题呼唤我国商标法律制度作出正面回应。

思考题:

1. 某销售汽车美容用品的新泽西公司主要销售清洁剂和上光剂,它在汽车杂志上所做的产品广告中,使用了一个煽情女郎为保时捷911上光的画面,画面上突出展示了保时捷汽车的商标,在长达10分钟的录像展示片中,它在出场镜头中使用了保时捷911沿快速路加速行驶的画面,在片子中间它使用的是在各种名贵汽车上使用其上光剂的镜头,在片子结尾还是保时捷911沿公路行驶的画面。问:新泽西这家汽车美容用品销售公司的广告对保时捷商标的使用是否构成合理使用?为什么?

2. 99元韩版饰品店加盟招商广告使用了一幅有趣的画面,画面的左边是一颗鸡蛋,画面的右边是一辆带有BMW标识的崭新宝马车,鸡蛋和宝马车之间用一个箭头连接,连线上方用烫金的大字写着"帮助你实现发财的梦想"。问:该广告画面中使用宝马汽车的商标是否构成合理使用?

3. 原告LV公司的经营范围是箱包、旅游品、皮件,男女服饰、香水、配饰等奢侈品的贸易和市场营销。被告丽都公司的经营范围为房地产开发等,被告鑫贵公司的经营范围为房地产开发、经营等。2004年7月23日至10月31日,位于上海市延安中路和陕西路路口处的大楼上安装了一大型户外广告牌。广告背景底色为蓝紫色,广告可分为三部分,左侧主要是广告语,上面有"国际丽都城"

"丽都新贵""一样的国际丽都城不一样的丽都新贵""南京西路商圈星级酒店式商务小豪宅""新闸路石门二路 6287-5055"等文字,左侧底端标注"上海国际丽都置业有限公司上海鑫贵房地产开发有限公司";广告右侧主要亦为广告语,上面有"自己当世界的主人""左拥南京西路商圈""右抱 8 万 m^2 公园绿地"等文字;广告中间为一半蹲模特图像,模特手中拎一手提包,包身为均布的"LV 花图形"图案,其中包含"LV"商标图案。上述广告中的文字为白色,模特和手提包的主色调为橙红色。该广告对应的户外广告登记证记载了"广告类型:经营性户外广告;发布地点:延安路(陕西路口);主要内容:国际丽都城;规格:高 300 米,宽 60 米"等信息。问:被告在本案中使用 LV 标志的行为是否构成商标的合理使用?

第六章 商标使用的管理

我国《商标法》对于商标使用管理的规定集中在第六章"商标使用的管理"。该章既规定了管理的内容,也规定了违反管理规定的后果及处理程序。

第一节 违反商标使用管理规定的行为类型和后果

违反商标使用管理的规定体现在我国《商标法》第49条、第51条、第52条、第53条。综合这几条规定,本书对违反商标使用管理规定的主要行为分类如下。

一、对未注册商标使用的管理

我国商标法对未注册商标的保护规定在《商标法》第13条第2款、第15条、第32条、第44条第1款和第59条第3款。《商标法》第13条第2款规定未注册驰名商标可以获得相同或类似商品或服务范围内的保护。对于非驰名未注册商标的保护规定在第32条和第44条。第32条规定,申请商标注册不得损害他人现有的在先权利,也不得以不正当手段抢先注册他人已经使用并有一定影响的商标。第44条第1款规定,已经注册的商标,违反本法第10条、第11条、第12条规定的,或者是以欺骗手段或者其他不正当手段取得注册的,由商标局宣告该注册商标无效;其他单位或者个人可以请求商标评审委员会宣告该注册商标无效。如此一来,《商标法》不但在第32条规定了保护已经使用并有一定影响的未注册商标,还在第44条规定了一定情况下不以影响力为要件保护在先使用的一般未注册商标。第59条第3款则从正面规定了在先使用的商标对抗后注册商标的问题。

通过梳理我国《商标法》对未注册商标保护的上述规定,可以看出,我国《商标法》对未注册商标提供的保护少之又少。与此同时,却又设置了很多未注册商标的使用管理规定。主要体现在以下方面:

(1)未注册商标不能冒充注册商标。

(2)未注册商标不能违反《商标法》第10条规定使用商标法禁止使用的标志。

(3)对强制注册商标商品的管理。生产者不能违反《商标法》第6条的规定,于国家规定必须使用注册商标的商品上使用未注册商标。《商标法》同时在

第51条规定了违反这条规定的后果,即违反本法第6条规定的,由地方工商行政管理部门责令限期申请注册,违法经营额5万元以上的,可以处违法经营额20%以下的罚款,没有违法经营额或者违法经营额不足5万元的,可以处1万元以下的罚款。

二、商标权人自行改变注册商标相关信息的

（一）自行改变注册商标的

商标法对注册商标提供的保护限于核准注册的商标与核定使用的商品,因此商标权人首先就不能自行改变注册商标标识。

自行改变注册商标,是指商标注册人或者被许可使用人,在实际使用注册商标时,擅自改变该商标的文字、图形、字母、数字、立体形状、颜色组合、声音等,导致原注册商标的主要部分和显著特征发生变化。改变后的标志同原注册商标相比,易被认为不具有同一性。2000年3月3日,中华人民共和国国家工商管理局商标局针对陕西省工商行政管理局的请示作出了《关于注册商标中文字使用问题的批复》(商标案(2000)96号),对字样改变是否构成注册商标改变的问题进行了判断。在下列图示标志中,商标局认为只有"采乐"字样的使用构成注册商标的改变。

（二）自行改变注册商标的注册人名义、地址或者其他注册事项的

这是注册商标的变更问题。《商标法实施条例》在第30条规定了严格的商标变更手续。变更商标注册人名义、地址或者其他注册事项的,应当向商标局提交变更申请书。变更商标注册人名义的,还应当提交有关登记机关出具的变更证明文件。商标局核准的,发给商标注册人相应证明,并予以公告;不予核准的,应当书面通知申请人并说明理由。变更商标注册人名义或者地址的,商标注册人应当将其全部注册商标一并变更;未一并变更的,由商标局通知其限期改正;期满未改正的,视为放弃变更申请,商标局应当书面通知申请人。

(三) 自行转让注册商标的

商标转让程序规定在我国《商标法》第 42 条和《商标法实施条例》第 31 条。转让注册商标的，转让人和受让人应当向商标局提交转让注册商标申请书。转让注册商标申请手续应当由转让人和受让人共同办理。商标局核准转让注册商标申请的，发给受让人相应证明，并予以公告。

三、商标连续三年不使用的

我国实行商标注册取得模式，不以商标使用为获得商标权的前提。但是，为防止商标囤积现象的发生，我国商标法规定了商标权人在获得注册后的使用商标义务，由此而产生了连续 3 年不使用商标撤销制度。

(一) 连续三年的计算

3 年必须是连续的 3 年，精确到日对日。但 3 年时间如何起算？是从申请撤销之日起向前推算 3 年，还是以申请人选取的任何一个时间点计算出来的连续 3 年？如果采用后一种计算方式，则只要商标曾经有连续 3 年未使用的情况，任何人在任何时间提出撤销申请，都会否定商标的有效性。对此，《商标审理标准》规定，系争商标不存在连续 3 年停止使用情形的举证责任，由系争商标注册人承担。在证明材料中要能够显示出系争商标的使用日期，且应当在自撤销申请之日起向前推算 3 年内。这样，我们可以推断出，3 年的计算方式为自撤销申请之日起向前推算 3 年。

(二) 使用的认定

商标法在很多情况下规定了商标使用问题，主要有商标先申请原则下考虑先使用的"使用"；《商标法》第 32 条规定的"已经使用"中的"使用"；《商标法》第 49 条第 2 款所指的"3 年不使用"中的"使用"；《商标法》第 57 条第 1 项、第 2 项"侵权使用"中的"使用"；《商标法》第 59 条第 3 款先使用抗辩中的"使用"；等等。这几种情况下的使用概念是否有区别，学者颇有争论。我国 2002 年《商标法实施条例》第 3 条的规定对商标使用是不加区分的，包括将商标用于商品、商品包装或者容器以及商品交易文书上，或者将商标用于广告宣传、展览以及其他商业活动中。但是，2013 年《商标法》在第 48 条作出了新的规定，即本法所称商标的使用，是指将商标用于商品、商品包装或者容器以及商品交易文书上，或者将商标用于广告宣传、展览以及其他商业活动中，用于识别商品来源的行为。这条规定较以前的规范增加了"识别商品来源"的要件，显然是提高了使用的要求，无疑会将一些使用排除在商标使用范围之外。

据此，我们来判断以下情况下对商标的使用是否构成商标法上的合格的商标使用行为。①

1. 仅实施商标转让行为是否构成商标使用

北京市高级人民法院《关于审理商标民事纠纷案件若干问题的解答》在第四个问题中回答道,仅实施转让注册商标的行为,没有发挥商标的区分不同商品来源的功能,不属于商标使用行为。

2. 在非核定注册的商品类别上使用是否构成商标使用

在"GNC"案中,涉案商标为1997年11月21日被核准注册的"GNC"商标,核定使用的商品为第30类中的"非医用营养鱼油"。商标权人某物资集团公司委托他人生产"GNC"蜂蜜产品以及制作"GNC"商标宣传品。北京市高级人民法院认为,委托他人印制有"GNC"标识的宣传单、包装盒和手拎袋等宣传品均是在蜂蜜等蜂产品上的使用,并非在涉案商标核定使用商品——非医用营养鱼油上的使用,因此不属于商标法意义上的使用。②

3. 非法使用是否构成商标使用

非法使用指的是商标标识的商品的生产需要履行行政审批手续,而商标权人在没有获得行政审批的情况下就生产了商品、使用了商标。关于非法使用是否构成商标使用的问题,主要有三种观点。一种观点认为不考虑合法性,仅认定是否构成使用;第二种观点认为应考虑合法性;第三种观点认为应考虑合法性,但应当区分商标行为的合法性与其他行为的合法性。在"康王"案中就遇到了这种问题。

1995年4月7日,北京康丽雅健康科技总公司(简称康丽雅公司)经核准取得"康王"商标(下称复审商标)的注册,核定使用的商品为第3类化妆品。"康丽雅公司"自1998年起就未办理工商年检,并于2001年6月被北京市工商行政管理局朝阳分局吊销营业执照,注册商标从未使用过。2003年5月15日,康丽雅公司与云南滇虹公司签订商标转让协议,将复审商标转让给后者。2003年9月8日商标局核准了复审商标的转让。

2002年10月18日,潮阳市康王精细化工实业有限公司(后更名为汕头市康王精细化工实业有限公司)以复审商标连续3年停止使用为由,向商标局申请撤销复审商标。商标局于2003年12月17日作出撤200200727号《关于撤销第738354号"康王"商标的决定》,对复审商标予以撤销。

云南滇虹药业公司不服,指出它与他人合资成立的昆明滇虹公司在2000年至2002年曾委托一家彩印厂印刷"康王"牌防裂护肤霜的内外包装盒及说明书

---

① 关于连续三年不使用的"使用"界定,请参见李扬:《注册商标不使用撤销制度中的"商标使用"界定——中日相关立法、司法之比较》,载《法学》2009年第10期。

② 参见北京市高级人民法院行政判决书(2006)高行终字第78号。

等包装材料,此外昆明滇虹公司还曾委托其他单位加工生产过"康王"洗剂等,这些都说明云南滇虹药业公司实际上使用了"康王"商标。但是,云南滇虹药业公司提供的"康王"防裂护肤霜产品实物等证据上,均没有按照国家规定标注化妆品生产许可证和卫生许可证,因此上述化妆品的生产行为事实上违反了我国行政法规的相关规定。

最高人民法院对该案的处理意见采纳了非法使用不构成商标使用的观点,指出我国2001年《商标法》第44条第4项规定的"使用",应该是在商业活动中对商标进行公开、真实、合法的使用。从2001年《商标法》第45条的规定来看,判断商标使用行为合法与否的法律依据,并不限于商标法及其配套法规。对于违反法律法规强制性、禁止性规定的生产经营活动中的商标使用行为,如果认定其法律效力,则可能鼓励、纵容违法行为,与商标法有关商标使用行为规定的本意不符。① 然而,在法国卡斯特兄弟股份有限公司与中华人民共和国国家工商行政管理总局商标评审委员会、李道之商标撤销复审行政纠纷案中,最高人民法院又转向了不同的观点。该案中,涉案商标的权利人为李道之,其注册的商标为"卡斯特",涉案商品为葡萄酒。法国卡斯特兄弟股份有限公司以连续3年不使用为由,申请撤销注册商标。李道之提交证据证明自己曾经在进口红酒上使用了商标,但在证明使用商标的商品的进口和销售是否符合《进出口商品检验法》等规定时出了问题。案件争议的焦点问题是,进口商品如果没有遵守法律法规规定的必要检验和审核程序,并取得相关证书,是否仍然构成商标使用? 最高人民法院在该案判决中明确指出,"使用争议商标有关的其他经营活动中是否违反进口、销售等方面的法律规定,并非商标法第四十四条第(四)项所要规范和调整的问题"。② 短短几年之隔,最高人民法院判决大异其趣,这使得似乎已经有了结论的问题又充满了争议。

4. 应付性使用是否构成使用

在知晓商标可能被他人以连续3年不使用为由而申请撤销后,临时进行的商标使用不构成使用。

5. 定牌加工中使用是否构成商标使用

关于定牌加工问题,本书在商标假冒仿冒侵权部分还要进一步探讨。但侵权部分探讨的焦点问题是,涉外定牌加工承揽加工商在专供出口的商品上贴附与国内商标权人相同的商标,是否构成在国内使用涉案商标,是否构成侵权。而在本部分,我们主要探讨的问题是,如果国内的商标权人仅在销往国外的商品上使用商标,商品未进入中国的消费流通领域,是否会构成商标使用? 在此种情况

---

① 最高人民法院(2007)行监字第184-1号。
② 该案具体情况请参见中华人民共和国最高人民法院行政裁定书(2010)知行字第55号。

下,商标是否可以因 3 年不使用而被撤销?在宏比福比有限公司与中华人民共和国国家工商行政管理总局商标评审委员会商标撤销复审行政纠纷上诉案中[①],涉案商标为宏比福比公司拥有的第 731233 号"SCALEXTRIC"注册商标,宏比福比公司仅将使用该商标的玩具部件委托中国的加工企业加工成玩具成品,加工后的玩具成品全部销往国外,在中国境内并无销售行为。案外第三人以商标连续 3 年不使用为由申请撤销该注册商标。一审法院认为,鉴于使用复审商标的商品并未投入到中国的市场流通领域中,即便在加工环节具有使用复审商标的行为,中国境内的玩具商品的消费者亦无接触到该商品的可能性,因此该使用行为在中国境内无法起到区分商品来源的识别作用,不属于《商标法》意义上的使用行为。因此判决维持商标评审委员会撤销注册商标的决定。但北京市高级人民法院二审推翻了一审法院的判决,认为虽然来料加工的成品并未实际进入中国大陆市场流通领域,但是如果不认定来料加工为商标使用行为,相关商标专用权因未使用而构成被撤销的理由,恐不尽公平,且有悖于拓展对外贸易的政策。虽然复审商标核定使用的商品为玩具,但是基于玩具赛车商品和来料加工方式的特性,将复审商标使用在玩具部件,并通过来料加工方式加工成玩具成品,销往国外的行为,应当视为复审商标在核定使用的玩具商品上的商标使用行为。因此,二审判决认为,商标评审委员会以连续 3 年未使用为由撤销复审商标的决定不正确。

涉外定牌加工中贴附商标的行为是否构成商标使用,争议非常大。目前,我国立法对此问题未加明确,司法实践中类案不同判的现象非常严重。涉外定牌加工中的商标使用,在连续三年不使用而撤销注册商标程序中,是否应该采取与侵权纠纷不一样的政策标准,也急需明确。

四、商标丧失显著性

我们在商标构成要件部分已经对商标显著性问题作出了详细论述。商标显著性是一个动态变化的过程,可以从无到有,也可以从有到无,即原来不具有显著性的标识通过使用逐渐获得显著性,而本来具有显著性的标识也可能因为使用不当而逐渐丧失显著性。商标显著性不仅仅是商标取得注册、获得商标权保护的前提条件,也是维持商标权存在的基础。因此,当商标丧失显著性的时候,商标权利的基础就不存在了,商标就应该予以撤销。我国《商标法》第 49 条第 2 款规定,注册商标成为其核定使用的商品的通用名称的,任何单位或者个人可以向商标局申请撤销该注册商标。商标局应当自收到申请之日起 9 个月内作出决定。有特殊情况需要延长的,经国务院工商行政管理部

---

① 该案具体情况请参见北京市高级人民法院行政判决书(2010)高行终字第 265 号。

门批准,可以延长 3 个月。

五、违反驰名商标管理规定

近年来,由于驰名商标的认定和保护偏离了制度设计的初衷,我国商标法律制度一直在纠偏和调整。2013 年《商标法》再次强调驰名商标被动认定为原则,驰名商标的认定仅具有个案效力,且只能作为事实出现在判决书中。除此之外,《商标法》还明确提出了驰名商标的使用规范,即第 14 条第 5 款的规定:生产、经营者不得将"驰名商标"字样用于商品、商品包装或者容器上,或者用于广告宣传、展览以及其他商业活动中。同时,《商标法》在第 53 条又规定了违反此规定的法律后果,即违反本法第 14 条第 5 款规定的,由地方工商行政管理部门责令改正,处 10 万元罚款。《商标法》规定的这些举措无非是要纠正人们的错误认识,认为驰名商标是评比出来的一种荣誉,是商品质量过硬、信誉良好的符号。这些规定就是要让驰名商标回归其本源。

思考题:

1. 违反商标使用管理规定的行为有哪些类型?
2. 某公司申请注册了"羚羊"商标,指定使用在毛巾等日用品上。但该公司主要生产床上用品,床上用品上一直使用"红棉"商标。4 年来,公司一直没有自己生产毛巾,但每年圣诞节,公司都开展一年一度的迎圣诞买一送一活动。这时,公司会委托其他企业生产羚羊毛巾,向所有购买"红棉"床上用品的顾客赠送"羚羊"毛巾一条。问:"羚羊"商标可否因连续 3 年不使用而被撤销?

第二节 不服商标撤销决定的复审和诉讼

当事人对商标局作出的撤销或不予撤销注册商标的决定不服的,该如何处理,规定在《商标法》第 54 条,即对商标局撤销或者不予撤销注册商标的决定,当事人不服的,可以自收到通知之日起 15 日内向商标评审委员会申请复审。商标评审委员会应当自收到申请之日起 9 个月内作出决定,并书面通知当事人。有特殊情况需要延长的,经国务院工商行政管理部门批准,可以延长 3 个月。当事人对商标评审委员会的决定不服的,可以自收到通知之日起 30 日内向人民法院起诉。2013 年《商标法》统一了商标评审委员会对撤销商标注册作出判断一律采用"决定"的形式;同时进一步明确,不论是商标注册人还是提出撤销商标注册的其他主体,都有权对商标局就是否撤销注册商标的决定向商标评审委员会申请复审;另外,为加快商标确权,2013 年《商标法》还规定了复审时限,一般为9个月,最长可延长到12个月。

法定期限届满,当事人对商标局作出的撤销注册商标的决定不申请复审或者对商标评审委员会作出的复审决定不向人民法院起诉的,撤销注册商标的决定、复审决定生效。被撤销的注册商标,由商标局予以公告,该注册商标专用权自公告之日起终止。

思考题:

当事人不服商标局撤销商标注册的决定的,可以采取哪些救济措施?

第七章　商标权侵权与救济

我国商标法律制度中关于商标侵权和商标权的保护主要规定在《商标法》第七章、《商标法实施条例》第75—82条、最高人民法院《关于审理商标民事纠纷案件适用法律若干问题的解释》以及《商标审查标准》第三部分"商标相同、近似的审查"、《商标审理标准》第七部分"类似商品或者服务审理标准"。综合上述规定，我们先对商标侵权行为的类型作一分析，然后再介绍侵权责任的承担。

我国现行商标法律制度中对商标侵权类型的规定主要体现在《商标法》第57条、《商标法实施条例》第75—76条以及最高人民法院《关于审理商标民事纠纷案件适用法律若干问题的解释》第1条。

《商标法》第57条规定了7项，明确列出了6种侵犯商标专用权的行为，还有一项概括性规定，即有下列行为之一的，均属侵犯注册商标专用权：(1) 未经商标注册人的许可，在同一种商品上使用与其注册商标相同的商标的；(2) 未经商标注册人的许可，在同一种商品上使用与其注册商标近似的商标，或者在类似商品上使用与其注册商标相同或者近似的商标，容易导致混淆的；(3) 销售侵犯注册商标专用权的商品的；(4) 伪造、擅自制造他人注册商标标识或者销售伪造、擅自制造的注册商标标识的；(5) 未经商标注册人同意，更换其注册商标并将该更换商标的商品又投入市场的；(6) 故意为侵犯他人商标专用权行为提供便利条件，帮助他人实施侵犯商标专用权行为的；(7) 给他人的注册商标专用权造成其他损害的。对照2001年《商标法》第52条的规定，我们可以看出，2013年商标法将原《商标法》第52条的第1项拆分为两项，分别规定了假冒侵权和仿冒侵权，同时将2002年《商标法实施条例》第50条第2项的规定进行修改，列为第6项。

2014年《商标法实施条例》第75条规定，为侵犯他人商标专用权提供仓储、运输、邮寄、印制、隐匿、经营场所、网络商品交易平台等，属于《商标法》第57条第6项规定的提供便利条件。第76条规定，在同一种商品或者类似商品上将与他人注册商标相同或者近似的标志作为商品名称或者商品装潢使用，误导公众的，属于《商标法》第57条第2项规定的侵犯注册商标专用权的行为。

最高人民法院《关于审理商标民事纠纷案件适用法律若干问题的解释》第1条又增加解释了2001年《商标法》第52条第5项规定的给他人注册商标专用权造成其他损害的行为，即(1) 将与他人注册商标相同或者相近似的文字作为企业的字号在相同或者类似商品上突出使用，容易使相关公众产生误认的；(2) 复制、摹仿、翻译他人注册的驰名商标或其主要部分在不相同或者不相类似商品上作为商标使用，误导公众，致使该驰名商标注册人的利益可能受到损害的；(3)将与他人注册商标相同或者相近似的文字注册为域名，并且通过该域名进行相关商品交易的电子商务，容易使相关公众产生误认的。2013年《商标法》第58条规定，将他人注册商标、未注册的驰名商标作为企业名称中的字号使用，误导公众，构成不正当竞争行为的，依照《反不正当竞争法》处理。这样，《商标法》就明确了以字号侵害他人商标权的行为由《反不正当竞争法》来调整。

本书综合以上几条规定，将商标侵权行为类型化后逐一进行分析。

第一节 商标假冒、仿冒行为

商标假冒、仿冒行为是我国《商标法》第57条第1项和第2项规定的行为，即未经商标注册人的许可，在同一种商品或者类似商品上使用与其注册商标相同或者近似的商标的。该项规定划分了四类行为，即在同一种商品上使用与注册商标相同的商标、在同一种商品使用与注册商标近似的商标、在类似商品上使用与注册商标相同的商标、在类似商品上使用与注册近似的商标。其中第一类行为，即在同一种商品上使用与注册商标相同的商标的行为是商标假冒行为，其他三类行为属于商标仿冒行为，又称商标混淆行为。2013年《商标法》将假冒行为单列出来规定在第57条第1项，而将仿冒行为规定在第2项。两项对比，可以发现，对于仿冒行为，法律规定了"容易导致混淆的"要件，而假冒行为则无此规定。因此，在混淆的举证方面，假冒行为和仿冒行为是不同的。假冒行为推定混淆的存在。而仿冒行为中，权利主张人必须证明混淆的存在。我国《商标法》的这条规定与《TRIPs协定》的规定主旨相同。根据《TRIPs协定》第16条第1款的规定，假冒行为中无需权利人证明混淆的存在，法律推定在相同商品或服务上使用相同商标有混淆之虞。该条款规定："注册商标所有人应享有专有权防止任何第三方未经许可而在贸易活动中使用与注册商标相同或近似的标记去标示相同或类似的商品或服务，以造成混淆的可能。如果确将相同标记用于相同商品或服务，即应推定已有混淆之虞。上述权利不得损害任何已有的在先权，也不得影响成员依使用而确认权利效力的可能。"细细分析起来，假冒行为中推定混淆可能存在只是一种推定，解除了原告的举证责任负担，如果被控侵权人确有证据能够证明不会造成混淆的，则这种推定不成立，依然不构成侵权。

除构成要件中的混淆要件有区别外，假冒和仿冒行为在相同商品或服务、相同商标的判断方面是一致的，因此本书将两种行为放在一起进行论述。

一、商标假冒、仿冒行为的构成

商标申请注册时,商标局要判断申请作为商标的标志与已注册商标是否构成相同或近似,主要依据《商标审查标准》关于商标相同和近似的规定。法院在处理商标仿冒侵权案件时,也会参考《商标审查标准》的相关规定。《商标审查标准》规定,商标相同和近似的判定,首先应认定指定使用的商品或者服务是否属于同一种或者类似商品或者服务;其次应从商标本身的形、音、义和整体表现形式等方面,以相关公众的一般注意力为标准,并采取整体观察与比对主要部分的方法,判断商标标识本身是否相同或者近似。

最高人民法院《关于审理商标民事纠纷案件适用法律若干问题的解释》第10条规定,人民法院认定商标相同或者近似按照以下原则进行:(1)以相关公众的一般注意力为标准;(2)既要进行对商标的整体比对,又要进行对商标主要部分的比对,比对应当在比对对象隔离的状态下分别进行;(3)判断商标是否近似,应当考虑请求保护注册商标的显著性和知名度。

(一)商品或服务相同或类似的判定

提到商品或服务的相同或类似,我们就会想到商品或服务的分类,自然也就会想到《商标注册用商品和服务国际分类表》《类似商品和服务区分表》。我国司法审判实践在适用《商标注册用商品和服务国际分类表》《类似商品和服务区分表》方面出现了三种不同意见。

一种观点认为,两表的分类是从商品专业分析角度作出的,与日常生活有距离,分类有交叉,不足为据。

第二种观点认为,两表的分类优先,典型案例见"贵妃醋"案。该案原审原告为北京方太新怡华食品销售有限公司,原审被告为长沙马王堆农产品股份有限公司和北京英茹食品销售有限公司。2002年9月7日,方太新怡华公司依法受让取得"贵妃"注册商标,成为该注册商标专用权人,核定使用的商品为包含醋在内的第30类产品,"贵妃"商标使用于该公司酿造的食醋上。马王堆公司生产的被控侵权产品是"百岁人贵妃醋""西汉丽人贵妃醋""杨氏贵妃醋"等含醋饮料。马王堆公司制造、销售的涉案产品标识上所使用的"贵妃"文字,其字形、字体及文字大小与方太新怡华公司主张权利的商标文字有所区别,但所用文字完全相同。该案争议的焦点为原审原告和原审被告生产的商品是否属于类似商品。一审法院认为,鉴于马王堆公司生产的贵妃醋产品的主要成分为醋,该产品标明的制造商为马王堆公司下属的长沙百岁人醋厂,表明该产品是由制造醋产品的企业生产的,且贵妃醋产品的销售渠道与醋产品的销售渠道相同,易使相关公众认为二者之间存在特定联系,故应认定二者为类似商品。二审法院认为,实践中,判断类似商品一般首先应当参考《类似商品和服务区分表》或者权威部门作出的规定或批复等,但有相反证据足以推翻上述结论的,可以不予参考。马王堆公司生产的被控侵权产品主要成分是醋,但其总酸度≥1.6 g/100 ml,而醋的总酸度≥3.5 g/100 ml,这正是醋与醋饮料的重要区别特征,一审判决却未予考虑。生产部门、销售渠道是否相同也是判断类似商品的重要因素,但在实践中还应考虑到企业可以从事多种生产经营活动,不能把生产部门与类似商品之间的联系绝对化,而且还应当注意销售渠道相同是从抽象的、普遍的意义上来说的,不能用具体的、特殊的个别情况来代替。马王堆公司生产的被控侵权产品属于含醋饮料,其与调味品醋不构成类似商品。①

第三种观点认为两表具有参考价值,但具体判断过程中要结合相关公众对商品或服务的认识综合考量。在浙江宫宝药业有限公司与无锡金龙营养品厂商标权纠纷案中,被告无锡金龙营养品厂辩称,其生产的产品灵芝营养液上的"宫宝"商标曾在3005群的"非医用营养液"商品分类上注册商标,与原告的0501群药品类产品不是类似商品。但法院认为,本案中的非医用营养液与药品构成类似商标,而不能以分类表为绝对依据。

最高人民法院《关于审理商标民事纠纷案件适用法律若干问题的解释》第12条规定,人民法院认定商品或者服务是否类似,应当以相关公众对商品或者服务的一般认识综合判断;《商标注册用商品和服务国际分类表》《类似商品和服务区分表》可以作为判断类似商品或者服务的参考。该条规定明确了商品或服务相同或近似判断中,《商标注册用商品和服务国际分类表》《类似商品和服务区分表》是重要根据,但分类表和区分表不具有法律规范的性质。《尼斯协定》第2条第1款规定:"在对任何特定的商标提供保护的范围方面,本分类对各国不具有约束力。"《商标审理标准》更是通过综合考虑商品或服务的功能、目的、生产部门、销售渠道等诸多要素判断商品或服务的类似问题。

商品或服务相同容易判定,但商品类似、服务类似或商品与服务类似的判断就相对困难。根据《商标审理标准》,商品或服务类似的判定要素如下。

1. 类似商品的判定

类似商品,是指商品在功能、用途、主要原料、生产部门、销售渠道、销售场所、消费对象等方面相同或者相近。类似商品的判定应当综合考虑下列各项因素:

(1) 商品的功能、用途。

如果两种商品的功能、用途相同或者相近,能够满足消费者相同需求的,则被判定为类似商品的可能性较大。

---

① 参见北京市高级人民法院民事判决书(2003)高民终字第1005号。

如果两种商品在功能、用途上具有互补性或者需要一并使用才能满足消费者的需求的,则被判定为类似商品的可能性较大。

(2) 商品的原材料、成分。

商品的原材料或者成分,是决定商品功能、用途的重要因素。一般情况下,两种商品的原材料或者成分相同或者相近,被判定为类似商品的可能性较大。

但随着商品的更新换代,商品的原材料或者成分即使不同,而其原材料或者成分具有可替代性,且不影响商品的功能、用途的,仍存在被判定为类似商品的可能性。

(3) 商品的销售渠道、销售场所。

如果两种商品的销售渠道、销售场所相同或者相近,消费者同时接触的机会较大,容易使消费者将两者联系起来,则被判定为类似商品的可能性较大。

(4) 商品与零部件。

许多商品是由各个零部件组成的,但不能当然认为该商品与各零部件或者各零部件之间都属于类似商品,仍应当根据消费者对两者之间联系的密切程度的通常认知进行判断。

如果特定零部件的用途是为了配合特定商品的使用功能,而该商品欠缺该特定零部件,就无法实现其功能或者将严重减损其经济上的使用目的,则被判定为类似商品的可能性较大。

(5) 商品的生产者、消费者。

两种商品由相同行业或者领域的生产者生产、制造、加工的可能性越大,则被判定为类似商品的可能性越大。

如果两种商品以从事同一行业的人为消费群体,或者其消费群体具有共同的特点,被判定为类似商品的可能性较大。

(6) 消费习惯。

类似商品的判定,还应当考虑中国消费者在特定的社会文化背景下所形成的消费习惯。如果消费者在习惯上可将两种商品相互替代,则该两种商品被判定为类似商品的可能性较大。

2. 类似服务的判定

类似服务,是指服务在目的、内容、方式、对象等方面相同或者相近。类似服务的判定应当综合考虑下列各项因素:

(1) 服务的目的。

两种服务具有相同或者相近的目的,有可能相互替代,可满足一般服务接受者的相同或者相近的需求的,被判定为类似服务的可能性较大。

(2) 服务的内容。

提供服务的内容越相近,被判定为类似服务的可能性越大。

(3) 服务方式与服务场所。

如果服务方式或者服务场所相同,一般服务接受者同时接触的机会较大,则被判定为类似服务的可能性较大。

(4) 服务的对象范围。

如果服务的接受者来自相同或者相近的消费群体,则被判定为类似服务的可能性较大。

(5) 服务的提供者。

如果服务的提供者来自相同的行业或者领域,则被判定为类似服务的可能性较大。

3. 商品与服务是否类似的判定

商品与服务类似,是指商品和服务之间存在特定联系,容易使相关公众混淆。

判定商品与服务是否类似,应当综合考虑下列各项因素:商品与服务之间联系的密切程度,在用途、用户、通常效用、销售渠道、销售习惯等方面的一致性。

(二) 商标相同、近似的判断

商标近似包括两层含义:其一为商标标识本身相像;其二为商标标识用于商品或服务上容易让消费者产生混淆或误认。这两层含义体现了商标近似判断中的主客观结合原则,前者为客观标准,后者为主观标准。根据《商标审查标准》的规定,商标相同是指两商标在视觉上基本无差别,使用在同一种或者类似商品或者服务上易使相关公众对商品或者服务的来源产生误认。商标近似是指商标文字的字形、读音、含义近似,商标图形的构图、着色、外观近似,或者文字和图形组合的整体排列组合方式和外观近似,立体商标的三维标志的形状和外观近似,颜色商标的颜色或者颜色组合近似,使用在同一种或者类似商品或者服务上易使相关公众对商品或者服务的来源产生误认。采用的也是主客观结合判断方法。

1. 相关公众的概念

在判断商标相同或近似时,形式上是由商标局审查人员或法官来作出判断,实际上主体的注意标准是相关公众的一般注意程度,这里就出现了一个关键概念——相关公众。

如何理解相关公众,最高人民法院《关于审理商标民事纠纷案件适用法律若干问题的解释》第8条规定,商标法所称相关公众,是指与商标所标识的某类商品或者服务有关的消费者和与前述商品或者服务的营销有密切关系的其他经营者。2014年《驰名商标认定和保护规定》第2条第2款规定:相关公众包括与使用商标所标示的某类商品或者服务有关的消费者,生产前述商品或者提供服务的其他经营者以及经销渠道中所涉及的销售者和相关人员等。《商标审理标准》3.1 规定,相关公众包括但不以下列情形为限:(1)商标所标识的商品的生产者或者服务的提供者;(2)商标所标识的商品/服务的消费者;(3)商标所标识的商品/服务在经销渠道中所涉及的经营者和相关人员等。北京市高级人民法院《关于审理商标民事纠纷案件若干问题的解答》在第 10 条还明确了在确定相关公众时应考虑的因素,"在确定相关公众时,应当考虑商品性质、种类、价格等因素对其范围及其注意程度的影响"。

实践中,如何把握好相关公众的范围,要根据商品经营的具体情况作出判断。在美国的 Amstar Corp. v. Domino's Pizza, Inc. 一案中,就是因为当事人进行问卷调查时选择的调查对象不具有相关性,法院没有采纳问卷调查证据。该案中,原告在糖、盐、胡椒、芥末、调味番茄酱等各种调料制品上多年使用"多米诺"(Domino)商标,被告在自己经营的快餐比萨上使用"多米诺比萨"(Domino's Pizza)商标。原告认为被告的行为构成商标侵权和不正当竞争。作为诉讼主张的证据,原告组织了消费者调查。调查对象为在美国 10 个城市中主要负责购买家庭用食品的主妇。地点为这些主妇的家里。调查者把多米诺比萨的盒子给她们看,问她们是否认为做比萨的这家公司也做其他产品。如果回答是肯定的,就再问他们"你认为这家生产比萨的公司还生产什么商品"?对第一个问题给出肯定回答的人中,71% 的人回答第二个问题时,其答案都是"糖"。① 法院认为这个调查确定的对象范围不具有充分的相关性。被调查的人必须能够充分代表与纠纷相关的那些人的意见。要使调查对象具有相应的相关性就应该包括那些最可能购买涉案商品或者服务的人。在抽样调查的 10 个城市中,有 8 个没有"多米诺比萨"的销售点,而另外两个城市的销售点也刚刚开业不到 3 个月。另外,调查对象主要是白天待在家里的主妇,他们购买的东西主要是食品日杂。原告的糖制品主要在日杂店销售,调查对象会经常接触到原告的商标,但是很少接触到被告的商标。而且,调查忽略了被告主要的客户:年轻的、单身的、男性大学在校生。②

不同的商品会有不同的相关公众群体,如在北京市蓝光电梯公司与(韩国)LG 电子株式会社商标侵权纠纷一案中,法院认为,该案中涉及使用注册商标的商品是电梯。电梯的消费者在购买、安装电梯这种特殊商品的过程中,对所购买的电梯,包括电梯上使用的商标施加的注意力,要较普通消费者对普通日用品施加的注意力大得多。该案中商品的相关公众就是电梯的购买者和安装者,而不是普通的日常消费品消费大众。③

---

① 615 F.2d 252 (C. A. Ga., 1980), 263.
② Amstar Corp. v. Domino's Pizza, Inc., 615 F.2d 252 (C. A. Ga., 1980), 264.
③ 该观点见北京市高级人民法院民事判决书(2001)高知初字第 67 号。

2. 商标近似的具体判断方法

在具体判断商标相同或者近似时主要采用如下基本方法。

（1）一般购买者施以普通注意原则

是否构成近似使用，应当以一般购买者施以普通注意为标准进行判断。一般购买者是发生误认的主体，只有导致一般购买者误认时，才可能构成仿冒。① 一般购买者是根据地域和购买对象所确定的购买者，即一定地域范围内的相关领域的购买者。② 一般购买者是个别购买者，即近似商品的误认是根据一般购买者的普遍认识能力或称中等认识能力进行认定的，而不是根据特定的某个购买者的智力、技能、精神和物质状况所决定的认识能力进行判断。这种认识能力的确定与民法上确定客观过错的认识能力是一样的。③ 一般购买者不是所有购买者，即由于购买者的认识能力参差不齐，对于仿冒商品的辨别能力也不一样，只要仿冒商品足以引起一般购买者的误认，即可认定为近似，不必要也不可能要求引起所有购买者的误认。通常情况下，相关公众的注意程度与商品的价值以及商品是消耗品还是耐耗品有关，同时也受消费者购买商品的场所影响。

（2）通体观察和比较主要部分原则

商品的标识是否构成近似使用，应当就该商品标识的整体和主要部分加以观察。所谓的主要部分，就是商品标识最显著、最醒目、最易引起购买者注意的部分。如果两个商品标识在主要部分上没有显著的差异，就构成近似。比较主要部分原则就是指，只要标识的主体部分近似并足以引起误认的，就可以认定为近似，其附属部分即使不近似或者根本不同，也不影响近似的认定。

在北京嘉裕东方葡萄酒有限公司与中国粮油（集团）有限公司及南昌开心糖酒副食品有限公司、秦皇岛洪胜酒业有限公司商标侵权纠纷案中，最高人民法院就是通过比对主要构成部分认定北京嘉峪东方葡萄酒公司的长城文字及图商标与中国粮油有限公司的长城文字及图商标构成相似。判决中，最高人民法院指出，"嘉裕长城及图"商标和第70855号"长城牌"注册商标均系由文字和图形要素构成的组合商标，其整体外观具有一定的区别。但是，第70855号"长城牌"注册商标因其注册时间长、市场信誉好等，而具有较高的市场知名度，被国家工商行政管理部门认定为驰名商标，中粮公司使用第70855号"长城牌"注册商标的葡萄酒产品亦驰名于国内葡萄酒市场，根据该注册商标的具体特征及其呼叫习惯，其组合要素中的"长城"或"长城牌"文字部分因有着较高的使用频率而具有较强的识别力，在葡萄酒市场上与中粮公司的葡萄酒产品形成了固定的联系，葡萄酒市场的相关公众只要看到"长城""长城牌"文字或者听到其读音，通常都会联系或联想到中粮公司的葡萄酒产品及其品牌，故"长城"或"长城牌"文字显然具有较强的识别中粮公司葡萄酒产品的显著性，构成其主要部分。"嘉裕长城及图"虽由文字和图形组合而成，且其文字部分另有"嘉裕"二字，但因中粮公司的第 70855 号"长城牌"注册商标中的"长城"或"长城牌"文字部分具有的驰名度和显著性,足以使葡萄酒市场的相关公众将使用含有"长城"文字的"嘉裕长城及图"商标的葡萄酒产品与中粮公司的长城牌葡萄酒产品相混淆,至少容易认为两者在来源上具有特定的联系。①

(嘉峪长城与中粮长城商标图示)

(3)隔离观察原则

近似的商品名称、包装、装潢之间毕竟是有差别的,如果将其放在一起进行比较认定往往对近似问题难以判断。因此,在认定是否近似时,应当采取隔离方法,即在异时异地分别从总体上(整体印象)进行观察,仿冒品与被仿冒品的标识的差别不易区分而在施以一般注意力时不免误认的,用这种方法即可认定其是否近似。此即隔离观察原则。② 我国台湾地区学者在论述异时异地隔离观察之原则时,将其定义为消费者记忆测验之原则:因一般消费者购买商品,尤其是低价位之日常用品,往往凭其模糊记忆,很少施加特别注意去比对两商标是否相同。所以,判断两商标是否近似,应隔离一段时间和距离。至于隔多长时间为宜,美国实务上采刚能记忆之状态,依市场调查结果为 4 个月。③

(4)适当考虑请求保护注册商标的显著性和知名度

商标的知名度越高,认定为近似的可能性越大。在上述中粮长城与嘉峪长城的纠纷中,最高人民法院也考虑了商标的知名度问题。

我国台湾地区学者认为,判断商标是否近似还应该参考以下几点:两商标的显著性及强弱程度;指定使用之商品或服务之性质;消费者于购买时之实际与潜在发生混淆之程度;商标商品之信誉与实际销售数量之多寡。④

3. 混淆与误认的概念

在我国商标法律制度中,大多数情况下混用混淆和误认两个概念,而在西方

---

① 该案具体情况见最高人民法院民事判决书(2005)民三终字第 5 号。
② 郭寿康主编:《知识产权法》,中共中央党校出版社 2002 年版,第 310—311 页。
③ 参见曾陈明汝:《商标法原理》,中国人民大学出版社 2003 年版,第 57 页。
④ 参见同上。

法律制度中主要使用混淆概念。

（1）混淆概念的发展

在德国，混淆区别为狭义的混淆和广义的混淆。狭义的混淆，是指消费者就企业的身份发生错误认识。比如，将非商标权人的商品，误认为来源于商标权人的商品。如果消费者因商标的差别，可以知道所标示的商品来源于不同的企业，但是因特别的情势，可以得知，两企业在经济上或者在结构上有一定的关联的，是谓原商标法上的广义的混淆。1994年德国修正《商标法》后，可以得知关联关系就没有意义了，存在公众发生联想的可能，就足够了。德国《商标法》第14条第2款提到"未经商标所有人同意，第三人不得在商事交易中……2. 使用某种标志，如果因该标志和商标相同或相似并且它们使用的商品或服务也相同或相似，致使公众有混淆的可能的，包括公众发生联想的可能……"。[①] 这样，在德国的立法中，实际上放弃了混淆中的"错误"要素，即使不发生错误，只要消费者看到此商品即联想到彼商品而产生联想足矣。

尽管混淆不仅仅包括来源混淆，还包括就隶属、联系、赞助关系发生的混淆，但是单纯地让消费者想到了另外一个商标则不构成混淆。因为商标只是赋予了商标所有人这样一种权利：禁止其他人通过使用商标标识而把商誉作为他自己的使用。这也是美国法院的态度，不放弃混淆中的错误要素，因产生联想而认定为侵权的，司法判例规定了严格的条件。以美国的典型案件 The University of Notre Dame Du Lac v. J. C. Gourmet Food Imports, Co., Inc. 为例，联邦巡回上诉法院在解释《兰哈姆法》的规定时认为，其第2条d规定的不得注册为商标的情况不仅仅是公众看到了标志就想到了某个驰名商标，它还要求有足够的理由证明，公众认为某特定产品或者服务来源于某个驰名商标的使用者。在该案中，主张权利的一方是大学，它在印第安纳州从事教育服务；另一方是从欧洲进口奶酪在美国销售的奶酪商 J. C. Gourmet Food Imports, Co., Inc.，因为奶酪商在从法国进口的奶酪制品上注册使用 Notre Dame 商标而导致该诉讼的发生。法院审理后认为奶酪商可以使用 Notre Dame 商标，因为尽管商标的确相同，但大学提供的商品和服务与奶酪是截然不同的，公众不可能发生混淆；而且 Notre Dame 和 Notre Dame 大学也不具有唯一的联系性，因为它还代表历史上一位著名的宗教人物，在巴黎就有 Notre Dame 大教堂。[②] 这和我国目前司法实践的态度是一致的，如果消费者仅仅发生了联想和初步误解，但没有进一步就赞助关系或商品来源发生错误认识，则不判定发生混淆。

[①] 参见金勇军：《非彼莫属，仅此宜家！——评英特艾基公司诉国网公司不正当竞争、商标侵权纠纷案》，载易继明主编：《私法》第1辑第2卷，北京大学出版社2002年版，第392—393页。

[②] See The University of Notre Dame Du Lac v. J. C. Gourmet Food Imports, Co., Inc., 703 F. 2d 1372, 1374, 1377.

但是,美国法院却扩大混淆的时间范围和空间范围。扩大混淆的时间范围解决了在消费者实际购买之时没有发生混淆、但在其购买前发生混淆的问题,由此,美国法发展了"最初关注并检索商品时发生的混淆"(initial interest confusion)概念。① 而扩大混淆的空间范围则解决了非直接购买者、消费者发生的混淆问题,由此,美国法创造了间接混淆(secondary confusion)的概念。

Grotrian, Helfferich, Schulz, Th. Steinweg Nachf. v. Steinway & Sons 案是最早对"最初关注并检索商品时发生的混淆"概念进行讨论的美国经典案例。在该案中,美国纽约州南区联邦地区法院认为,尽管高价钢琴的潜在购买者通常是音乐方面的专家,但是他们也许会被误导购买 Grotrian-Steinweg 钢琴,因为他们开始会错误地认为 Grotrian-Steinweg 钢琴的制造者和著名的 Steinway 钢琴生产商存在某种联系。由于在最初关注并检索商品时被误导,一个要购买 Steinway 钢琴的人也许就会满足于选择便宜一些的 Grotrian-Steinweg 钢琴,因为他们认为这个钢琴即使不比 Steinway 钢琴好,但也不至于差到哪里去。② 第二巡回法院在上诉审判决中也指出,被告对 Steinway 所造成的损害表现在,一个要购买钢琴的人会认为原被告之间存在某种联系,而把 Grotrian-Steinweg 与品牌钢琴联系起来并由此被吸引,即使消费者后来经过核查发现两个生产商之间没有什么联系。被告提出,要想确定侵权成立,则原告必须证明在购买之时消费者发生了混淆,第二巡回法院对于被告提出的这个主张明确给予了回绝。③

最初关注并检索商品时发生的混淆表现为三种形式:第一,转移潜在的消费者最初的购买关注点;第二,由于消费者错误地认为,在后使用商标的商品或服务的提供者与商标持有人之间存在某种联系,而发生关注点转移,由此其最终作出的购买决定也受到了潜在影响;第三,商标所有人的商品的信誉使消费者对在后使用商标的商品或服务给予了信任。④

如果从空间意义上分析混淆,可以将其区别为购买者发生的混淆和非购买者发生的混淆,它解决的问题是,与购买者有联系的那些消费者发生的混淆是否具有可诉性。也就是潜在的消费者、购买者发生混淆是否构成商标法意义上的混淆问题。美国法院认为,发生混淆的主体不限于商品的直接购买者,与直接购买者相关的人如果发生了混淆,同样构成侵权,这就是美国司法实践提出的间接混淆的概念。间接混淆扩大了消费者的范围,即使直接购买者非常清楚商品真

---

① 我国有学者也将其翻译为"初始兴趣混淆"(见邓宏光:《商标混淆理论之新发展——初始兴趣混淆》,载《知识产权》2007 年第 3 期)和"初始混淆"(崔维、陈闳中:《用技术手段解决"初始混淆"——一个法律问题引出的技术问题》,载《计算机工程与应用》2003 年第 1 期)。本书采意译的方式,尽管对应词显得有些冗长和繁杂,但这种翻译方式基本上能让读者从字面上直接读出它的具体含义。

② 365 F. Supp. 707, 717, 180 U. S. P. Q. 506 (S. D. N. Y. 1973).

③ 523 F.2d 1331, 1342, 186 U. S. P. Q. 436 (2d Cir. 1975).

④ BigStar Entertainment, Inc. v. Next Big Star, Inc,. 105 F. Supp. 2d 185, 207 (S. D. N. Y. 2000).

正出自何处,但看到购买者手中商品的第三人仍然不能分辨商品真正来源的,混淆也成立,是为间接混淆。正如美国第二巡回法院在 Hermes Intern. v. Lederer de Paris Fifth Ave., Inc. 一案中所指出的那样,尽管被告在销售原告的 HERMES 时尚饰件时明确告知购买者东西是仿制的,但当成熟购买者购买一个仿制品,然后将其作为真品流通到公众那里时,损失就发生了,因为这使作为旁观者的公众发生了混淆,仿制品的所有人就以一个仿制品的低价格获得了拥有一个真品的地位。①

虽然立法没有明文规定,但实践中,我国法院的法官已经在运用学理扩大对混淆概念的理解。(日本)丰田自动车株式会社与浙江吉利汽车有限公司等侵犯商标权及不正当竞争纠纷案的一审民事判决指出,"本案涉案产品为汽车,与其相关的消费者应指汽车的购买者或使用者,与其相关的经营者应指经销、提供汽车维修和其他服务的经营者,因此,本案中,相关公众应指汽车的购买者或使用者以及经销或提供汽车维修和其他服务的经营者。上述消费者包括有购买计划的潜在消费者、正在实施购买行为的消费者、购买后的消费者和使用者……"。②

仔细分析这个判决,我们不难看出,法官实际上已经采用了从时间意义上和空间意义上分析混淆的方法。从时间序列上说,混淆包括发生在"有购买计划的"(购买前)、"正在实施购买行为的"(购买时)和"购买后的"(售后)消费者那里的混淆;从空间角度来看,混淆的发生不仅限于直接购买者,还包括"潜在的消费者"和"使用者"。因此,我们可以得出这样一个结论:该判决中法官采用的混淆判断标准是一种扩大解释混淆的标准。

(2) 混淆可能性的判断要素

在美国法中,判断是否构成商标侵权,主要判断是否存在混淆的可能性,而不要求消费者已经发生实际混淆。正如我国商标法律制度中的"可能造成消费者混淆或误认的"规定。如何判断混淆可能性,美国第二巡回法院通过 1961 年 Polaroid 案的判决确立了经典的 Polaroid 标准,其由 8 个要素构成:当产品不同时,商标在先所有人的胜诉可能是由很多要素确定的,包括商标的强度、两个商标之间的相似程度、产品的相似程度、商标在先所有人跨越产品之间距离的可能性、实际混淆、被告采用自己商标的善意程度、被告产品的质量以及购买者的成熟程度。但是,这些项目并没有穷尽所有的可能性——法院还可以考虑其他要素。③

---

① Hermes Intern. v. Lederer de Paris Fifth Ave., Inc., 219 F.3d 104, 55 U.S.P.Q.2d 1360 (2d Cir. 2000).
② 参见北京市第二中级人民法院民事判决书(2003)二中民初字第06286号。
③ See Polaroid Corporation v. Polarad Electronics Corp., 287 F.2d 492, 495 (2d Cir., 1961).

其一，商标的强度。

商标的强弱是由商标标识与商品之间的联系程度决定的，联系程度越紧密，商标强度越大；联系程度越不紧密，商标的强度越小。商标的强度除通过商标具有的显著性判断外，实践中还会考虑商标的知名度。在泸州老窖股份有限公司与国家工商行政管理总局商标评审委员会商标行政纠纷案中，争议商标为"银國窖"而引证商标为"国银"，两个商标指定使用的商品相同，都为酒类商品。尽管两个商标中均含有汉字"国"和"窖"，但北京市高级人民法院仍然判断两个商标不构成近似，因为争议商标注册申请人泸州老窖公司在先注册了"国窖"商标，该"国窖"商标在酒类商品上具有相当高的知名度，相关公众易将申请商标认读为"银""國窖"，且与泸州老窖公司相联系。因此，申请商标与引证商标共同使用在同一种或类似商品上，尚不至于引起相关公众的混淆误认，申请商标与引证商标未构成使用在同一种或类似商品上的近似商标。①

其二，商标及商品之间的相似程度。

这两个相似程度要结合起来衡量，商品之间的相似度越低，要求商标本身的相似度就越高；商品之间的相似度越高，对商标构成本身的相似度的要求就越低。对于相同的商品来说，只需要判断商标标识构成上的相似性就可以了。

其三，商标在先所有人跨越产品之间距离的可能性。

如果商标在先所有人不可能在其已经使用商标的商品之外再拓展市场，则保护其免受混淆的意义就会大打折扣。

其四，消费者发生了实际混淆。

在混淆可能的立证中只要证明存在混淆的可能已足，而不要求权利主张方必须提出消费者已经发生了实际混淆的证据。但是，已经发生了实际混淆是存在混淆可能的最有力的证据。究竟有多少消费者发生了混淆才能够证明存在混淆的可能？这需要根据案件的具体情况作出个案判断。

其五，原、被告双方的产品质量与价格。

在混淆可能性的判断中，我们不仅要关注被告产品的质量、价格，也要关注原告产品的质量、价格。关于商品质量与混淆可能性之间的关系问题，美国巡回法院持两种截然对立的观点：一种观点认为，两种产品质量相差越悬殊，混淆的损害性越大，因为把质量好的产品与质量差的产品作比较会损伤质量好的产品的信誉；而另一种观点却认为，两个产品的质量越相近，则混淆的损害越大，因为人们会更容易就二者发生混淆。② 其实，商品之间的价格差异也会产生类似的

---

① 该案具体情况参见北京市高级人民法院行政判决书(2014)高行知终字第3230号。
② See Hasbro, Inc. v. Lanard Toys, Ltd., 858 F. 2d 70, 78 (2d Cir. 1988).

分析。本书认为,如果原、被告双方的产品质量和价格相差悬殊,则消费者一般不会认为两种商品之间有什么联系,混淆无从产生,最多会产生后文我们将要论述的淡化问题。① 因此,原、被告双方的产品质量或价格若差别很大,则发生混淆的可能性很小。

其六,购买者的成熟程度。

购买者的成熟程度和消费群体的范围相关,也和商品的性质相关。如果消费群体针对的是普通公众,商品价格低廉、属于消耗性的,相关公众施加的注意程度就低,发生混淆的可能性就相对高;而如果是特殊消费群体,通常情况下具有专门知识,产品又属于高档耐耗品,相关公众施加的注意程度要高,混淆可能性就相对较小。

(三) 不同类型的商标标识的相同、近似性判断

文字商标相同,是指商标使用的语种相同,且文字构成、排列顺序完全相同,易使相关公众对商品或者服务的来源产生误认。因字体、字母大小写或者文字排列方式有横排与竖排之分使两商标存在细微差别的,仍判定为相同商标。图形商标相同,是指商标图形在视觉上基本无差别,易使相关公众对商品或者服务的来源产生误认。组合商标相同,是指商标的文字构成、图形外观及其排列组合方式相同,使商标在呼叫和整体视觉上基本无差别,易使相关公众对商品或者服务的来源产生误认。

关于近似的具体判断方法,《商标审查标准》作了详细列举。关于文字商标近似性判断要从形、音、义以及单复数等变化形态等多角度进行比对;关于图形商标的近似性判断则要从构图和整体外观进行比对;组合商标近似性的判断则要看其突出要素,并进行整体衡量。

1. 文字商标

因文字商标在市场中占比大,实践中涉及文字商标近似性判断的争议和案件也很多。文字商标近似性的具体判断规则如下。

(1) 中文商标的汉字构成相同,仅字体或设计、注音、排列顺序不同,易使相关公众对商品或者服务的来源产生误认的,判定为近似商标。

例如:

波斯·卡帝　斯波帝卡

(2) 商标由相同外文、字母或数字构成,仅字体或设计不同,易使相关公众对商品或者服务的来源产生误认的,判定为近似商标。

---

① 参见杜颖:《商标反淡化理论及其应用》,载《法学研究》2007 年第 6 期。

例如：

（译为"他"）　　　　　　　　　　　　（译为"他"）

但如果商标由一个或两个非普通字体的外文字母构成，无含义且字形明显不同，使商标整体区别明显，不易使相关公众对商品或者服务的来源产生误认的，不构成近似；或者商标由三个或者三个以上外文字母构成，顺序不同，读音或者字形明显不同，无含义或者含义不同，使商标整体区别明显，不易使相关公众对商品或者服务的来源产生误认的，不判定为近似。

例如：

（3）商标由两个外文单词构成，仅单词顺序不同，含义无明显区别，易使相关公众对商品或者服务的来源产生误认的，判定为近似商标。

例如：

HAWKWOLF　　**WOLFHAWK**

（HAWK 译为"鹰"，WOLF 译为"狼"）

（4）中文商标由三个或者三个以上汉字构成，仅个别汉字不同，整体无含义或者含义无明显区别，易使相关公众对商品或者服务的来源产生误认的，判定为近似商标。

例如：

莱克斯顿　　莱克斯蔓

但首字读音或者字形明显不同,或者整体含义不同,使商标整体区别明显,不易使相关公众对商品或者服务的来源产生误认的除外。

例如:

东方雪　　东方雪狼

迷尔派斯　　舒尔派斯

(5) 外文商标由四个或者四个以上字母构成,仅个别字母不同,整体无含义或者含义无明显区别,易使相关公众对商品或者服务的来源产生误认的,判定为近似商标。

例如:

（无含义）　　（无含义）

但首字母发音及字形明显不同,或者整体含义不同,使商标整体区别明显,不易使相关公众对商品或者服务的来源产生误认的除外。

例如:

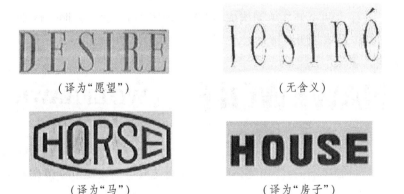

（译为"愿望"）　　（无含义）

（译为"马"）　　（译为"房子"）

(6) 商标文字字形近似,易使相关公众对商品或者服务的来源产生误认的,判定为近似商标。

例如:

酷几　酷儿

(7) 商标文字读音相同或者近似,且字形或者整体外观近似,易使相关公众对商品或者服务的来源产生误认的,判定为近似商标。

例如:

但含义、字形或者整体外观区别明显,不易使相关公众对商品或者服务的来源产生误认的除外。

例如:

好哥　好歌

(8) 商标文字含义相同或近似,易使相关公众对商品或者服务的来源产生误认的,判定为近似商标。

例如:

(译为"皇冠")

(9) 商标文字由字、词重叠而成,易使相关公众对商品或者服务的来源产生误认的,判定为近似商标。

例如:

哈罗　哈罗哈罗

(10) 外文商标仅在形式上发生单复数、动名词、缩写、添加冠词、比较级或最高级、词性等变化,但表述的含义基本相同,易使相关公众对商品或者服务的来源产生误认的,判定为近似商标。

例如:

BIG FOOT（单数形式）　　　BIGfeet（复数形式）

SAIL（动词普通形式）　　　SAILING（动名词形式）

(11) 商标是在他人在先商标中加上本商品的通用名称、型号,易使相关公众对商品或者服务的来源产生误认的,判定为近似商标。

例如:

蒙原（指定使用商品:加工过的肉）　　　蒙原肥学（指定使用商品:肉）

(12) 商标是在他人在先商标中加上某些表示商品生产、销售或使用场所的文字,易使相关公众对商品或者服务的来源产生误认的,判定为近似商标。

例如:

金鼎（指定使用商品:家具）　　　金鼎轩（指定使用商品:家具）

(13) 商标是在他人在先商标中加上直接表示商品的质量、主要原料、功能、用途、重量、数量及其他特点的文字,易使相关公众对商品或者服务的来源产生误认的,判定为近似商标。

例如:

桃源（指定使用商品:豆制品）　　　生态桃源（指定使用商品:食物蛋白）

(14) 商标是在他人在先商标中加上起修饰作用的形容词或者副词以及其他在商标中显著性较弱的文字,所表述的含义基本相同,易使相关公众对商品或者服务的来源产生误认的,判定为近似商标。

例如：

绅士
(指定使用商品:服装)

绅士风
(指定使用商品:服装)

OSTRICH
(译为"鸵鸟")

GOLD OSTRICH
(译为"金鸵鸟")

但含义或者整体区别明显，不易使相关公众对商品或者服务的来源产生误认的除外。

例如：

球　　球王

（15）两商标或其中之一由两个或者两个以上相对独立的部分构成，其中显著部分近似，易使相关公众对商品或者服务的来源产生误认的，判定为近似商标。

例如：

精彩生活 愛麗斯　　愛麗斯

但整体含义区别明显，不易使相关公众对商品或者服务的来源产生误认的除外。

例如：

22世纪　　世纪

（16）商标完整地包含他人在先具有一定知名度或者显著性较强的文字商标，易使相关公众认为属于系列商标而对商品或者服务的来源产生误认的，判定为近似商标。

例如：

欧莱雅海皙
(指定使用商品:化妆品)

欧莱雅
(指定使用商品:化妆品)

2. 图形商标

（1）商标图形的构图和整体外观近似，易使相关公众对商品或者服务的来源产生误认的，判定为近似商标。

例如：

（2）商标完整地包含他人在先具有一定知名度或者显著性较强的图形商标，易使相关公众认为属于系列商标而对商品或者服务的来源产生误认的，判定为近似商标。

例如：

（指定使用商品：服装） （指定使用商品：服装）

3. 组合商标

（1）商标汉字部分相同或近似，易使相关公众对商品或者服务的来源产生误认的，判定为近似商标。

例如：

（2）商标外文、字母、数字部分相同或近似，易使相关公众对商品或者服务的来源产生误认的，判定为近似商标。

例如：

但整体呼叫、含义或者外观区别明显，不易使相关公众对商品或者服务的来源产生误认的除外。

例如：

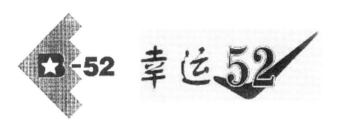

(3) 商标中不同语种文字的主要含义相同或基本相同，易使相关公众对商品或者服务的来源产生误认的，判定为近似商标。

例如：

（HOPE 译为"希望"）

但整体构成、呼叫或者外观区别明显，不易使相关公众对商品或者服务的来源产生误认的除外。

例如：

HAPPYTREE
开 心 树

（HAPPYTREE 可译为"快乐树、开心树、幸福树"等）

(4) 商标图形部分近似，易使相关公众对商品或者服务的来源产生误认的，判定为近似商标。

例如：

但因图形为本商品常用图案，或者主要起装饰、背景作用而在商标中显著性较弱，商标整体含义、呼叫或者外观区别明显，不易使相关公众对商品或者服务的来源产生误认的除外。

例如：

（5）商标文字、图形不同，但排列组合方式或者整体描述的事物基本相同，使商标整体外观或者含义近似，易使相关公众对商品或者服务的来源产生误认的，判定为近似商标。

例如：

（四）使用商标

商标假冒、仿冒行为中，侵害商标专用权的行为人在相同或类似商品或服务上使用商标。如何判断构成使用，我们在前面已经分析过《商标法》第 32 条、第 48 条、第 49 条和第 59 条规定的商标使用问题，并指出尽管 2013 年《商标法》提高了使用的门槛，但目前我国商标法律制度中并没有就不同条款中的使用分别加以定义，但现实生活中发生形形色色的"使用"方式，使我们不得不仔细考量不同情况下的使用是否符合不同条款规定中的商标使用要求。

1. 准备使用是否构成商标使用?

如果准备实施侵权行为的人并没有将自己的商品与商标标识连接在一起,只是购买了贴附商标权人商标标识的包装,是否构成商标使用?

在北京市通州区运河化工厂与北京天朝精细化工有限公司(以下简称天朝公司)侵犯商标权纠纷上诉案中,天朝公司是"天朝"文字及图形商标的商标权人。它与运河化工厂同为生产防冻液的企业。天朝公司一直在自己的产品上使用该注册商标。1998年9月,运河化工厂从为天朝公司生产外包装桶的北京市环亚塑料制品厂购买了刻有天朝公司的图形商标和"天朝"字样的防冻液外包装桶4160个。对此,运河化工厂称,其购买的4160个防冻液外包装桶是为了应急之用,现在还没有使用,仍在库房中。天朝公司没有证据证明运河化工厂已经将自己的产品装入这些外包装桶中进行销售。1998年11月,天朝公司以运河化工厂将自己生产的防冻液装入刻有天朝公司商标的外包装桶中进行销售的行为侵犯了其商标权为由,向北京市第二中级人民法院起诉,请求法院判令运河化工厂停止侵权,消除影响,赔偿损失。北京市第二中级人民法院判决侵权成立。运河化工厂不服上诉。

北京市高级人民法院终审认为,我国商标法规定,未经注册商标所有人的许可,在同一种商品或者类似商品上使用与其注册商标相同或者近似的商标,属于侵犯注册商标专用权的行为。天朝公司与运河化工厂同为生产防冻液的企业,运河化工厂明知包装桶上刻有天朝公司的商标,还大量地购买天朝公司的包装桶,说明其购买的目的就是为了使用这种包装桶销售自己的产品,主观上有明显的过错,运河化工厂已经为进一步侵犯天朝公司商标权做好了准备。因此,可以认定运河化工厂的行为侵犯了天朝公司的商标权。但是运河化工厂没有使用这种包装桶销售自己的产品,还没有给天朝公司造成损害后果。鉴于运河化工厂的行为没有给天朝公司造成实际损失,故应承担停止侵权、赔礼道歉的责任,并给付天朝公司因诉讼而支出的合理费用。[①]

本案的判决主旨在于,准备将商标使用于自己商品之上的行为构成商标假冒、仿冒行为,但确有证据证明尚未进行销售等行为,则可以不承担损害赔偿责任。

2. 涉外贴牌加工行为是否为使用行为?

贴牌生产,也称为定牌生产,俗称"贴牌",英文即Original Equipment/Entrusted Manufacture,译为"原始设备制造商或原产地委托加工",简称为OEM。品牌生产者不直接生产产品,而是利用自己掌握的关键的核心技术负责设计和开发新产品,控制销售渠道,具体的加工任务通过合同订购的方式委托同类产品

[①] 该案具体情况见北京市高级人民法院民事判决书(1999)高知终字第63号。

的其他厂家生产。之后将所订产品低价买断,并直接贴上自己的品牌商标。贴牌生产属于加工贸易中的"代工生产"方式,在国际贸易中是以商品为载体的劳务出口。

早在1993年,我国就出现了国内贴牌加工商标侵权的案例——欧通国、深圳金盾服装有限公司与无锡明星服装有限公司(以下简称"明星公司")、张建国侵犯商标专用权纠纷案。① 欧通国是"KINDON及船形标志图形"商标的注册人,被告明星公司两次接受武汉市鸿发精品时装城的刘宗桥的来料加工要求,定做全毛男西装。明星公司按时装城的要求将其提供的商标标识缝制于定作物之上,将全部定作物交于时装城。明星公司不是原告诉称的"生产",而是委托加工。被告张建国辩称自己是初次经营金盾西服,不知道是假的。法院审理后认为,明星公司明知原告是 KINDON 商标的权利人,却以营利目的为他人生产侵犯原告商标专用权的产品,具有主观过错,其行为已构成对原告商标权的侵害,应承担法律责任,包括停止侵权、消除影响、赔偿损失。张建国作为服装销售商,在经营中也应尽谨慎审查义务,其销售侵犯他人商标权的商品,侵害了原告的合法权益,又不能证明自己尽了注意义务,因此也构成侵权,应承担相应的法律责任。

在国内定牌加工中,由于商品生产针对的是国内市场,即使受托加工方不直接从事侵害商标专用权的商品的销售行为,商品最终都会进入国内市场流通,商标标识最终会投入到实际使用环节。因此,国内贴牌生产方式下,不论是生产过程中加商标标识,还是生产后立即贴附商标标识的行为都构成商标使用,也构成商标假冒、仿冒行为。但是,涉外定牌生产的商品不进入国内市场,而是直接将生产加工的成品交付给委托加工方,委托加工方的销售市场在国外。在这种情况下,受托加工方的单纯加工行为是否构成商标使用或者销售侵害商标专用权产品的行为就值得探讨了。

一直以来,就涉外定牌加工承揽方的行为是否构成商标侵权,司法实践存在认识上的分歧。2002年,广东省深圳市中级人民法院在"耐克案"中认定,涉外定牌生产的受托加工方与委托方一起承担商标侵权责任。该案中,美国比阿埃斯公司向中国商标局申请注册了"NIKE"字母商标,核定使用商品是53类(国际分类第25类)运动衣。1932年 NIKE 商标在西班牙得到使用。现在该商标的注册商标权人为西班牙 FLORA BERTRAND MARA 公司,注册类别为第25类商品。商标专用权人在西班牙向 CIDESPORT 公司提供了 NIKE 商标许可证。2000年3月至5月间,被告西班牙 CIDESPORT 公司委托被告浙江省畜产进出口公司和被告浙江省嘉兴市银兴制衣厂加工制作 NIKE 男滑雪夹克,服装加工制作完成后,由被告浙江省畜产进出口公司负责报关出口,拟经香港转口出口到

---

① 该案具体情况见北京市第一中级人民法院民事判决书(1993)中经知初字第990号。

西班牙,以交付给委托人 CIDESPORT 公司。法院认为,被告浙江省嘉兴市银兴制衣厂接受西班牙 CIDESPORT 公司的委托,并与浙江省畜产进出口公司相配合加工制作 NIKE 商标的滑雪夹克。上列三被告在本案的侵权行为中主观上有意思上的联络,行为上有明确的分工,共同构成一个完整的行为。应当认定,他们的行为侵害了原告的 NIKE 注册商标专用权。原告请求法院判令被告停止商标侵权行为,消除侵权结果和赔偿侵权损失的主张,理由正当,本院予以支持。[①]该案最终认定了贴牌生产者的商标侵权责任。持否定观点的法院则认为,涉外定牌加工中的加工方不构成商标侵权,因为定牌加工后的商品不在境内销售,产品上贴附的商业标识不是用作识别商品来源的商标,不会导致混淆,不可能产生损害,因而不构成商标侵权。加工方只负责加工,不负责销售产品,在此过程中加工方的商标标注行为不是商标使用行为。香港雨果博斯有限公司与武夷山市喜乐制衣有限公司商标侵权纠纷案、上海申达音响电子有限公司与玖丽得电子(上海)有限公司侵犯商标专用权纠纷案均持此观点。[②]

关于定牌加工的问题,北京市高级人民法院《关于审理商标民事纠纷案件若干问题的解答》在第 21 个问题答道,承揽加工带有他人注册商标的商品的,承揽人应当对定作人是否享有注册商标专用权进行审查。未尽到注意义务加工侵犯注册商标专用权的商品的,承揽人与定作人构成共同侵权,应当与定作人共同承担损害赔偿等责任。承揽人不知道是侵犯注册商标专用权的商品,并能够提供定作人及其商标权利证明的,不承担损害赔偿责任。这条规定告诉我们,承揽加工人要承担侵权责任;但如果能够证明主观上没有过错、且能提供定作人情况等信息的,则不承担损害赔偿责任。

但 2013 年《商标法》并没有对定牌加工问题作出明确规定,商标立法对此仍未置可否。这对中国的出口加工企业是不利的,因为《中华人民共和国知识产权海关保护条例》目前的制度设计是既控制货物的进口行为,也控制货物的出口行为,因此,严格按照现行法律规定执行的话,耐克案中即使西班牙委托方在西班牙享有耐克商标专用权,在我国生产的这些货物依然是侵害美国耐克公司在中国注册的耐克商标的商标专用权的货物。

耐克案和以上这些规定留给我们的思考很多,案件判决和这些规定都为贴牌生产者施加了一个审查和注意义务,因此,贴牌企业唯有通过认真履行审查义务才能免除责任承担。企业在接受定牌加工委托时首先要严格审查,要求委托方提供商标权证明资料,自己把关,预防责任发生。当然,对涉外定牌加工生产

---

① 广东省深圳市中级人民法院民事判决书(2001)深中法知产初字第 55 号。
② 两个案件的具体情况请分别参见福建省高级人民法院民事判决书(2007)闽民终字第 459 号与上海市高级人民法院民事判决书(2009)沪高民三(知)终字第 65 号。

者施加很重的审查义务对这些企业的生存发展不利,从目前我们法律制度的建构来看,也没有对这些企业的利益给予考虑。我国现行法律制度中,只有专利法规定了临时过境不侵权的措施,商标法中并没有类似规定。

为统一司法裁判规则,解决同案不同判问题,2014 年 3 月,最高人民法院裁定,浦江亚环锁业有限公司(以下简称"亚环公司")与莱斯防盗产品国际有限公司(以下简称"莱斯公司")商标侵权纠纷一案存在原判决、裁定适用法律确有错误的情形,提审该案。提审针对的是浙江省高级人民法院的二审判决,该判决认定,被告亚环公司定牌加工标有"PRETUL"商标的挂锁的行为侵犯原告莱斯公司的商标权。莱斯公司在中国是"PRETUL 及椭圆图形"商标的合法所有人,储伯公司是墨西哥"PRETUL"与"PRETUL 及椭圆图形"商标的合法所有人,亚环公司生产的挂锁均是根据该公司的授权而生产,并全部出口至墨西哥。① 2015 年 11 月 16 日,最高人民法院就提审此案作出判决,认为商标法保护商标的基本功能,即识别功能;是否破坏商标的识别功能,是判断是否构成侵害商标权的基础。在商标并不能发挥识别作用,并非商标法意义上的商标使用的情况下,判断是否在相同商品上使用相同的商标,或者判断在相同商品上使用近似商标,或者判断在类似商品上使用相同或者近似的商标是否容易导致混淆,都不具有实际意义。该案亚环公司在委托加工产品上贴附的标志,既不具有区分加工商品来源的意义,也不能实现识别商品来源的功能,故其所贴附的标志不具有商标的属性,在产品上贴附标志的行为亦不能认定为商标意义上的使用行为。最高人民法院由此判决涉外定牌加工中加工方的行为不构成商标侵权。② 在该判决中,最高人民法院将贴附标志行为与贴附商标行为加以区别,贴附标志如果不发挥识别商品来源功能则不属于商标使用行为,反过来也不会破坏商标的基础功能,由此认定涉外定牌加工承揽方亚环公司的行为不构成商标侵权。该案判决对涉外定牌加工承揽方的行为是否构成侵权提供了判断标准,对我国出口加工企业拓展业务是有利的。当然,该标准应为一般情形下可据参考的指南,个案情况千变万化,特定情况下如何认定涉外定牌加工承揽方的责任,还需具体情形具体分析。

3. 在商品促销活动中使用他人商标,是否构成假冒、仿冒行为中的商标使用?

在 TCL 集团股份有限公司与徐州汉都实业发展有限公司侵犯商标权纠纷案中,汉都公司经向国家工商行政管理总局商标局申请注册,依法取得了"千禧龙 QIANXILONG"文字商标的专用权,该商标核定使用商品为第 9 类,包括计算

---

① 该案具体情况参见浙江省高级人民法院民事判决书(2012)浙知终字第 285 号。
② 参见最高人民法院民事判决书(2014)民提字第 38 号。

机、电视机、照相机等商品。后汉都公司对该商标进行了大量的广告宣传,但并未生产标有该商标的电视机。1999 年 12 月 18 日至 2000 年 1 月 30 日,为促进 TCL 王牌彩电的销售,TCL 集团公司及其下属 TCL 电器销售有限公司(以下简称销售公司)在全国一些城市开展了"千禧龙大行动"为主题的促销宣传活动。TCL 集团公司在徐州百货大楼的宣传促销活动以及上海《新民晚报》的广告宣传中,在其 TCL 王牌彩电的宣传品或广告横幅和报纸广告中使用了"千禧龙大行动"字样及龙形图案。销售公司在南宁、南昌、杭州、南京等地对"千禧龙大行动"进行了宣传。江苏省高级人民法院判决认为,TCL 集团公司既未在商品或商品包装上使用"千禧龙"文字,也未将"千禧龙"作为商标使用,而只是在 TCL 王牌彩电促销活动中将"千禧龙"文字作为宣传用语使用,且在相关的广告宣传中,TCL 集团公司在显著位置突出使用了其注册商标"TCL",客观上不会使相关公众将"千禧龙"误认为商品商标,显然不属于在相同或类似商品上使用与他人商标相同或近似的商标,也不属于在同一种或者类似商品上,将与他人注册商标相同或近似的文字、图形作为商品名称或者商品装潢使用的情形。①

2003 年 7 月 31 日,最高人民法院发布《商标相近的"千禧龙"文字是否构成商标侵权请示的批复》((2003)民三他字第 4 号)指出,判断在产品促销活动中使用与他人注册商标相同或者相近似的文字是否侵犯商标专用权,应当以这种使用行为是否容易造成相关公众对商品和服务的来源产生混淆,是否借用他人注册商标的信誉为自己谋取不正当利益,或者是否对注册商标专用权造成其他损害为标准进行。该案"千禧龙"商标显著性较弱,原告商标尚未投入实际使用是本案判决过程中法官考量的重要因素。

如果用 2013 年《商标法》的规定来判断,则此案原告胜诉的可能性很小。一方面根据《商标法》第 48 条的规定,该案被告对"千禧龙"的使用不会构成商标使用。因为第 48 条规定,本法所称商标的使用,是指将商标用于商品、商品包装或者容器以及商品交易文书上,或者将商标用于广告宣传、展览以及其他商业活动中,用于识别商品来源的行为。这里强调商标使用必须是用于识别商品来源,而在本案中,被告对千禧龙的使用很难说是用于识别商品来源的。另一方面,根据《商标法》第 64 条的规定,注册商标专用权人请求赔偿,被控侵权人以注册商标专用权人未使用注册商标提出抗辩的,人民法院可以要求注册商标专用权人提供此前 3 年内实际使用该注册商标的证据。注册商标专用权人不能证明此前 3 年内实际使用过该注册商标,也不能证明因侵权行为受到其他损失的,被控侵权人不承担赔偿责任。本案中,原告未在电视机产品上使用过涉案商标,因此,即使判定被告的行为构成商标侵权,原告也无法要求被告对其进行损害赔偿。

---

① 该案具体情况见江苏省高级人民法院民事判决书(2003)苏民三终字第 025 号。

二、商标反向混淆行为

商标反向混淆和商标正向混淆的具体情形不同,在通常情况下,商标正向混淆中,商标侵权的原告在一个已经确立商誉的商标上进行了大量投入,而使用相同或类似商标的被告企图不当利用与该商标相关的商誉,暗示消费公众它的产品和原告的产品来源相同。反向混淆适用的前提有两个,首先,是存在商品来源混淆的可能性,即消费者就原告和被告的产品来源会发生错误认识;其次,这种混淆和正向混淆的次序不同,是消费者会误以为原告的产品来源于被告,而不是误以为被告的产品来源于原告。

早在 1918 年,美国著名法官霍姆斯就提到了反向混淆的问题,在 International News Service v. Associated Press 一案中,霍姆斯法官指出:"我认为,通常情况下,是被告假冒原告产品,而方向相反的错误认识也会导致同样的恶果,即通过某种表述或暗示,使人们误认为原告产品源于被告……和通常情况下的不正当交易相比,这种错误更加巧妙和隐蔽,造成的损害也更为间接。在我看来,谴责第一种行为的原则也同样谴责另外一种行为。"①但美国第七巡回法院在 1968 年的野马(Mustang)商标案中拒绝接受反向混淆概念。该案原告西部汽车制造公司于 1960 年开始在野营挂车上使用"野马"商标,并于 1962 年在印第安纳州注册"野马"文字与负载的马的图像结合而成的组合商标。被告福特公司于 1962 年开始在其试制的运动用汽车上使用"野马"商标。西部汽车制造公司通知福特汽车公司其于 1960 年即开始使用野马商标,要求福特公司停止使用野马商标。但福特公司回应说,西部汽车公司不享有该商标的专有权,且消费者也不会发生混淆,并于 1964 年 4 月开始大量生产和销售"野马"牌汽车。② 第七巡回法院用正向混淆的原理分析反向混淆的问题,认为在后使用野马商标的福特公司无意于搭在先使用野马商标的西部汽车制造公司的便车,原告的商标尚属于弱势商标,没有造成消费者混淆的可能性,因此不支持原告的主张。③

直到 1977 年,美国第十巡回法院在固特异案中才正式认可并接受了反向混淆。该案原告 Big O 是一个轮胎买入组织,它向遍布在美国 14 个州的 200 多个独立的轮胎零售商提供销售技巧、广告理念、运作体制以及其他帮助,这些零售商对外都以 Big O 经销商的身份出现。1973 年秋天,Big O 决定在它的两条杂牌子的轮胎线上分别使用"Big O Big Foot 60"和"Big O Big Foot 70"。这些名称以突出白色字体显示在相应的轮胎侧壁。

---

① See International News Service v. Associated Press, 248 U.S. 215, 247 (1918). 该案中,被告将原告收集的新闻故事据为己有并转手售出。
② See Westward Coach Mfg. Co. v. Ford Motor Co. 388 F.2d 627, 631 (7th Cir. 1968).
③ See Westward Coach Mfg. Co. v. Ford Motor Co. 388 F.2d 627, 635 (7th Cir. 1968).

固特异在 1974 年 10 月 15 日从美国专利商标局成功地获得了 Bigfoot 在雪上汽车用胎上的商标注册。1974 年 7 月,固特异决定在一种新型车胎的销售推广活动的全国性广告中使用 Bigfoot 一词,计划在 1974 年 9 月 16 日开始全国范围的广告宣传。1974 年 8 月 24 日,固特异获悉了 Big O 有 Big Foot 轮胎,并开始与其进行磋商。在磋商未果的情况下,固特异按期在 1974 年 9 月 16 日开始通过美国广播公司的"星期一晚间足球"节目在全国范围内推广 Bigfoot,因而成讼。[1]

固特异主张,另一个人使用商标仅仅导致消费者就第一个使用者的产品来源发生混淆,则不构成侵权。[2] 法院认为,此案应该适用科罗拉多州的法律,而在一个关于商号侵权的案件中[3],就第一印象(first impression)问题,科罗拉多上诉法院曾中肯地指出,科罗拉多最高法院一贯认可且遵循保护已经确立商誉的商号的政策,防止公众混淆,保护的范围呈扩大之趋势。据此,法院认为,科罗拉多法院会将普通法中的商标侵权诉讼延伸至包括反向混淆的情形。[4]

(一) 商标反向混淆构成侵权的理由

商标反向混淆之所以能够为美国司法实践所认可并接受,其动因有二:

其一,美国法院改变了原来认为反向混淆对在先使用商标的小企业有利的看法,逐渐认识到在很多情况下小企业并不愿意利用大企业的商誉。事实上,即使是在第十巡回法院明确认可并适用反向混淆之后,仍有法院提到,反向混淆对在先使用的小企业有利。因为如果消费者认为在先使用的小企业的商标与规模大、资产雄厚的在后使用者有某种联系,则在先使用的小企业就可以利用在后使用的大企业的信誉,搭大企业的便车。[5] 但是,在先使用的小企业有很多理由不愿意放弃自己的商标,也不愿意搭这种便车,因为这样会使它们丧失商标上已经建立起来的价值,失去产品的独立地位,丧失公司在市场上的独立主体资格,进而使它们无法拓展市场,向新的市场领域发展。还有一种情况,在后使用商标企业的生产或经营理念使在先使用的企业不愿意与之联系在一起。例如,在 Pump, Inc. v. Collins Management, Inc. 一案中,原告是一个由健身运动倡导者发起成立的地区性小摇滚乐队,它的理念是在药物之外提供一种身体自我调节的积极方式。该乐队名称 Pump 被一个全国知名的摇滚乐队 Aerosmith 用在其

---

[1] See Big O Tire Dealers, Inc. v. Goodyear Tire & Rubber Co., 561 F.2d 1365, 1367—1368 (10th Cir. 1977).

[2] See Big O Tire Dealers, Inc. v. Goodyear Tire & Rubber Co., 561 F.2d 1365, 1371 (10th Cir. 1977).

[3] See Wood v. Wood's Homes, Inc., 33 Colo. App. 285, 519 P.2d 1212, 1215—1216.

[4] See Big O Tire Dealers, Inc. v. Goodyear Tire & Rubber Co., 561 F.2d 1365, 1372 (10th Cir. 1977). 法院由此支持了 Big O 的主张。

[5] See W. W. W. Pharmaceutical Co. v. Gillette Co., 984 F.2d 567, 575 (2d Cir. 1993).

专辑上。原告不愿意看到自己与这个全国知名的乐队联系在一起,因为这个乐队的理念是放纵药物使用,奉行快乐至上主义。①

其二,对传统商标混淆侵权的认识是以抵制"搭便车"行为为中心建立起来的,其主要目的是为了防止欺诈。但是,随着商标功能的变化,商标所具有的广告和宣传功能突出,商标上的商誉价值越来越受到重视,商标本身也逐渐被更多的人视为一种受财产权保护的东西。商标法的保护重点从最初的保护商标使用者不受恶意假冒,逐渐转向保护潜在的消费者,保护最初使用商标的在先使用者,这种现象被称为商标法的财产化(propertization)。② 这样,不论是否存在欺诈、搭便车等不正当竞争行为,只要商标本身所具有的财产利益受到侵害,法律就要提供救济,这是反向混淆侵权成立的理论基础。在固特异案中,固特异提出,因为不能证明固特异意图利用 Big O 的商誉或者以自己的商品假冒 Big O 的商品,所以其行为不构成商标侵权。法院认为,如果接受了固特异的主张,则其逻辑后果为,一个在市场上站稳脚跟、有做大规模广告的经济实力而从竞争对手那里夺取一个产品名称的公司,就可以免于承担不正当竞争责任。如果法律救济仅限于假冒,则有相当规模和资源的人就可以使用任何商标,为已经是另一个使用者产品标识的标记发展一种新的含义。固特异的行为毫无疑问是通过不当使用商标进行不正当竞争,当然是可诉的。③

法律制止商标反向混淆行为就是为了保护在先使用商标的弱小企业不被财大气粗的大企业的铺天盖地的广告所淹没,也防止消费者可能误认为小企业在鱼目混珠地搭大企业的便车,维持小企业的市场主体身份、产品独立资格,为其将来拓展市场预留出空间。

我国发生的反向混淆的典型案件有"蓝色风暴案"和"慧眼案"。在"蓝色风暴案"中,原告蓝野酒业公司于2003年取得了"蓝色风暴"文字、拼音、图形组合注册商标的专用权,其核准使用商品为第32类:包括麦芽啤酒、水(饮料)、可乐等。2005年5月,百事中国有限公司在全国范围内开展了以"蓝色风暴"命名的夏季促销及宣传活动。百事可乐公司在促销及宣传活动中,不仅将"蓝色风暴"标识使用在宣传海报、货架价签、商品堆头等宣传品上,也将该标识直接使用在其生产、销售的可乐等产品的外包装和瓶盖上。原告遂诉被告商标侵权。④

---

① See 746 F. Supp. 1159, 1161, n 11 (D. Mass. 1990).
② See Daniel D. Domenico, Mark Madness: How Brent Musburger and the Miracle Bra May Have Led to A More Equitable and Efficient Understanding of the Reverse Confusion Doctrine in Trademark Law, 86 *Virginia Law Review* 597, 601 (2000).
③ See 408 F. Supp. 1219, 1236 & 561 F.2d 1365, 1372 (10th Cir. 1977).
④ 参见浙江省杭州市中级人民法院(2006)杭民三初字第429号民事判决书和浙江省高级人民法院(2007)浙民三终字第74号民事判决书。除非特别说明,以下关于该案的情况论述均来源于浙江省高级人民法院的终审判决。

在"慧眼案"中,原告于 2002 年 7 月 3 日将"慧眼"申请为第 44 类眼镜行商标,注册有效期限为 2003 年 8 月 7 日至 2013 年 8 月 6 日。被告以"慧之眼"作为"北京慧之眼眼镜连锁服务有限责任公司"的企业字号进行招商加盟,其加盟商名称为"某省某地区'慧之眼平价眼镜直通车'总代理",加盟店名称为"慧之眼平价眼镜直通车",并在显要位置标示"慧之眼及其图标"。原告请求法院判令被告停止侵犯原告商标专用权、在眼镜业的相关杂志上刊登声明消除影响并赔偿经济损失。①

(二)商标反向混淆的构成

和商标正向混淆案一样,商标权人欲主张被告使用商标构成反向混淆侵权,他首先必须证明自己在先使用的商标是受保护的商标——在我国,商标权人需要证明,自己的商标已经注册或者是应该受保护的未注册驰名商标。如果被告认为原告的商标应被撤销,或者对原告商标的使用构成合理使用等,则应由被告提出主张并举证。

1. 商标在后使用者的市场地位强于在先使用者

遵循反向混淆的"反向"之本义,消费者看到两个标志会产生原告的产品可能来源于被告,或者原告与被告之间存在许可、赞助等某种合作关系的错误认识。如果不是因为商标在后使用者凭借强大的经济实力和市场占有程度已经在消费者意识中烙下了深深的印象,则这种反向的混淆不会发生。当然,如果作为商标在先使用者的原告的商誉强于被告、其商标知名度也高于被告商标的话,则可能发生正向混淆的问题,而非反向混淆。

反向混淆的被告往往具有在市场上进行饱和式宣传的实力。在固特异案中,诉讼进行之时,原告 Big O 的净值大约是 20 万美元,而固特异是世界上最大的轮胎制造商,在 1974 年,它的净销售额超过 52.5 亿美元,税后的净收入超过 1.57 亿美元。截止到 1975 年 8 月 31 日,固特异已经在大规模的市场渗透宣传活动中花费了 969 万美元。② 在蓝色风暴案中,原告浙江蓝野酒业有限公司是浙江省丽水市的一家小企业,而百事可乐公司是饮料界巨头,其 2005 年度的净利润为人民币 131876723 元。在慧眼案中,被告慧之眼公司在部分网站及中央电视台、中国教育电视台等多家电视台进行了广告宣传,支付了大量费用。慧之眼的知名度远远高于原告的慧眼商标,被告的经营规模和宣传力度是原告所不及的。

这里,我们自然会有这样一个疑问:为什么在市场上能够呼风唤雨的大企业

---

① 参见北京市海淀区人民法院(2007)海民初字第 4917 号民事判决书。除非特别说明,以下关于该案的情况论述均来源于此判决。

② See Big O Tire Dealers, Inc. v. Goodyear Tire & Rubber Co., 561 F.2d 1365, 1367—1368 (10th Cir. 1977).

偏偏要使用小企业已经在先享有商标权的商标呢？这可能是因为大企业本身并不知道小企业对商标的使用，或者虽然知道，但小企业使用的商标非常切合其产品推广理念，此标识以外很难再设计出一个音、形、义等方面能够和争议商标相媲美的商业标识来为自己的产品做宣传。如固特异案中的Bigfoot、蓝色风暴案中的"蓝色风暴"。

2. 商标在后使用者是否存在恶意不是判断是否构成商标反向混淆的关键要素

因为商标反向混淆不以制止他人不法利用其在商标之上建立起来的商誉为宗旨，它强调保护在先使用者的商标本身在市场中确定独立的身份并拓展市场。因此，被告是否知晓原告商标的存在和使用以及被告是否有意利用原告已经在其在先使用的商标之上建立起来的商誉，并不影响商标反向混淆的成立。但被告如果存在恶意则有助于侵权成立的认定，且在是否对原告进行赔偿、赔偿多少的问题上，被告的主观状态会发挥重要作用。

3. 消费者会就原被告商标发生来源混淆

前文已述，反向混淆中消费者的混淆可能是指消费者会误认为原告的产品来源于被告，或原告与被告存在许可、赞助等某种合作关系。在商标正向混淆中如何判断混淆可能性，美国第二巡回法院通过1961年Polaroid案的判决确立了经典的Polaroid标准，其由8个要素构成。[①] 在商标反向混淆的判断中也或多或少地会考虑这些构成要素，但考虑的程度和角度有所不同。其中，被告采用自己商标的善意程度并不属于反向混淆判断中的构成要件；而对于商标强度以及产品质量等要素，则需要结合原、被告两方的产品来判断，本书同时将商品价格要素放入其中进行考量。而商标在先所有人跨越产品之间距离的可能性则属于重点判断要素。

（三）商标反向混淆的法律适用

在确定商标反向混淆成立上，蓝色风暴案依据的是原2001年《商标法》第52条第1项的规定："未经商标注册人的许可，在同一种商品或者类似商品上使用与其注册商标相同或者近似的商标的"，这实际上是将反向混淆与正向混淆放在一起规范。而慧眼案依据的则是原2001年《商标法》第52条第5项的规定："给他人的注册商标专用权造成其他损害的"。根据2002年《商标法实施条例》第50条的规定，此处所言"其他损害"，是指在同一种或者类似商品上，将与他人注册商标相同或者近似的标志作为商品名称或者商品装潢使用，误导公众

[①] 该8个要素分别为：商标的强度、两个商标之间的相似程度、产品的相似程度、商标在先所有人跨越产品之间距离的可能性、实际混淆、被告采用自己商标的善意程度、被告产品的质量以及购买者的成熟程度。See Polaroid Corporation v. Polarad Electronics Corp., 287 F.2d 492, 495 (2d Cir., 1961).

的。如此看来,目前我国司法判决都是在现行法律规定中为反向混淆寻找依据。本书倾向于适用我国现行《商标法》第57条第2项的规定来解决商标反向混淆问题,但在具体构成分析中要注意其与正向混淆的区别。

三、商标反向假冒行为

我国《商标法》第57条第5项规定,未经商标注册人同意,更换其注册商标并将该更换商标的商品又投入市场的,侵犯商标专用权。法国《知识产权法典》713-2规定了两款,在第2款规定,非经所有人同意,不得消除或变动依法贴附的商标标识。这些规定都是规范商标反向假冒的问题。

在我国,关于商标反向仿冒的法律调整最早见于司法实践。1994年的"枫叶诉鳄鱼案"被称为商标反向仿冒的第一案。1994年4月,原告北京市京工服装工业集团服装一厂发现百盛购物中心二楼鳄鱼服装专卖店出售的"鳄鱼"牌西裤是经过改装的原告生产的"枫叶"牌产品。1994年5月3日,原告从该专卖店以每条560元购得西裤两条,经检验发现,该"鳄鱼"西裤系原告的产品,仅将原告的"枫叶"商标换上了"鳄鱼"商标,且其售价远远超过了原告每条200元左右的销售价格。北京市第二中级人民法院审理后认为,被告是利用原告的优质产品为其牟取暴利,无偿地占有了原告为创立其商业信誉和通过正当竞争占有市场而付出的劳动,其行为违反了诚实信用、公平竞争的基本原则,妨碍原告商业信誉、品牌的建立,使原告的商业信誉受到一定程度的损害,正当竞争的权利受到一定的影响。依照我国《民法通则》第4条、第134条第1款第7项、第9项、第10项,《反不正当竞争法》第2条之规定,判决被告赔礼道歉、消除影响、赔偿损失。[①]

在另一个典型案例——1998年发生的"温蓝得"案中,法院则以商标法为根据作出了判决。该案中,原告温菲尔德公司因北方华娜公司将原告生产的真丝机绣女式短袖上衣的"温蓝得"商标撕去,换上了被告自己的标牌,而向法院起诉,要求被告停止侵权行为并赔偿损失。法院依据1993年《商标法》第3条、第38条第4项,《民法通则》第4条、第134条第1款第1项、第7项、第10项之规定,判决被告的行为已构成对原告注册商标权的侵权,亦构成不正当竞争。[②]

商标反向仿冒突出地反映了反不正当竞争法与商标法的交叉保护问题。枫叶案的主审法官在结案后撰文指出,案件的被告同益公司的行为也构成商标权的侵犯,但是,因为原告是依据《反不正当竞争法》起诉的,所以,法院也就依据

---

① 北京市第一中级人民法院民事判决书(1994)中经知初字第566号。
② 该案的案情以及有关问题的分析,请参见王范武:《对一起"反向侵犯商标权"案例的评析》,载《法律科学》2000年第12期,第32—33页。

《反不正当竞争法》和《民法通则》的规定作出了判决。① 但是,如果依据1993年《商标法》对商标仿冒行为作出规范,就必须对该法中的第38条第4项作出扩大解释。但1999年《商标法实施细则》第41条对1993年《商标法》第38条第4项所指的侵犯注册商标专用权的行为作出了穷尽性列举性解释,即(1)经销明知或者应知是侵犯他人注册商标专用权商品的;(2)在同一种或者类似商品上,将与他人注册商标相同或者近似的文字、图形作为商品名称或者商品装潢使用,并足以造成误认的;(3)故意为侵犯他人注册商标专用权行为提供仓储、运输、邮寄、隐匿等便利条件的。解释中没有关于商标仿冒行为的规定。因此,依据1993年《商标法》对商标仿冒行为作出规制存在解释上的困难。《商标法》第二次修改后,对这个问题作出了明确的规定。2013年《商标法》保留了该规定,在第57条第5项规定,未经商标注册人同意,更换其注册商标并将该更换商标的商品又投入市场的,属于侵犯注册商标专用权的行为。

思考题:

1. 1980年7月,天津狗不理包子饮食(集团)公司(简称狗不理包子饮食公司)取得中华人民共和国工商行政管理局第138850号狗不理牌商标注册证。1991年3月,被告天龙阁饭店开业后,即在该店门上方悬挂"正宗天津狗不理包子第四代传人高耀林、第五代传人高渊"为内容的牌匾一块,并聘请高渊为该店面案厨师。该店自1991年3月起经营包子。

哈尔滨市香坊区人民法院经审理认为,两被告签订合作协议和制作、悬挂上述牌匾的行为,是宣传"狗不理"创始人高贵友的第四代和第五代传人高耀林和高渊的个人身份,均不是在包子或者类似商品上使用与原告注册商标相同或者近似的商标、商品名称或商品装潢。故原告认为两被告侵犯其注册商标专用权证据不足。原告要求两被告停止侵权行为和在报纸上公开道歉及赔偿经济损失的请求,不予支持。判决驳回原告的诉讼请求。

狗不理包子饮食公司不服上诉。哈尔滨市中级人民法院经审理,判决驳回上诉,维持原判决。狗不理包子饮食公司仍不服,向黑龙江省高级人民法院申请再审。

黑龙江省高级人民法院经审理查明,原审被上诉人天龙阁饭店门上方悬挂的牌匾中间大字是"天津狗不理包子",上方"正宗"、下方"第四代传人高耀林、第五代传人高渊"均为小字,未悬挂天龙阁饭店牌匾。认为天龙阁饭店制作、悬挂前述牌匾已经构成了商标侵权。

---

① 参见罗东川:《审理"枫叶"诉"鳄鱼"案的几个问题》,载《中华商标》1998年第4期。

问:黑龙江省高级人民法院为什么认定天龙阁饭店对"狗不理"的使用构成商标假冒、仿冒行为中的商标"使用"?是否具有说服力?

2. 1997年12月12日,河南省粮食厅粮油食品公司(以下简称粮油食品公司)向国家工商行政管理总局商标局申请注册"白象"商标,于2001年1月14日获得核准注册。该商标为"白"和"象"两个汉字组成的文字商标,两个汉字的组合方式是上下排列,字体属行楷、舒体;商标注册证为第1506193号,核定使用商品为第30类方便面、挂面、豆沙、谷类制品、面粉、面条等。类似群组为3007、3008、3009、3011。正龙公司成立于1997年11月4日,经营范围为白象牌系列方便面、调味料、面粉、挂面的研究、生产与销售等。粮油食品公司出具证明认可于正龙公司成立时即许可其使用涉案"白象"商标。2004年5月7日,粮油食品公司将核准注册的"白象"商标转让给正龙公司。四川雅士投资管理有限公司于2005年7月29日向国家工商总局商标局申请注册"白家"文字商标,"白家"商标为"白"和"家"两个汉字组成的文字商标,两个汉字的组合方式是上下排列,字体属行楷、手写体。申请号为:4805951,申请类别为30类:粉丝(条);调味品等。类似群组为3012、3016。国家工商总局商标局于2005年10月25日向四川雅士投资管理有限公司核发注册申请受理通知书,同意受理该申请。白家公司成立于2001年5月29日,诉讼中,白家公司认可其经四川雅士投资管理有限公司许可于2005年底开始在方便粉丝产品上使用涉案"白家"商标。问:

(1) 涉案商标使用的商品是否为类似商品?为什么?
(2) 涉案商标是否为类似商标?为什么?

第二节 销售侵犯商标专用权的商品的行为

我国《商标法》第57条第3项规定了销售侵犯注册商标专用权的商品的行为构成商标侵权,同时,在第64条第2款规定,销售不知道是侵犯注册商标专用权的商品,能证明该商品是自己合法取得的并说明提供者的,不承担赔偿责任。

从这两个条款的规定来看,销售侵犯注册商标专用权的商品的行为,只有在销售者主观上存在"知道或应该知道"的过错时,才承担损害赔偿责任,否则只需要承担停止侵权等民事责任。这样,我国《商标法》通过结合2000年8月第二次修改《专利法》时所体现的立法精神,已经将商标侵权承担赔偿责任的构成要件与商标侵权行为的构成要件区别开来。在主观上不存在明知或应知的过错状态下,行为人不承担赔偿责任。

但是,适用该规定需要注意以下几点:

第一,行为依然构成商标侵权行为,只是行为人不承担赔偿责任,但仍然需要承担停止侵害等其他责任。

第二，行为人不承担赔偿责任要提供证据，证明该商品是自己合法取得的，且能说明提供者的姓名。

第三，行为人知道侵权成立后仍然不停止侵权而继续销售的，则行为性质发生转化，应该承担赔偿责任。

现实生活中，如果销售的商品就是侵犯注册商标专用权的商品的，销售行为的违法性很好判断。但是，如果销售的商品并不侵犯注册商标专用权，但搭赠的礼品是假冒或仿冒商品，是否也构成侵犯商标专用权的行为呢？

2008年1月3日，江苏省扬州市邗江工商局根据群众举报，对江苏某服饰有限公司扬州专卖店销售羽绒服附赠假冒金利来皮包一案立案调查。经查：该专卖店于2007年12月30日购进62只皮包，在2008年1月1日、2日开展了"买一赠一"的促销活动，买一件羽绒服即赠送一只皮包。皮包上印有"JINLILAIPIJU"字样，附属的吊牌上标注有"广州立绅来皮具有限公司""goldlion""金利来""全国统一零售价298元"等字样。经鉴定，上述皮包为假冒产品。"goldlion""金利来"是金利来（远东）有限公司在商标注册用商品和服务国际分类第18类箱包等商品上的注册商标，广州立绅来皮具有限公司是中国内地唯一合法获得授权经营金利来皮具的公司。

若搭赠商品侵犯注册商标专用权，搭售或搭赠人是否应该承担商标侵权责任，北京市高级人民法院2001年曾经在一起案件中作出过终审判决。在这起案件中，北京美厨食品有限公司侵犯北京市糖业烟酒公司商标专用权，因北京美厨食品有限公司销售的方便面包装内搭赠了北京市糖业烟酒公司的京糖商品绵白糖。该案一审法院北京市第二中级人民法院认为，由于搭赠名目的设立，使经营者达到了促销的目的，获得了超额的经济利润，该利益的取得有一部分是靠搭赠品的付出而取得的，它是经营者一种潜在的销售行为，其性质不受商品售价是否提高、搭赠品是否摊入成本的影响。因此，对美厨公司所持的搭赠商品的行为性质不属于销售的观点不予采信。①

北京市高级人民法院经二审审理后认为，美厨食品公司将侵犯北京市糖业烟酒公司"JING TANG"注册商标专用权的绵白糖，以赠品的方式放入其销售的方便面包装箱中进行销售，其目的在于促销自己的商品，并由此获得更多的商业利润。在美厨食品公司销售的整箱方便面中，既包括美厨食品公司的自有商品方便面，也包括假冒北京市糖业烟酒公司"JING TANG"注册商标专用权的绵白糖。因此，搭赠行为本身仍然是一种销售行为，其行为性质并不因为附赠品而有所改变，亦不受商品售价是否提高、搭赠品是否摊入成本的影响。美厨食品公司

---

① 该案具体情况见北京市第二中级人民法院民事判决书（2000）二中知初字第1号。

关于搭赠行为不是销售行为的主张不能成立。[1]

2006年,北京市高级人民法院《关于审理商标民事纠纷案件若干问题的解答》在第22个问题答道,"搭赠是销售的一种形式,因此搭赠侵犯注册商标专用权商品的行为是商标侵权行为,搭赠人应承担停止侵权的责任;明知或者应知所搭赠的商品是侵犯注册商标专用权的商品的,还应当承担损害赔偿责任"。

思考题:

销售侵害商标专用权商品的行为人的主观状态对侵权责任承担的影响是什么?

第三节 侵犯他人商标标识的行为

我国《商标法》第57条第4项规定,伪造、擅自制造他人注册商标标识或者销售伪造、擅自制造的注册商标标识的是侵犯商标专用权的行为。该行为侵犯了商标专用权中关于商标印制的专有权。

根据我国《商标印制管理办法》的规定,只有经过工商行政管理部门登记后,确定具有印制商标资质的企业才能接受他人委托从事印制商标业务。该办法规定了印制过程中,委托方要提供的证明文件,受托方要审查委托方提供的证明文件。该办法规定,商标印制委托人委托商标印制单位印制商标的,应当出示营业执照副本或者合法的营业证明或者身份证明。商标印制委托人委托印制注册商标的,应当出示《商标注册证》或者由注册人所在地县级工商行政管理局签章的《商标注册证》复印件,并另行提供一份复印件。签订商标使用许可合同使用他人注册商标,被许可人需印制商标的,还应当出示商标使用许可合同文本并提供一份复印件;商标注册人单独授权被许可人印制商标的,除出示由注册人所在地县级工商行政管理局签章的《商标注册证》复印件外,还应当出示授权书并提供一份复印件。

委托印制注册商标的,商标印制委托人提供的有关证明文件及商标图样应当符合下列要求:(1)所印制的商标样稿应当与《商标注册证》上的商标图样相同;(2)被许可人印制商标标识的,应有明确的授权书,或其所提供的《商标使用许可合同》含有许可人允许其印制商标标识的内容;(3)被许可人的商标标识样稿应当标明被许可人的企业名称和地址;其注册标记的使用符合《商标法实施条例》的有关规定。

---

[1] 该案具体情况见北京市高级人民法院民事判决书(2001)高知终字第43号。

从上述规定来看,因注册商标标识而侵犯商标专用权的行为主要分为以下四种类型:伪造他人注册商标标识、擅自制造他人注册商标标识、销售伪造的注册商标标识、销售擅自制造的注册商标标识。从条文本身含义来看,购买商标标识的行为并不在其中,因此,在上文提到的北京天朝精细化工有限公司与北京市通州区运河化工厂侵犯商标专用权纠纷案中,被告运河化工厂仅仅是购买了印有原告商标标识的包装桶,就有观点认为其行为不构成商标侵权。一审法院和二审法院[1]都认为,被告购买外包装桶的主观故意非常明显,且没有证据表明它是准备为了销售以外的其他目的而使用包装桶,因此,仍判决被告侵犯原告的商标专用权。

思考题:

伪造、擅自制造商标标识行为是否要求行为人主观上有过错?

第四节 以商品名称或商品装潢侵害商标专用权行为

我国《商标法实施条例》第 76 条规定,在同一种商品或者类似商品上将与他人注册商标相同或者近似的标志作为商品名称或者商品装潢使用,误导公众的,属于《商标法》第 57 条第 2 项规定的侵犯注册商标专用权的行为。

一、以商品名称侵害商标专用权的行为

商品名称侵害商标专用权行为的构成要件有三个:第一,被控侵权商品与商标专用权商品属于同种或类似商品;第二,商品名称与他人注册商标相同或近似;第三,误导公众。对于前两个要件,我们在商标假冒和仿冒部分已经分析过,与商标假冒和仿冒行为不同的是,此处明确规定了误导公众要件,也就是说,即使是将与商标相同的商品名称用于相同的商品之上,权利请求人依然要证明发生了误导公众的效果。

发生在我国的以商品名称侵害商标专用权的典型案件是"艾格福案"。该案原告为艾格福(天津)有限公司,被告为四川省富顺县生物化工厂(以下简称"富顺生化厂")。

1989 年 2 月 20 日、1990 年 11 月 10 日,法国罗素·优克福(ROUSSEL-UCLAF)有限公司经中国商标局核准注册"DECIS""敌杀死"等商标,核准使用

---

[1] 该案一审判决见北京市第二中级人民法院民事判决书(1998)二中知初字第 124 号;二审判决见北京市高级人民法院民事判决书(1999)高知终字第 63 号。

商品为灭草和杀寄生虫制剂、杀虫药剂。1997年2月28日,"敌杀死""DECIS"等商标经中国商标局核准转让给法国赫司特·先灵·艾格福有限公司。1997年间,艾格福(天津)有限公司发现市场上有富顺生化厂生产的冠以"10%高效敌杀死""敌杀死"和"DECIS"字样的农药产品销售。为此,艾格福(天津)有限公司分别于同年11月20日、12月15日函告富顺生化厂,要求其停止侵权行为。富顺生化厂分别于同年12月6日和次年1月20日向艾格福(天津)有限公司回函,表示立即停止生产和销售"高效敌杀死"产品,对已生产的农药产品重新改、印标签,原有标签在3月底前全部更换。之后,富顺生化厂仍继续生产、销售在标签上冠以"敌杀死""高效敌杀死"字样的农药产品。艾格福(天津)有限公司遂于1998年7月20日向原审法院提起诉讼。该案虽然纠结于商标显著性降低、敌杀死是否已经沦为通用名称的问题,但在商标未经法律规定的程序撤销前,最高人民法院认为商标依然有效。为此,判决指出,商标核定使用的商品为杀虫剂,富顺生化厂未经商标注册人许可,在同一种商品上既使用与"敌杀死""DECIS"注册商标相同的商标,又将"敌杀死""DECIS"文字作为其商品名称使用或者将"敌杀死"文字作为其商品名称的主要部分使用。富顺生化厂在使用"DECIS"作为其商标或者商品名称时,均同时使用了"敌杀死"文字作为其商标或者商品名称,构成商标侵权,判决富顺生化厂立即停止非法使用"敌杀死""DECIS"注册商标的侵权行为;销毁库存的全部假冒农药产品。[1]

二、以商品装潢侵害商标专用权的行为

以商品装潢侵害商标专用权行为的构成要件也有三个:第一,被控侵权商品与商标专用权商品属于同种或类似商品;第二,商品装潢与他人注册商标相同或近似;第三,误导公众。

商品装潢侵害商标专用权的行为更具有间接性,因此,在判断侵权是否成立时,对误导公众要件要特别加以分析。一般来说,在具体分析侵权构成时,要通过商品装潢与商标的相似程度、相关公众的注意程度、商品装潢与商品的联系方式等要素进行判断。

在"老坛子案"中,重庆市高级人民法院通过案件事实要素综合判断,得出相关消费公众不会就商品来源发生误认的结论,因此,判断统一企业在调味料包装上使用"老坛子"不构成商标侵权。

该案一审原告和二审上诉人是陈永祥,于2004年取得第3546349号"老坛子"注册商标专用权,核定使用商品为29类,包括泡菜、酸菜、腌制蔬菜、咸菜、榨菜、腐乳、蔬菜汤料等。商标为一坛子的正面视图,下有"老坛子"三个中文

---

[1] 该案具体情况见最高人民法院民事判决书(1999)知终字第11号。

字,坛子中间为"LAO TAN ZI"拼音。被告成都统一企业食品有限公司在其生产的方便面产品"统一巧面馆老坛酸菜牛肉面"的包装袋内配有一调味包。调味包内的实物为酸菜。调味包的包装袋上印有一坛子的正面半身视图,图下印有"老坛酸菜风味包"几个由大至小的字,调味包左上角印有统一企业的图形与英文组合商标。

本案中,调味包作为方便面的配料,虽不单独销售,但随方便面一起进入流通领域进行交易,具有使用价值,并能产生价值,具有商品的属性。消费者食用方便面的时候,存在着区分调味料生产者的可能性。因此,调味包应该是一种商品。酸菜调味包上作装潢使用的坛子图形和"老坛"文字,与陈永祥拥有的"老坛子"图文商标相似,并且使用在同一类商品上。

但是,法院指出,法律规定,在相同或类似商品上,将与注册商标相似的图文作装潢使用构成商标侵权的前提是足以使消费者引起误认。商标的主要功能是区分商品的来源。如果相关消费者在购买或使用统一企业的"老坛酸菜牛肉面"时不会将其与使用了陈永祥的"老坛子"注册商标的商品相混淆,则侵权不成立。在本案中,调味包虽是商品或商品的一部分,但密封在包装袋内,在消费者选购商品时不具有识别商品来源的作用。消费者在使用商品的时候,打开外包装袋后会看见酸菜调味包,这时需要结合商标的显著性和知名度来考察消费者在使用该酸菜调味包时会不会误认为是陈永祥生产的或陈永祥许可生产的产品。就显著性而言,"老坛子"虽不是泡菜等商品的通用名称或直接表示其功能用途,但坛子是制作泡菜的传统工具,西南地区的群众习惯将陈年泡菜称为老坛泡菜。因此,"老坛子"用以指示特定泡菜生产者的功能较弱,显著性不强。就知名度而言,陈永祥未提供充分证据证明其在与统一企业发生纠纷前确已将"老坛子"商标实际进行商业性使用,并且通过使用获得了一定的市场认同。统一企业生产的方便面产品知名度较高,并且将坛子图形和"老坛"文字用于装潢方便面产品的时间早于陈永祥的"老坛子"商标的注册时间,一般消费者将统一企业的酸菜调味包误认为是陈永祥生产的或陈永祥许可生产的产品的可能性几乎不存在。

基于上述分析,法院认为,统一企业虽在相同的酸菜商品上将与陈永祥的"老坛子"商标相似的图文作包装装潢使用,但尚不足以使一般消费者对商品来源产生混淆,因此不构成对陈永祥的"老坛子"商标专用权的侵犯。[①]

在这个案件中,法院通过综合分析下列要素认定消费者不会就商品来源发生混淆:第一,老坛子作为商标的显著性低,是西南地区群众制作泡菜的传统工具;第二,原告并未在纠纷前实际商业使用商标;第三,商标使用的商品在方便面

---

① 该案具体情况见重庆市高级人民法院民事判决书(2005)渝高法民终字第193号。

商品的包装袋内,消费者购买时看不到;在看到老坛调味包时已经在先产生了对"统一"方便面的认识,统一企业知名度高,不易发生混淆。

思考题:

如何理解和适用以商品名称侵害商标权的行为的构成要件?

第五节　商标帮助侵权行为

在我国,2002年《商标法实施条例》第50条第2项规定,故意为侵犯他人注册商标专用权行为提供仓储、运输、邮寄、隐匿等便利条件的行为属于侵犯注册商标专用权的行为。2013年《商标法》将此项规定进行了调整,在第57条新增了第6项,即故意为侵犯他人商标专用权行为提供便利条件,帮助他人实施侵犯商标专用权行为的。2014年《商标法实施条例》第75条规定,为侵犯他人商标专用权提供仓储、运输、邮寄、印制、隐匿、经营场所、网络商品交易平台等,属于《商标法》第57条第6项规定的提供便利条件。因此,《商标法》第57条第6项既规范传统侵权行为中提供交易场所、侵权工具以及其他便利条件的行为,也适用于网络商标侵权环境下电子交易平台和搜索引擎等商标帮助侵权行为。本节只论述传统线下商标侵权行为,对网络服务提供者的商标侵权行为单列一节进行详细论述。

该类行为是所有商标侵权行为中最特殊的一类行为,因为它的归责性不是体现在责任人直接实施了侵害商标专用权的行为,而是在别人直接实施侵害商标专用权行为时提供了帮助。因此,该行为的构成要件强调主观状态,必须是故意,即明知或应知他人在实施侵犯注册商标专用权的行为,而协助其完成,提供仓储、运输、邮寄、隐匿等条件。

在美国法中,这类行为被称为商标帮助侵权行为,和商标替代侵权行为一起构成商标间接侵权行为。尽管美国商标法中没有明文规定间接侵权行为,但是学说和判例将这类行为不断地进行诠释,也发展出了一套可行的司法审判规则。在我国,判断商标帮助侵权行为是否成立,除适用《商标法》上述条款规定外,还要运用民法关于共同侵权的规定,考虑《民法通则》关于共同侵权规则的运用。目前,我国发生的帮助侵权行为的案例主要是为商标侵权提供场所的行为。

商标帮助侵权行为成立的要件有两个:第一,商标直接侵权成立。如果不存在商标直接侵权行为,提供帮助条件的行为人的行为自然也不构成侵权。第二,帮助行为的实施者主观上存在故意,即知道或者应该知道。这个主观构成要件是否成立,不是直接探究帮助行为实施者的真意,而是通过客观事实来推断。一般情况下,如果商标权利人曾经向实施帮助行为的人发出了警告或要求其停止协助行为、监督侵权人的通知后,未及时采取相应措施的,就可以推知故意成立。例如在"秀水案"中[1],案件一审原告为(法兰西共和国)香奈儿股份有限公司,被告为北京秀水街服装市场有限公司(以下简称"秀水街公司")、黄善旺。2005年2月23日,黄善旺与秀水街公司签订了摊位租赁合同,获准经营F2-26摊位。2005年4月25日至5月8日,香奈儿公司在黄善旺摊位上购买了带有"CHANEL"商标和图形商标标识的女包1个。同年5月16日,香奈儿公司向秀水街公司发出律师函,告知其市场内存在销售侵犯注册商标专用权商品的行为,并列出了销售者的摊位号,其中包括黄善旺,要求秀水街公司立即采取有力措施。同年6月3日,香奈儿公司第二次从黄善旺经营的摊位上购买到带有"CHANEL"商标和图形商标标识的手包1个。之后,香奈儿公司提起诉讼。法院认为,秀水街公司未采取有效措施制止涉案销售侵犯注册商标专用权的商品的行为,致使原审被告黄善旺仍能在此后一段时间内继续实施销售侵犯香奈儿公司注册商标专用权的商品的行为,秀水街公司主观上存在故意,客观上为原审被告黄善旺的侵权行为提供了便利,构成帮助侵权行为。

从目前我国发生的场所提供者承担商标侵权责任的案件来看,法院认为经营柜台租赁业务的业主除有权对市场进行统一经营管理,有权决定市场经营时间、经营品种、范围等,并根据市场的需要进行调整,有权监督租赁方的经营活动之外,也有义务维护市场秩序,有权制止租赁方的违法行为,并向有关行政管理部门报告等。但租赁柜台业主往往提出诉讼主体不适格的抗辩,要求法院追究假冒商品直接销售者的责任,而自己免责。一般认为,如果经营租赁柜台的业主在发票上盖章,即构成和直接销售侵权商品的柜台的摊主实施了共同侵权。在耐克国际有限公司与合肥市百诚鞋业有限公司假冒商标案中[2],被告合肥市百诚鞋业有限公司答辩称,原告在本案中起诉的被告主体有误,被告与靳常英签订了鞋业柜台租赁合同,将柜台租赁给靳常英经营鞋类商品,靳常英在经营过程中销售了涉嫌侵犯原告商标专用权的鞋类商品,该侵权事实已经被合肥市工商局庐阳区分局行政处罚决定书所确定,相关的侵权责任应由靳常英承担,因此原告起诉被告不当。法院认为,本案中上海市努克知识产权咨询服务有限公司实施购买行为时,从合肥市淮河路步行街标有"百诚鞋业"字号的出卖人处取得的发票上,加盖的印章是合肥市百诚鞋业有限公司,因此该出卖行为应认定是合肥市百诚鞋业有限公司所为,该公司依法应对该行为承担法律上的责任。被告辩称该侵权行为应由靳常英承担的理由不成立。

---

[1] 该案具体情况见北京市高级人民法院民事判决书(2006)高民终字第334号。
[2] 该案具体情况见安徽省合肥市中级人民法院民事判决书(2007)合民三初字第95号。

思考题：

派克笔公司将"派克""PARKER"及图形商标在国家工商总局注册，核定使用的商品为第 16 类。派克公司在东莞市中和百货有限公司发现假冒派克笔的商品在出售，于是委托广州市公证处进行证据保全。广州市公证处公证员等到东莞市中和百货有限公司以普通消费者身份购买了带有"PARKER"商标的"礼品装钢笔"一支，并获得发票一张，购物胶袋一个，发票印章显示的单位名称为"东莞市中和百货有限公司"。公证员对上述物品进行了拍照、封存。东莞市中和百货有限公司认为自己不应该承担商标侵权责任，因为真正出售假冒派克笔的不是中和公司，而是朱德华。东莞市中和百货有限公司与朱德华于 2005 年 12 月 23 日签订一份柜台租赁合同，约定朱德华从 2006 年 1 月 1 日起至 2007 年 6 月 30 日止租赁中和公司三楼柜位约 29 平方米，经营文具用品。合同除必要条款外，还约定朱德华"如违反下列其中任何一条款的，中和公司有权单方面解除合同，没收租赁保证金"，条款包括"违法经营、销售假冒、伪劣及其他不合格商品，或因服务质量低劣，造成严重后果的"。被告中和公司认为原告公证购买的派克笔是由其出租柜台的经营人朱德华售出，并通过广州市荔湾区谊园振兴文具商行进货，自己不承担商标侵权责任。

问：东莞市中和百货有限公司的主张能否成立？为什么？

第六节 以商号侵害商标专用权行为

商号侵害商标专用权的行为规定在最高人民法院《关于审理商标民事纠纷案件适用法律若干问题的解释》第 1 条第 1 款，即将与他人注册商标相同或者相近似的文字作为企业的字号在相同或者类似商品上突出使用，容易使相关公众产生误认的，属于给他人注册商标专用权造成其他损害的行为。尽管 2013 年《商标法》在第 58 条规定，以商号侵害商标专用权的行为由《反不正当竞争法》来处理，我们这里仍然作出分析，原因有二。其一，2013 年《商标法》修订后，将以商号侵害商标权的行为留给《反不正当竞争法》来处理，但后者在作出相应的修订前，还没有具体针对性条款对此种情况作出规范，法律之间的衔接出现了问题，法院在处理该类纠纷时，仍然需要根据最高人民法院《关于审理商标民事纠纷案件适用法律若干问题的解释》的相关规定作出裁判。其二，商标法和反不正当竞争法之间存在着千丝万缕的联系，在处理这类问题时，二者遵循着相同的原则，只不过以反不正当竞争法处理时，更强调原被告双方存在竞争关系。

为力求精确，本书使用"商号"概念，而非"企业名称"。商号和商标都属于商业标记。商业标记是指在工商业领域中那些用来标记商品来源、服务来源或产品及服务之质量功能的标记,是指商标、商号、地理标记、质量标记、产品包装、装潢等。商业标记在市场中发挥的作用非常大。虽然有学者主张不能过分夸大商业标记的作用,而关注商品的质量,因为商品、服务和商标之间,是"本"和"标"或"本"和"末"的关系。商品和服务质量是经济基础,是第一性的,牌子是上层建筑,是第二性的东西,商和标是对立统一的,其中产品和服务是矛盾的主要方面,它起决定作用。曾以3亿多元的天价夺得中央电视台广告标王的"秦池",如今连企业也早已灰飞烟灭;前段时间铺天盖地、鼓噪一时的"盖中盖",也已销声匿迹。这些教训应当引以为戒。① 但商标等标记的巨大作用毋庸置疑,企业在推销产品、推广服务的工作中,以商标为核心制定市场营销、广告宣传策略以宣示产品、服务和彪炳企业形象,实施商标战略,是必不可少的。

那么商号权与商标权的冲突体现在哪里呢?首先,有一定知名度的商标被其他企业有意或者无意地作为企业名称的一部分,即商号使用,就会侵犯商标权。例如将某名牌西服的商标作为服装生产企业的商号使用。其次,将他人有一定知名度的企业名称中的显著部分——商号,作为商标使用,商标会侵犯商号权。先进的信息传播方式、广告对人们日常生活和消费选择的影响,使商标知名度的创立周期愈来愈短,相比之下,企业名称创出知名度的机会和难度要大得多,所以,商号侵犯商标权的情况要远多于商标侵犯商号权的情况。对于商标侵犯商号权的问题,我们已经在商标的在先性部分论证过,不再赘述。

一、商号侵害商标权行为产生的原因

我国现行企业名称登记制度实行按行政区划的办法,商号作为企业名称的重要组成部分,只要处于不同工商行政管理的管辖区域,就可以重复使用。因为根据我国《企业名称登记管理规定》第4条的规定,企业名称的登记主管机关(以下简称登记主管机关)是国家工商行政管理局和地方各级工商行政管理局。2004年《企业名称登记管理实施办法》在第5条进一步明确了,工商行政管理机关对企业名称实行分级登记管理。国家工商行政管理总局主管全国企业名称登记管理工作,并负责核准下列企业名称:(一) 冠以"中国""中华""全国""国家""国际"等字样的;(二) 在名称中间使用"中国""中华""全国""国家"等字样的;(三) 不含行政区划的。地方工商行政管理局负责核准前款规定以外的下列企业名称:(一) 冠以同级行政区划的;(二) 符合本办法第12条的含有同级行政区划的。国家工商行政管理总局授予外商投资企业核准登记权的工商行政管理局按本办法核准外商投资企业名称。

现在,在逐渐形成了统一的市场的情况下,商品、服务、企业活动早已突破了

---

① 刘春田:《摆正商品和标记的关系》,载《中华商标》2002年第3期。

行政区划的界限。目前的企业名称登记办法已经不能对商号提供充分、有效的法律保护。利用企业名称登记办法,把具有相当知名程度的商号易地再做相同的标记,从而造成消费者误认、攫取他人商誉的现象屡屡发生。例如,青岛橡胶九厂于1983年7月在鞋类商品上注册并开始使用"双星"商标,1997年续展注册,1995年4月被商标局认定为驰名商标。1994年7月甲公司将"双星"作为企业名称的字号进行了登记,1996年10月青岛双星集团(原青岛橡胶九厂)投诉甲公司生产销售假冒"双星"运动鞋,甲公司受到工商行政管理机关的查处,但双星集团提出的撤销甲公司企业名称的请求没有得到支持。

二、我国法律法规等的相关规定

我们来看一下我国现行的法律规范对这个问题的解决。根据《企业名称登记管理规定》第6条的规定,企业只准使用一个名称,在登记主管机关辖区内不得与已登记注册的同行业企业名称相同或者近似。第9条规定,企业名称不得含有下列内容和文字:(1)有损于国家、社会公共利益的;(2)可能对公众造成欺骗或者误解的;(3)外国国家(地区)名称、国际组织名称;(4)政党名称、党政军机关名称、群众组织名称、社会团体名称及部队番号;(5)汉语拼音字母(外文名称中使用的除外)、数字;(6)其他法律、行政法规规定禁止的。这里,只是规定了企业名称之间不得相同或近似,没有规定企业名称不得使用他人的商标。

1999年4月5日国家工商总局《关于解决商标与企业名称中若干问题的意见》(以下简称"意见"),对这其中存在的很多问题进行了规范。"意见"认为,商标是区别不同商品或者服务来源的标志,由文字、图形或者其组合构成;企业名称是区别不同市场主体的标志,由行政区划、字号、行业或者经营特点、组织形式构成,其中字号是区别不同企业的主要标志。第4条规定,商标中的文字和企业名称中的字号相同或者近似,使他人对市场主体及其商品或者服务的来源产生混淆,从而构成不正当竞争的,应当依法予以制止。第5条又具体规定了混淆的情形,包括:(1)将与他人企业名称中的字号相同或者近似的文字注册为商标,引起相关公众对企业名称所有人与商标注册人的误认或者误解的;(2)将与他人注册商标相同或者近似的文字登记为企业名称中的字号,引起相关公众对商标注册人与企业名称所有人的误认或者误解的。

虽然关于此类问题,我国的法律制度已经作出相应的规范,但只要企业名称登记与商标登记还采用两套体系,而且,企业名称登记还无法突破以行政区划为单位的局限,这个问题就不能完全解决。商标权人只能自己采取一些保护措施,例如,可以使用与商标一样的商号,如海尔集团与其海尔商标;也可以以某种方式让商标和商号联系起来,如可以将仕奇商标放进商号里,将青松制衣改为青松

三、商号侵害商标权行为的构成

商号侵害商标权行为必须同时具备下列构成要件:(1) 文字相同或者近似;(2) 在相同或者类似商品上使用;(3) 突出使用;(4) 其结果是容易使相关公众产生误认。其中,第(1)(2)构成要件,我们在商标假冒和仿冒行为的探讨中都已经详细分析过,因此这里重点分析"突出使用"与"相关公众产生误认"构成要件。

突出使用是指将与商标权人注册商标文字相同或相近似的字号从企业名称中脱离出来,在字体、大小、颜色等方面突出醒目地进行使用,使人在视觉上产生深刻印象的行为。例如,在江苏振泰机械织造公司(以下简称"振泰公司")与泰兴市同心纺织机械有限公司(以下简称"同心公司")侵犯商标专用权、侵犯企业名称权纠纷案中,一审原告振泰公司的前身注册了商标"振泰 ZT",核定使用商品第 7 类减速机、纺织机等。一审被告公司前身为 2000 年 10 月 11 日经泰兴市工商行政管理局登记成立的泰兴市振泰纺织机械有限公司。2002 年 1 月 7 日,泰兴市振泰纺织机械有限公司向国家工商行政管理局商标局申请领取了第 1693835 号商标注册证,载明:"真泰 ZT"商标,核定使用商品第 7 类纺织机、精纺机等。2002 年 1 月 10 日泰兴市振泰纺织机械有限公司向工商行政管理部门申请名称变更为同心公司。原告诉被告在 2000 年 10 月至 2002 年 1 月这段期间,使用振泰字号侵犯其商标专用权。法院认为,同心公司在 2000 年 10 月至 2002 年 1 月以泰兴市振泰纺织机械有限公司名义从事经营活动期间,在其产品说明书及产品铭牌上标注企业名称时,并未对"振泰"字号采取有别于企业名称中其他文字使用方式的使用行为,企业名称中所有文字的字体、规格大小均完全一致。同时,同心公司在其产品说明书及产品铭牌上的显著位置均标注了与原告商标相似的"真泰 ZT"商标,给振泰公司注册商标专用权造成了损害。[1]

在"张小泉案"中,一审法院认为,上海刀剪总店在其产品的包装盒侧面及产品本身刀身上显著、醒目地标注了"上海张小泉"字样,与其"泉"字牌商标相比,"上海张小泉"颜色深、字体大,显然是弱化其本身的商标而随意简化并突出使用其企业名称字号,虽然其在包装盒背面底部表明了企业名称全称,但从产品及包装整体来看,容易造成双方当事人之间产品、杭州张小泉集团商标和刀剪总店企业名称的混淆。因此,刀剪总店的行为构成商标侵权。浙江省高级人民法院认为,从被控侵权的"泉字牌"盒装木柄不锈钢刀来看,虽然包装盒背面底部标明"上海张小泉刀剪总店"及其地址、电话等信息,但在其包装盒侧面标注有

---

[1] 该案具体情况见江苏省高级人民法院民事判决书(2004)苏民三终字第 059 号。

"中华老字号上海张小泉"字样,刀身一面显著标有"上海张小泉"字样。无论是字体大小,还是字体颜色,"中华老字号上海张小泉"以及"上海张小泉"字样都要比"上海张小泉刀剪总店"字样更加明显。[①]

关于相关公众误认要件,要结合字号使用方式以及商标的显著性来判断。司法实践中,有的法院要求主张权利保护的商标必须是驰名商标,这根据的是2002年《商标法实施条例》第53条的规定,商标所有人认为他人将其驰名商标作为企业名称登记,可能欺骗公众或者对公众造成误解的,可以向企业名称登记主管机关申请撤销该企业名称登记。企业名称登记主管机关应当依照《企业名称登记管理规定》处理。依据2002年《商标法实施条例》的这条规定,只有"驰名商标"被他人作为企业名称登记并可能对公众造成误解的,才可以向企业名称登记主管机关申请撤销。但是,从最高人民法院《关于审理商标民事纠纷案件适用法律若干问题的解释》第1条第1款的规定来看,它只规定了4个构成要件,没有商标驰名的要求。2013年《商标法》第58条规定,"将他人注册商标、未注册的驰名商标作为企业名称中的字号使用,误导公众,构成不正当竞争行为的,依照《中华人民共和国反不正当竞争法》处理"。从该条规定来看,只有未注册的商标受本条规定情形保护才要求"驰名",已经注册的商标不必驰名,也可以依据本条规定主张权利保护。本书认为,商标的知名度是在判断相关公众是否发生误认时必须考虑的一个要素。从上述两个案例来看,"张小泉"商标1997年4月9日被国家工商行政管理局商标局认定为驰名商标。[②] 而振泰公司也是当地"重合同守信用"的企业,振泰商标具有一定知名度。

四、商号侵害商标专用权的后果

最高人民法院《关于审理注册商标、企业名称与在先权利冲突的民事纠纷案件若干问题的规定》第4条规定,被诉企业名称侵犯注册商标专用权或者构成不正当竞争的,人民法院可以根据原告的诉讼请求和案件具体情况,确定被告承担停止使用、规范使用等民事责任。

对以商号侵害商标专用权的行为,法院会根据案件具体情况综合考量商标权人和商号权人的各自利益,作出停止使用商号、规范使用商号、撤销企业名称登记的处理。

一般情况下,如果规范使用能够避免相关消费公众发生混淆或误认,法院只要求商号使用人规范使用商号,"张小泉案"中,上海市高级人民法院即采此种观点。

---

① 该案具体情况见浙江省高级人民法院民事判决书(2006)浙民三终字第78号。
② 该案具体情况见上海市高级人民法院民事判决书(2007)沪高民三(知)终字第36号。

如果登记的企业名称侵害的是驰名商标的商标权,法院一般会要求企业名称登记人撤销名称登记。在"中信案"中,天津市高级人民法院即判决给予商标权人此种救济措施。该案一审原告是中国中信集团公司,被告为天津中信置业有限公司。中信集团原名中国国际信托投资公司,成立于1979年10月,注册使用"中信"商标。1999年12月29日,国家工商行政管理局商标局认定中国国际信托投资公司注册并使用在金融服务上的"中信"商标为驰名商标。2002年3月12日,原中国国际信托投资公司更名为中国中信集团公司,该集团的主要经营业务在金融业、房地产开发、信息产业、基础设施、实业投资和其他服务业领域,同时其全资或控股公司名称大多冠以"中信"字样,以表明与中信集团的联系,如中信控股有限公司、中信银行、中信国际金融控股有限公司、中信网络有限公司、中信国安集团、中信文化传媒集团等。天津中信注册成立于2004年4月29日,经营范围包括房地产开发、房地产经纪、物业管理等,并在商业项目及活动中大量使用冠以"中信"字样的名称或简称。如中信广场、中信置业、中信名都商厦、中信美食城、中信广场京津美食休闲MALL等,同时在对外宣传材料、2006年台历、招牌、职工名片中使用了"中信"注册商标。

该案中,原被告双方在业务经营领域中有重叠,主要是房地产开发领域;商标与字号所使用的文字相同,都为"中信";天津中信在项目及活动中也大量使用"中信"字样的名称或简称;由于中国中信的经营业务范围广,业务覆盖全国乃至国外,其商标驰名度高,消费者容易将中国中信与天津中信联系在一起。因此,该案中,天津市高级人民法院判定天津中信侵权。在侵权责任的承担上,考虑到企业名称和商标完全相同,只要使用企业名称即会发生相关公众误认问题,因此,法院判决自判决生效之日起,被上诉人天津中信置业有限公司立即停止对上诉人中国中信集团公司的"中信"注册商标的侵权行为,变更已经使用"中信"文字的商业设施和项目的名称。并责令被上诉人天津中信置业有限公司自判决生效之日起10日内,向主管机关申请变更企业名称,不得在企业名称中使用"中信"字样。[①]

思考题:

1. 企业名称与商标发生冲突的原因何在?如何从制度安排上消除二者之间的冲突问题?

2. 已有上百年历史的米其林集团是在法国登记的一家股份制公司。该公司在中国的注册商标主要包括"MICHELIN及轮胎人图形组合"商标、"轮胎人

[①] 该案具体情况见天津市高级人民法院民事判决书(2006)津高民三终字第21号。

图形"商标和"米其林"中文商标。2007年4月,米其林集团在山东和江苏两地商场发现有销售"米其林"牌电动自行车,车身有明显"米其林"字样,生产者为天津米其林。据查,天津米其林是于2004年11月经工商管理部门核准注册成立的企业,经营范围包括电动自行车、自行车及零部件等。米其林集团遂将天津米其林告上法庭。天津市第二中级人民法院经审理认定,米其林集团在中国依法注册的3个商标为驰名商标,天津米其林在电动自行车上使用"米其林"字样并将该特殊汉字组合注册为企业名称,属于商标法规定的给他人注册商标造成其他损害的行为,故判决天津米其林停止使用米其林标示及企业字号,并赔偿米其林集团经济损失5万元。天津米其林不服,向天津市高级人民法院提起上诉。

天津米其林的上诉理由是:第一,"米其林"不符合驰名商标的认定标准,同时天津米其林注册企业名称是在2004年,而"米其林"等3个注册商标被行政认定为驰名商标是在2005年,依据个案有效的原则,驰名商标认定后不能溯及既往。第二,天津米其林的电动车与米其林集团的轮胎属于不同生产领域,双方服务的公众也是完全不同的,不应判令天津米其林停止使用企业字号,而只能要求继续合理规范地使用。

问:如果你是该案二审主审法官,你会作何判决?

第七节 驰名商标淡化行为

什么是商标淡化?这似乎是一个谁都无法解释透彻的概念。美国商标法大师托马斯·麦卡锡(J. Thomas McCarthy)面对这块难啃的骨头也垂头丧气,"商标法中还从来没有一个概念制造过这么多原则解说的困惑和司法理解的分歧"。[①] 我国学者关于商标淡化的讨论从20世纪90年代开始升温,相关的研究成果主要介绍了美国的立法和司法经验。遗憾的是,我国大多数学者误读了商标淡化的概念。

一、法律保护商标受反淡化保护的原因

中外文献中论述"商标淡化"的,几乎无一例外认为商标淡化理论的首倡者是美国学者弗兰克·斯凯特(Frank Schechter),也总是引用他那段关于保护商标独特性(uniqueness)的论断。1927年,《哈佛法律评论》发表了斯凯特的文章《商标保护的理性基础》(The Rational Basis of Trademark Protection)。在提出商标淡化理论之前,他用了相当的篇幅分析人们对商标功能的误读。他指出,商标

---

① J. Thomas McCarthy, Dilution of a Trademark: European and United States Law Compared, 94 *Trademark Reporter* 1163 (2004).

发挥的功能并非是人们所称的"标示商品或者服务的来源"。为了证明这一点，他引用了几个巡回法院在几个判决中的观点，它们都印证了一点：人们要去购买某个或某种商品，并非是因为知道或者识别出该商品是某生产者生产的，而是因为识别出令人满意的产品。例如，人们想购买贝克(Baker)巧克力，并不是因为人们知道它是沃尔特·贝克(Walter Baker)生产的，而是人们喜欢这种巧克力。如果说，商标只是商誉看得见的标志，商誉比商标重要，因为商誉才是实实在在的内容，而商标只是商誉的影像，这并没有精确地表述出商标在今天发挥的真正功能，并阻碍对商标的全面保护。① 斯凯特认为，传统商标侵权理论建立在消费者就商品来源发生混淆的基础上，它的理论基础就是把商标的功能定义为识别商品来源。如果把相同或者近似的商标、名称用在非竞争性商品之上，逐渐消耗或者稀释公众对于某种商标的认识，传统的商标侵权理论就无法为商标权人提供保护，因为消费者就商品来源没有发生错误认识。为制止针对商标实施这种"千刀万剐"(death by a thousand cuts)的行为，商标权人只能求助于商标淡化理论。可见，正是基于对商标功能的新理解，斯凯特提出了商标淡化理论，所以，商标淡化理论诞生的根本原因在于商标功能在现代社会的发展变化。

　　商标在现代社会的发展已经让我们不得不更多地关注其广告功能。今天，大多数商标诉讼都因在不构成竞争关系的商品之上使用近似商标而发生。在相同或者近似商品上使用相同或者近似的商标并进而造成消费者混淆的情况已经成为例外，更多的是采取隐蔽或者巧妙的方式，用暗示或潜移默化的方法。其目的就是绕开传统商标侵权规定，因为根据该规定，如果消费者就商品来源没有产生混淆，就不发生侵权责任。这样，不论从发生频率还是从非法所得的价值角度衡量，绝大部分非法使用商标的行为都会游离于传统商标保护之外；因为赤裸裸的侵权行为已经是非常态，而隐蔽的搭便车行为针对的就是具有相当经济价值的商标，其行为所得甚巨。这迫使我们重新认识商标的价值，重新定义商标保护的基础。斯凯特说，现代商标的价值并不在于识别商品来源，而在于创造购买力(selling power)；这种购买力来自于公众的心理，它不仅取决于使用商标的商品的价值，还取决于商标本身的独特性(uniqueness)和单一性(singularity)；于相关或不相关的商品上使用这种商标会损害这种独特性或单一性；法律同样要对它进行保护，对它的保护程度取决于商标所有人通过自己的努力或者创造力使该商标区别于其他商标的独特性的程度。斯凯特还引用德国的案例佐证自己的观点。一家生产钢铁的公司使用了漱口药的商标"Odol"。尽管消费者不会认为生产漱口药的这家公司开始生产钢铁了，但德国法院认为，消费者由此商标会联

---

　　① See Frank Schechter, The Rational Basis of Trademark Protection, 40 *Harvard Law Review* 813, 816—818 (1927). 以下关于斯凯特观点的引用均来自他这篇文章。

想到漱口药,并进而认为以同样商标销售的任何一种商品都有同样好的质量。如果每个人都用这种商标识别其提供的商品,则该商标就会丧失购买力。因此,漱口药的生产者有权利保证该商标不被淡化。

斯凯特敏锐地捕捉到了现代社会商标与商誉之间的微妙关系。商标承载着商誉走得越来越远,商标所代表的商誉已经逐渐脱离商标标识本身,开始主张自己独立存在的价值。我们可以清晰地看到,问题之根源在于商标功能从原始功能向事后功能——广告投入功能——倾斜。也有人从符号学意义上分析商标,认为有必要重新定义商标显著性,它包括两种显著性,一为来源显著性(source distinctiveness),它定义的是商标识别商品来源的显著性;二为差异显著性(differential distinctiveness),它定义的是商标与其他商标相区别的显著性。当今社会,来源显著性在消减,而差异显著性主宰了法律。商标法律正向符号的"标记价值"(sign value)修正。① 这种符号学意义上的分析也从另外一个角度道出了商标功能的发展变化。

如果能够认识到商标反淡化保护的基础在于商标的广告宣传功能,我们就可以正确设定商标反淡化保护的存在范围。

二、商标反淡化保护的范围

从类型上分析,淡化行为包括两种:冲淡(blurring)和污损(tarnishment)。② 2006年10月6日美国国会通过的《商标淡化修正法案》(Trademark Dilution Revision Act (TDRA))③以及德国《商标法》都采这种分类。我国学者对商标淡化的类型分析与此一致。由于污损行为对商标权人的侵害是明显的,因此,从原则的具体理解适用来看,学界和司法界在认识上没有什么分歧。例如,在"伊利

---

① Barton Beebe, The Semiotic Analysis of Trademark Law, 51 *UCLA Law Review* 621, 621—622 (2004).

② 我国学者对这两个英文名词的翻译很不一致:有的称其为"模糊"与"失色或贬低"(须楚建:《商标淡化的法律问题初探》,载《法学》1997年第7期);有称其为"暗化"与"丑化"(井涛、陆周莉:《论驰名商标的反淡化保护》,载《法学》1998年第5期);有称其为"冲淡"与"玷污"(〔美〕苏珊·瑟拉德:《美国联邦商标反淡化法的立法与实践》,张今译,张保国校,载《外国法译评》1998年第4期;杨柳、郑友德:《从美国Moseley案看商标淡化的界定》,载《知识产权》2005年第1期);有的翻译为"冲淡或模糊"与"污损或丑化"(马宁、杨辉:《商标淡化理论的新转折:评美国Victoria's Secret案》,载《电子知识产权》2004年第2期)。本书认为,从文义的对应性和表述的优雅来看,"冲淡"和"污损"不失为一种好的翻译。

③ 在美国《联邦商标反淡化法》制定后,有少数人认为,联邦反淡化法并不规范污损行为造成的淡化,因为该法不像州反淡化法那样明确地把"损害商业信誉"(injury to business reputation)包括在里面。See Robert C. Denicola, Some Thoughts on the Dynamics of Federal Trademark Legislation and the Trademark Dilution Act of 1995, 59 *Law and Contemporary Problems* 75, 88—90 (1996).但法院认为,《联邦商标反淡化法》适用于污损行为。例如,在Toys "R" Us, Inc. v. Akkaoui一案中,法院认为被告使用adultsrus.com域名销售成人性用品的行为,污损了原告在公众中一直保持并努力保持的形象,违反《联邦商标反淡化法》的规定。See Toys "R" Us, Inc. v. Akkaoui, 40 U. S. P. Q. 2d 1836 (1996). 2006年《商标淡化修正法案》明确规定了淡化和污损两种行为,See 15 U. S. C. A 1125 (c)。

商标案"中,2000年6月2日,尤某以温州市龙湾海城和成水暖经营部名义申请"YiLi+伊利"的商标,指定使用商品为第11类水龙头等。伊利公司在1991年10月8日申请注册了"伊利"商标,指定使用在牛奶等商品上,1999年被国家工商行政管理总局认定为驰名商标。伊利公司提出,"YiLi+伊利"商标的注册属于2001年《商标法》第13条第2款规定的误导公众,致使其作为"伊利"驰名商标注册人的利益可能受到损害的情形,因此,向商标局提出异议申请。尽管伊利公司知名的商品是牛奶和冷饮,与"水龙头"等商品分属不同行业,差异较大,被异议商标使用在"水龙头"等商品上,不会引起消费者混淆,但北京市第一中级人民法院却以商标淡化中的污损为重要理由判决商标注册会给伊利公司带来损害。该判决指出,鉴于伊利商标的极高的知名度,作为驰名商标跨类保护所应考虑的范围应当与其知名度强度相当,作更宽泛的考虑。尤某将"伊利"作为水龙头等商品上的商标使用,尽管注册申请的商品类别在生产销售等方面与伊利公司没有关联之处,但可以认定其使用行为客观上带来了减弱"伊利"作为驰名商标显著性的损害后果;其使用在卫生器械和设备上,易使消费者将其与不洁物发生联想,伊利公司据此有理由认为尤某的这种使用会造成贬损其"伊利"商标声誉的损害后果;同时因伊利商标极高的知名度,伊利公司有理由认为,尤某的这种使用行为无形中利用了伊利公司"伊利"商标的市场声望,无偿占用了伊利公司因付出努力和大量的投资而换来的知名度的利益成果。

但关于冲淡行为,却存在诸多解释上的争议。这里主要以冲淡行为为分析对象,探讨商标淡化认定中的基本问题,下文主要在冲淡意义上使用淡化这一概念。

尽管人们对淡化行为的类型划分基本一致,对商标反淡化保护的范围却认识不一,其原因在于要么没有正确理解商标反淡化概念提出的基础在于保护商标的广告宣传功能,要么对商标法在多大程度上保护商标的广告宣传功能认识不一致。这使很多人误解了混淆要素在商标反淡化保护中的意义,纠缠于商标反淡化保护以商标驰名还是以商标著名为要件的问题。

(一) 商标反淡化保护不要求发生商品来源混淆

商标反淡化保护商标的广告宣传功能,这与反混淆不同,后者保护商标的标志来源功能。如果将发生商品来源混淆作为商标反淡化保护的前提要件,会使商标反淡化保护失去独立存在的空间。如果消费者将一个标志同时和两个来源提供者联系在一起,这时可能会发生混淆,也可能发生商标的淡化。二者的区别在于,如果消费者认为两个来源提供者具有某种联系,如合作关系、投资关系或隶属关系,发生的是混淆;如果消费者能够认识到两个来源提供者没有任何联系,发生的则是淡化。这时,之所以要保护商标权人的反淡化权利,是因为消费者把标识和另外一个新的不同的来源联系在一起,削弱了商标和商标权人之间的特定联系。

这里暗含着一个前提,即冲淡行为只能发生在不相同、且非类似的商品或服务之间,如果是将相同或者类似标记用于相同或者类似的商品、服务之上,则是传统的混淆侵权,而不考虑商标的淡化问题。

与传统混淆侵权不同,禁止商标淡化并不强调保护消费者的利益①,它保护的是商标权利人的权利。当然,有些学者主张,淡化行为事实上也损害了消费者的利益。因为商标是通过提供给消费者一个简单的、便于记忆的、清晰的产品或者服务的识别符号,谋求信息成本的经济化。如果商标具有其他联系对象,则经济化程度降低,因为看到它的人必须考虑一下才能确定它是某产品或者服务的标记。② 标记被使用在不相关的产品上会逐渐降低商标的显著性,在商标周围的这些"混淆视听"(noise)会增加消费者的检索成本。③ 在一定程度上,消费者能够获得并加工的信息取决于他们意识中标记和产品之间的联系程度,"混乱"(clutter)会增加消费者的成本。④ 但是,不能否认,相对于混淆给消费者造成的损害,淡化给消费者造成的检索成本毕竟具有间接性,而且反复试错也许能够使消费者的"视听"不再"混淆"。因此,至少可以这样说,反淡化的直接目的并不是保护消费者,它保护的也不是商标的商品来源标示功能。

商标反淡化保护中存在一个悖论——混淆与淡化互相排斥。上文已述,淡化与混淆不同,消费者就商品来源不发生错误认识,也不认为两个来源之间有什么特别联系,如合作关系等。但是,如果消费者根本不把标记与著名或驰名商标联系在一起,淡化就根本无从发生。因此,不论是混淆,还是淡化,消费者一定是将某标志与两个来源联系在一起。即使是在淡化的情况下,在消费者的意识中,两个来源还是有联系的,只不过这种联系不是混淆(confusion),而是一种意识中的联想(mental association)。⑤

正因为存在这种悖论,很多人仍将混淆作为是否构成淡化的要件之一,这种认识上的误区在我国学界尤甚。我国大多数学者认为,淡化行为使消费者就商品来源发生混淆;消费者会误认为两商品来源相同或两企业存在某种商业或组织上的联系而购买某无关商品。这错误地解读了商标淡化的概念,没有认清商标反淡化保护与商标广告宣传功能之间的互依互存关系。如果消费者就商品来

---

① Moseley v. V Secret Catalogue, Inc., 537 U.S. 418, 430 (2003).
② Richard A. Posner, When Is Parody Fair Use?, 21 *Journal of Legal Studies* 67, 75 (1992).
③ Maureen A. O'Rourke, Defining the Limits of Free-Riding in Cyberspace: Trademark Liability for Metatagging, 33 *Gonzaga Law Review* 277, 306—307 (1998).
④ Mark A. Lemley, The Modern Lanham Act and the Death of Common Sense, 108 *Yale Law Journal* 1687, 1704 (1999).
⑤ J. Thomas McCarthy, *McCarthy on Trademarks and Unfair Competition*, 4th ed., Thomson West, 2005, pp.24—143.

源发生了错误认识,而认为商标和著名商标权人有某种联系,事实上是不可能发生淡化的,因为此时在消费者的意识中,标记指向的是一个来源——著名商标权利人,而不论消费者是认为商品来源于一个提供者,还是商品的两个提供者之间有某种合作关系。即使发生了后一种情况,在消费者那里留下主要印象的仍是商标权利人。这时,从逻辑上说,商标的显著性、独特性没有遭到淡化,反而是被强化了。

(二) 商标反淡化保护与商标的知名度

是否只有驰名商标才有资格获得商标反淡化保护,这是一个争议较大的问题。对此,存在两种不同的观点。

第一,驰名商标说。尽管美国州法律不认为商标驰名是反淡化救济的前提①,1996 年美国《联邦商标反淡化法》(Federal Trademark Anti-Dilution Act)却将商标淡化定义为:"降低、削弱驰名商标对其商品或服务的识别能力和区辨能力,而这不论驰名商标所有人与他人之间是否存在竞争关系,或者是否存在混淆的可能。"该法明确规定了"驰名商标"这一要素。2006 年《商标淡化修正法案》进一步明确了商标淡化中商标必须驰名的构成要素,规定冲淡造成淡化是因商标或商号与驰名商标相似而损害驰名商标的显著性,而污损造成淡化是由于商标或商号与驰名商标相似而损害驰名商标的信誉。②

第二,著名商标说。法国《知识产权法典》第 7 卷之"制造、商业及服务标志和其他显著性标记"第 L.713-5 条规定:"在不类似的商品或服务上使用著名商标给商标所有人造成损失或者构成对该商标不当使用的,侵害人应当承担民事责任。"该条第 2 款接着规定:"前款规定亦适用于《保护工业产权巴黎公约》第 6 条之 2 意义上的驰名商标。"③此处的"著名商标"并不是人们通常所说的驰名商标。类似规定还见于德国《商标法》,该法在第 14 条第 2 款之(3)规定:"未经商标权人同意,应当禁止第三方在商业活动中,在不相近似的商品或服务上,使用与商标权人的商标相同或相近似的任何标志,并且毫无正当理由地、不公平地利用了或损害了该商标的显著性或声誉;但是,该商标需在德国范围内享有声誉。"可见,在德国法中,商标淡化的范围不局限于驰名商标,只要某个商标"在德国范围内享有声誉"都可能成为被淡化的对象。

只有著名商标或者驰名商标才能获得商标反淡化保护,这首先是一个逻辑问题,因为如果无名无誉,自然没有什么可以被淡化的,也就没有被淡化的"资

---

① See Lynda J. Oswald, "Tarnishment" and "Blurring" under the Federal Trademark Dilution Act of 1995, 36 *American Business Law Journal* 255, 271 (1999).

② 15 U.S.C.A. 1125 (c)(2)(B)(C).

③ 《法国知识产权法典(节选)》,黄晖译,郑成思校,载郑成思主编:《知识产权文丛(第三卷)》,中国政法大学出版社 2000 年版,第 435 页。

格"。但从根本上说,这里存在一个深层次的理论问题,即商标法在保护商标广告宣传功能上能走多远。商标反淡化旨在保护商标的广告宣传功能,这首先违背商标法的产生基础。商标法之祖是反不正当竞争,商标保护的基本宗旨是保障消费者能够确定他要购买的商品是谁生产的。起初,商标直接保护的只是消费者,并不赋予商标所有人一种财产权利。① 商标法最初保护的主要是商标的识别来源功能,因为商标只是承载了消费者内心世界对于某种符号所代表的商誉的认识,只是一种产品或者服务的标签。但是,随着商标功能的发展变化,商标法也不得不开始关注存在于商标本身的财产权。淡化对原告造成的损害在于名称于广告工具意义上的使用。② 这样,商标法就有了两个相互作用的目标:保护消费者不被欺骗以及保护商标持有人对商标的财产权利。前者保护的是商标的识别来源功能,后者保护的是商标的广告宣传功能。但是,商标权和著作权、专利权毕竟不同,商标权最多只是准财产权。"商标权不能赋予商标权人使用商标词汇的垄断权或什么综合性(omnibus)财产权。"③美国第四巡回法院在其判决中明确指出,如果它保护在先使用商标的显著性本身,则会创造一个"激进的、完整的财产权"(radical property-right-in-gross)反淡化保护模式。④

美国联邦商标法要求只对驰名商标提供反淡化保护是有其历史发展背景的。1996 年美国《联邦商标反淡化法》明确规定只有驰名商标才受该法的反淡化保护,但是,法院在理解适用该条的过程中创造了"特殊市场驰名"(niche fame)标准,认为尽管对于一般公众来说商标并不驰名,但是,只要原告和被告在同样的或相关联的市场进行经营运作,而原告商标在该特殊市场已经有很高的知名度,则该商标有权获得反淡化保护。⑤ 但美国 2006 年《商标淡化修正法案》否定了"特殊市场驰名"标准,规定了商标淡化中驰名商标的定义:当商标作为商标所有人的商品或服务来源标识而为美国一般消费公众所广泛认可时,商标为驰名。⑥ "一般消费公众"(general consuming public)和"广泛认可"(widely recognized)使"特殊市场驰名"的标准失去了"市场"。如此取舍反映了美国学界和司法界认识反淡化保护商标广告宣传功能界限上的彷徨,也说明即使商标法通过反淡化规定认可和保护商标的广告宣传功能,它也必须在保护范围上作

---

① See Hanover Star Milling Co. v. Metcalf, 240 U. S. 403, 413 (1916).
② See Wedgwood homes, Inc. v. Lund, 659 P. 2d 377, 383 (Or. 1983).
③ Playboy Enters. Inc. v. Netscape Communications Corp., 52 U. S. P. Q. 2d 1162, 1170 (C. D. Cal. 1999).
④ Ringling Bros. -Barnum & Bailey Combined Shows, Inc. v. Utah Division of Travel Development, 170 F. 3d 449, 459 (4th Cir. 1999).
⑤ Times Mirror Magazines, Inc. v. Las Vegas Sports News, L. L. C., 212 F. 3d 157, 164 (3d Cir. 2000).
⑥ 15 U. S. C. A. 1125 (c)(2)(A).

出一定的让步。

本书认为,可以将反淡化保护限定在驰名商标的范围内,而普通商标不能享受反淡化保护。

由上分析,笔者认为,冲淡导致的商标淡化是指,未经驰名商标权利人许可,在非类似的商品或者服务上使用与驰名商标相同或者近似的标志,尽管消费者能够识别出标记所标识的商品或服务分别来自不同且不相关联的提供者,但该行为可能会消耗驰名商标的独特性,使驰名商标逐渐丧失吸引力,最终给商标权人带来损害。该定义既明确了商标反淡化保护以商标具有一定的知名度为前提,又把商标反淡化保护与传统的混淆保护区别开来,指出商标淡化的危害并非在于使商标无法发挥其识别来源功能,而在于削弱商标与商品的唯一联系性并使商标逐渐丧失销售力、吸引力。

三、驰名商标反淡化保护的法律规定

除了前文已经分析过的美国、德国、法国的相关规定外,如果根据上述定义来考虑《巴黎公约》、《TRIPs 协定》以及我国法律的规定,我们会发现,《巴黎公约》中根本没有规范商标淡化,而《TRIPs 协定》第 16 条第 3 款及我国现行立法的规定事实上也不是关于商标淡化的规定。

《巴黎公约》第 6 条之 2 规定的驰名商标保护以"用于相同或类似商品上,易于造成混乱"为前提,因此,该条不是关于淡化的规定。《TRIPs 协定》第 16 条第 3 款规定,"巴黎公约 1967 年文本第 6 条之 2,原则上适用于与注册商标所标示的商品或服务不类似的商品或服务,只要一旦在不类似的商品或服务上使用该商标,即会暗示该商品或服务与注册商标所有人存在某种联系,从而注册商标所有人的利益可能因此受损"。由于这里明确规定了"暗示该商品或服务与注册商标所有人存在某种联系"这一要件,因此,从严格意义上说,该规定并不是关于淡化的,因为一旦消费者将两个标记都联系到驰名商标人那里,这时发生的就是混淆,而不是淡化了。

我国学者关于商标反淡化研究的文献都认为,我国关于商标淡化的最早规定见于 1996 年 8 月 14 日国家工商行政管理局令第 56 号发布的《驰名商标认定和管理暂行规定》。① 其第 8 条规定,将与他人驰名商标相同或者近似的商标在非类似商品上申请注册,且可能损害驰名商标注册人权益的,不得注册为商标;第 9 条规定,将与他人驰名商标相同或者近似的商标使用在非类似的商品上,且

---

① 例如,范晓波、马小庆:《驰名商标反淡化保护若干问题研究》,载《法律适用》2003 年第 12 期;也见尹西明:《商标淡化侵权构成要件辨析——兼论我国商标淡化侵权的立法完善》,载《河北法学》2006 年第 2 期。

会暗示该商品与驰名商标注册人存在某种联系,从而可能使驰名商标注册人的权益受到损害的,驰名商标注册人可以自知道或者应当知道之日起两年内,请求工商行政管理机关予以制止。该规定第8条是防止商标发生淡化的措施,可以认为是针对商标淡化的规定,但严格意义上说第9条则不是关于商标淡化的规定。因为和《TRIPs协定》第16条第3款的规定一样,"暗示该商品与驰名商标注册人存在某种联系"实属"画蛇添足"。而第8条所规定的反淡化保护仅限于注册驰名商标,针对的是商标注册申请,只是通过不予注册来防止商标淡化的发生。因此,《驰名商标认定和管理暂行规定》并没有就商标淡化从注册到使用作出全面的规范。

2001年修改后的我国《商标法》在第13条第2款的确规定了对注册驰名商标可以提供跨类保护,对该条款作出进一步规定的2003年《驰名商标认定和保护规定》第6条第1款第2项规定,跨类保护以"容易误导公众,致使该驰名商标注册人的利益可能受到损害"为要件,而依据当时对于"误导公众"的解释,规范的依然是混淆问题。2005年底发布的《商标审理标准》在第一部分6.2进一步明确:在不相同或者不相类似的商品/服务上扩大对已注册驰名商标的保护范围,应当以存在混淆、误导的可能性为前提;该标准5.1规定,混淆、误导是指导致商品/服务来源的误认。混淆、误导包括以下情形:(1) 消费者对商品/服务的来源产生误认,认为标识系争商标的商品/服务系由驰名商标所有人生产或者提供;(2) 使消费者联想到标识系争商标的商品的生产者或者服务的提供者与驰名商标所有人存在某种联系,如投资关系、许可关系或者合作关系。对《商标审理标准》的这条规定进行分析可以得知,它所规范的依然是混淆问题,因为它要求驰名商标的跨类保护以消费者发生混淆、误认为前提,这种混淆、误认指的是直接生产来源误认或间接的合作关系误认。

由上述综合分析可知,我国商标法律法规中的上述所有这些规定都不是关于商标淡化行为的,而仍然是关于传统的商标混淆侵权。

然而,最高人民法院2009年4月公布并从2009年5月1日实施的《关于审理涉及驰名商标保护的民事纠纷案件应用法律若干问题的解释》(法释〔2009〕3号),在第9条第2款对驰名商标跨类保护的《商标法》第13条第2款(现为《商标法》第13条第3款)的规定进行了明确界定,指出足以使相关公众认为被诉商标与驰名商标具有相当程度的联系,而减弱驰名商标的显著性、贬损驰名商标的市场声誉,或者不正当利用驰名商标的市场声誉的,属于《商标法》第13条第2款(现为《商标法》第13条第3款)规定的"误导公众,致使该驰名商标注册人的利益可能受到损害"。从条文表述来理解,该款前半句规定的依然是商标混淆问题,但后半句关于减损显著性、贬损商誉、不当利用驰名商标市场信誉的规定,都是关于商标淡化的。这样,事实上该司法解释已经通过扩大解释《商标法》第 13 条第 2 款（现为《商标法》第 13 条第 3 款）中规定的"误导公众"的概念，对商标淡化问题作出了规范，不能不说是一种进步。可以这样说，驰名商标的淡化保护问题，我们已经通过司法解释的形式规定了。

四、我国司法实践对驰名商标反淡化的保护

尽管严格意义上说，在最高人民法院《关于审理涉及驰名商标保护的民事纠纷案件应用法律若干问题的解释》2009 年 5 月 1 日开始实施后，我国才真正有了驰名商标反淡化保护的依据，但司法实践中法院在判决中已经在适用反淡化保护的原理了。

在山东博泵科技股份有限公司与淄博市博山区池上煜龙食品加工厂商标权纠纷中，法院的判决就让人深思。该案中，原告的商标是在第 9 类商品"水泵、油泵"上核准注册的第 143525 号"博山牌及图"商标，该商标由图形、文字、字母三部分组成，商标的左侧上部是一个等腰三角形，三角形内部有一个象形水泵"b"，字母"b"从等腰三角形的左侧一边中稍微出头，商标的左侧下部是文字"博山牌"三个字，商标的右侧是大写的汉语拼音字母"BOSHAN"，其中从字母"N"的下部左侧向左侧画一条横线，将字母"BOSHA"托在上面。自 1981 年博山水泵厂使用该商标以来，该商标一直使用。使用"博山牌及图"注册商标的水泵素以工艺精湛、性能稳定可靠、质量优良享誉国内外市场，尤其是其中的 IS 型单级离心泵于 1980 年荣获国家金质奖。企业先后获得 ISO9000 质量体系认证证书、中国消防企业 30 强企业、国家重点高新技术企业、质量万里行光荣榜企业等荣誉称号，是全国机械行业管理进步示范企业、省级重合同守信用单位、全国机械行业文明单位，公司董事长孙龙平曾荣获全国质量管理先进工作者称号。被告在其厂内及厂门外的墙壁上悬挂有两块广告牌，其中在广告牌的左上侧醒目位置有一个标识，约占据整个广告牌的三分之一左右，标识的左侧是一个等腰三角形，三角形内部有一个字母"b"，字母"b"从等腰三角形的左侧一边中出头，与原告的第 143525 号注册商标的左侧上部的图形完全一致，标识的右侧是汉语拼字母"BOSHAN"，字母大小和排列方式以及字体与原告的第 143525 号注册商标的字母"BOSHAN"一致，与原告商标不同的是被告的标识没有从字母"N"左侧下部向左画的一条横线，被告的标识在左侧下部也没有"博山牌"三个汉字。被告的商标所标示的商品是"桔梗酱菜"。

法院在判决中就指出，普通商标的基本功能是区别所标示商品或者服务的出处，因此造成出处的混淆或者可能混淆是普通商标侵权的构成要件。但是驰名商标不仅发挥普通商标识别出处的基本功能，而且在吸引注意力、表彰顾客身份方面具有普通商标所不具备的作用，驰名商标的侵权认定就是要保护普通商

标所不具备而驰名商标所独具的作用部分,即不是基于混淆或可能混淆出处来保护驰名商标。因此即便相关公众不会混淆,只要未经商标权人许可使用了其标识,有可能误导公众认为使用人与商标权人有某种特定的关系,或认为商标权人对使用人的商品或者服务的质量作担保,这都是搭借商标权人的良好声誉、掠夺本属于商标权人的利益的行为,是侵犯驰名商标权的行为;或者使用人的行为会淡化商标权人的商标,降低其显著性,模糊该商标与商品或服务间唯一特定的联系,这亦属于对驰名商标的侵权行为。……在本案中,作为普通消费者不会认为被告的产品是由生产水泵的原告生产的,但是由于原告商标的知名度高,社会声誉好,显著性强,当消费者看到被告的广告牌时,就会联想到原告的商标,以为原告与被告有什么特定的关系,或者认为被告的使用得到了原告的许可,而原告无法控制被告产品的质量,当消费者对被告产品质量不满意时,就会降低对原告商标的评价,这降低了原告商标的显著性,对原告的利益造成了损害,使其品牌对相关公众的吸引能力下降,所以被告的行为已经构成对原告驰名商标的侵权。[1] 该案判决虽未彻底厘清混淆与淡化的关系,但对商标反淡化保护已有非常系统的分析,并在判决中予以明确承认。

当然,商标法是否有必要在传统的反混淆之外再创设反淡化来保护商标的广告宣传功能,这涉及商标权的定性问题,也与各国商标保护政策的定位相关。从纯粹的理论分类来看,商标反淡化保护不要求消费者发生来源混淆,但很多人之所以把该要素强行放进其构成中,首先是因为存在客观认识不足——没有认清淡化与商标广告宣传功能之间的依存关系;但也有人是主观上不愿意为商标提供反淡化这种强保护,因此,他们虽然认可商标反淡化的存在,却在构成要件上作出后退,不放弃混淆要素。在混淆要件上的彷徨以及对商标反淡化保护的不安,都是因为商标权只是一种准财产权,与专利权、著作权不同。但是,面对现实世界的经济发展状况,我们不得不考虑对商标进行反淡化保护,即使是迫于无奈。1996 年《财经世界》(Financial World)杂志发表了一篇题名为《盲目信任》(Blind Faith)的文章,作者库尔特·班顿豪森(Kurt Badenhausen)列出了一些世界驰名商标的价值,包括高居榜首的万宝路(44.6 亿美元),紧跟其后的可口可乐(43.4 亿美元),列第三的麦当劳(18.9 亿美元),居第四的 IBM(18.491 亿美元),挤进了前五的迪斯尼(15.358 亿美元)。[2] 具有相当知名度的商标本身蕴涵的巨大价值,很多时候远胜于专利和作品产生的价值。从这个角度考虑,对驰名商标提供反淡化保护是历史的必然。

---

[1] 该案情况见山东省淄博市中级人民法院民事判决书(2005)淄民三初字第 1 号。
[2] Kurt Badenhausen, Blind Faith, in Financial World, July 8, 1996, pp.50—64.

思考题：

1. 商标混淆与淡化保护的构成有什么不同？
2. 法律为什么要给商标以反淡化保护？

第八节　以域名侵害商标专用权行为

域名是互联网络上识别和定位计算机的层次结构式的字符标识，与该计算机的互联网协议（IP）地址相对应。在物理空间里，我们为了准确实现互相之间的通讯联系，依赖于各种以数字、文字为代号的通讯代码，如电话号码、通讯地址等。这些代码必须是全球唯一的。在网络虚拟空间中，人们也需要这样一个地址或者代码进行交流和联系。解决的办法就是：给予用户的计算机一个全世界独一无二的通讯代号。于是，技术上就发明了"互联网协议地址"（Internet Protocol，简称 IP 地址），这个地址的作用是代表着世界上某一地方的特定的一台计算机，它由互联网依据一定的规则自动生成。最初，该地址由一串十进制数字来代表，例如，世界知识产权组织（WIPO）的 IP 地址为 192.91.247.53。但是，由于 IP 地址难以记忆，使用起来不方便，互联网发明者为此发明了 IP 地址翻译系统，把数字翻译成文字、数字或符号的组合，这就是"域名"（Domain Name），如世界知识产权组织域名为 http://www.wipo.int。当然，用户在计算机上输入域名后，互联网在技术上还必须将该域名还原为 IP 地址，然后才能转接。只是这个过程是由计算机完成的，我们肉眼看不到，也感觉不到。

域名通常是以英文为标准语言，因为互联网发源于美国，域名的注册和解析软件也是由美国人写就。自互联网进入中国，中文域名的研究工作就同步开始了。2000 年 1 月 18 日，中国互联网信息中心（英文简称 CNNIC）正式推出了中文域名试验系统。2000 年 5 月 19 日，海峡两岸四地的域名注册机构在北京正式成立了中文域名联合会（CDNC）。2000 年 11 月 1 日，CNNIC 发布《中文域名注册管理办法（试行）》和《中文域名争议解决办法（试行）》，并自 2000 年 11 月 7 日起接受注册中文域名。同时，北京因特国风网络软件科技开发有限责任公司（因其网址为 www.3721.com 而被俗称为 3721）也推广与中文域名相同类型的"网络实名"的开发和研究。

由于互联网最早发明在美国，多年以来，美国在互联网的发展和建设上投入了大量的人力物力，所制定的技术标准在全世界的互联网上沿用至今。因此，域名系统发展的历史其实就是美国控制下的历史。

在中国，负责管理和注册中国国家代码顶级域名的机构是国务院信息化工作领导小组。该机构根据国务院于 1997 年 6 月制定的《中国互联网络域名注册暂行管理办法》,授权 CNNIC 具体负责".cn"顶级域名下的域名的注册、管理和运行。该办法及其实施细则规定,域名不得与注册商标权、商号权等现存权利相冲突,也不得侵害第三者的其他合法利益。但在实际运作中,由于域名注册要求申请人作出保证,而不进行实质性审查,因此域名与商标权的冲突仍然存在。2000 年 8 月 15 日,北京市高级人民法院办公室发布的《关于审理因域名注册使用而引起的知识产权民事纠纷案件的若干指导意见》则主要参考了 ICANN(互联网名称与数字地址分配机构)及美国的法律,具有鲜明的时代特性。2000 年 11 月 1 日,CNNIC 发布了《中文域名争议解决办法(试行)》,并授权中国国际经济贸易仲裁委员会作为我国国内第一家中文域名争议解决机构。2001 年 7 月 17 日,最高人民法院发布了《关于审理涉及计算机网络域名民事纠纷案件适用法律若干问题的解释》,该司法解释自 2001 年 7 月 24 日起施行,这标志着中国域名法制建设进入了一个崭新的阶段。2002 年 3 月 14 日,信息产业部公布了新的《中国互联网络域名管理办法》,自 2002 年 9 月 30 日起施行。该办法对与域名有关的一些基本概念、域名的注册和管理以及域名争议的解决、违反域名管理办法的罚则等作出了详细的规定。2004 年,信息产业部对该办法又作了进一步修订。为满足互联网发展的需要,根据《中国互联网络域名管理办法》第 6 条的规定,2006 年 2 月 6 日,信息产业部对中国互联网络域名体系进行了局部调整,在顶级域名 CN 下增设了 .mil 类别域。调整后的中国互联网络域名体系自 2006 年 3 月 1 日起施行。这样,在顶级域名 cn 之下,设置"类别域名"和"行政区域名"两类英文二级域名。设置"类别域名"7 个,分别为:ac—适用于科研机构;com—适用于工、商、金融等企业;edu—适用于中国的教育机构;gov—适用于中国的政府机构;mil—适用于中国的国防机构;net—适用于提供互联网络服务的机构;org—适用于非营利性的组织。设置"行政区域名"34 个,适用于我国的各省、自治区、直辖市、特别行政区的组织。[①] 2006 年 3 月 17 日起,新的《中国互联网络信息中心域名争议解决办法》废止了 2002 年 9 月 30 日施行的原《中国互联网络信息中心域名争议解决办法》。该办法对解决域名纠纷的专家组人员构成、管辖范围、纠纷处理原则和方式都作出了详细的规定。因应现实需要,该《解决办法》及相应的程序规则此后不断历经修改。

[①] 这些域名分别为:BJ—北京市;SH—上海市;TJ—天津市;CQ—重庆市;HE—河北省;SX—山西省;NM—内蒙古自治区;LN—辽宁省;JL—吉林省;HL—黑龙江省;JS—江苏省;ZJ—浙江省;AH—安徽省;FJ—福建省;JX—江西省;SD—山东省;HA—河南省;HB—湖北省;HN—湖南省;GD—广东省;GX—广西壮族自治区;HI—海南省;SC—四川省;GZ—贵州省;YN—云南省;XZ—西藏自治区;SN—陕西省;GS—甘肃省;QH—青海省;NX—宁夏回族自治区;XJ—新疆维吾尔自治区;TW—台湾省;HK—香港特别行政区;MO—澳门特别行政区。

一、域名与商标权发生冲突的原因

最初,域名仅仅是为了方便实现网络通讯的需要,但由于它是在互联网上指明网站的标志,而且简单易记,所以至今实际上已经成为上网者宣传自己、提高知名度的有力武器。虽然域名的经济价值日益显现,但它的"非官方出身"和技术特点决定了它与商标、商号等知识产权制度之间,缺乏共同点和必要的沟通。然而,两者在经济生活中的作用类似,因此,造成的冲突越来越明显。要解决域名纠纷,首先必须给它在法律上定一个名分,尤其是研究它与传统的知识产权有何异同,这样才能准确地在法律上定位。域名与商标权的冲突因其与商标权的区别而产生,这也是它与其他知识产权的区别。概括起来,主要区别如下[①]:

1. 域名的全球有效性与商标权的地域性

商标权等其他知识产权,都只能在特定国家或地区的区域内受到法律保护。然而,由于网络无国界,并且基于其本身的技术特点,域名却是全球性的,因此,在域名与知识产权权利重叠的地域,就会产生商标权与域名的冲突问题。

2. 域名的唯一性与商标权的多重性

知识产权虽然有专有性,但是,商标因其保护范围限于相同或者类似商品,所以,相同的商标或商号可以被不同行业的人使用。因此,"苹果"既可以作为手机的商标,也可以作为家具的商标使用。但是,就同一个标志注册了域名以后,却不可能在网络上使用第二个相同的标志,因此,也会发生商标权与域名的冲突问题。

3. 域名的分毫必较与商标的禁止相似性

商标权作为传统社会当中的一种商业识别标志,不仅禁止抄袭,还禁止模仿,这是由传统社会中人们的认知程度决定的。如果有人申请注册和 playboy 相近的 playbay 商标,则 playboy 商标权人会提出异议,商标局也会驳回商标申请。因为虽然这两个商标有所区别,但足以引起人们的误认。但在互联网上,由于技术本身的特点,无论两个域名多么相似,哪怕只有一个字母不同、大小写不同、标记符号或者顺序不同,计算机也能精确识别开来。这本来是技术进步提高人类认知水平的好事,但反而给现实世界的秩序造成了麻烦:有人就利用这种相似来注册域名,利用他人的著名域名"搭便车"宣传自己,由此产生了以域名侵害他人商标专用权的问题。如,在互联网上注册 www.play-boy.com,这足以使人误认为是 playboy 的官方网站。

---

① 参见薛虹:《网络时代的知识产权法》,法律出版社 2000 年版,第 324—327 页。

二、以域名侵害商标权行为的构成

最高人民法院《关于审理商标民事纠纷案件适用法律若干问题的解释》第1条第3项规定,将与他人注册商标相同或者相近似的文字注册为域名,并且通过该域名进行相关商品交易的电子商务,容易使相关公众产生误认的,属于给他人注册商标专用权造成其他损害的行为。由此,我们得出以域名侵害商标专用权行为的构成要件如下。

（一）域名使用的文字与他人注册商标相同或相近似

由于现在的网络域名多以字母形式体现,因此,域名与他人注册商标相同或近似多指域名是文字商标的拼音形式,或直接使用了商标权人的外文商标,或将中文商标翻译成外文。例如注册域名使用的是 huahuagongzi、playboy、tsinghua 等。

（二）以域名进行相关商品交易的电子商务

首先,从字面意义来看,似乎该类行为只针对"商品"交易,而不包括"服务"交易,但实际生活中服务业也在通过电子商务开展业务,例如速递服务就可以通过网络接收消费者的投递业务申请,只是服务本身不能完全通过网络完成而已。

其次,从条文规定来看,要求侵权人以域名开展"相关交易",强调交易的"相关性",实际上是对商品或服务是否相同或类似的规定,正因为是在相关商品或服务上开展电子商务,因此,该类行为并不要求商标是驰名商标。基于这样一种考虑,最高人民法院《关于审理涉及驰名商标保护的民事纠纷案件应用法律若干问题的解释》在第3条规定,在下列民事纠纷案件中,人民法院对于所涉商标是否驰名不予审查:(1) 被诉侵犯商标权或者不正当竞争行为的成立不以商标驰名为事实根据的;(2) ……原告以被告注册、使用的域名与其注册商标相同或者近似,并通过该域名进行相关商品交易的电子商务,足以造成相关公众误认为由,提起的侵权诉讼,按照前款第1项的规定处理。也就是说,在以域名侵害商标权的案件中,不要求证明受保护的商标是驰名商标。

但本书认为,不应该限定商品或服务的范围,应该以是否可能发生相关公众混淆为核心要素,如果商品或服务的类别不同也不近似,但商标是驰名商标,仍然可能发生相关公众误认的,商标权仍然应该受保护。这也是驰名商标的跨类保护问题,正如在广州园艺珠宝企业有限公司与雅致公司"石头记案"中,法院判决说理中的解释所指出的那样。该案中,园艺公司成立日期是1993年5月7日,经营范围:生产、销售、加工各种天然宝石、人造宝石以及石类装饰产品(涉证产品及原材料除外)。园艺公司是注册商标"石頭記"的注册人,该商标注册证号为第1057071号,核定使用商品是第十四类"珠宝、首饰、宝石、贵重金属制纪念品"。园艺公司于1999年10月12日注册了国际域名 www.famoustone.

com。2001年12月26日,雅致公司通过深圳华企网实业发展有限公司申请了通用网址"石头记"。该通用网址指向www.chinafamoustone.com。2001年12月27日,园艺公司通过深圳华企网实业发展有限公司申请通用网址"石头记",发现该通用网址已被雅致公司注册。广东省高级人民法院提出:"商标法规定,未经商标注册人的许可,在同一种商品或类似商品上使用与其注册商标相同或者近似的商标的,属于侵犯注册商标专用权。确认通用网址是否侵犯注册商标专用权,应以其是否在同一种商品或类似商品上作商标性使用,并足以造成相关公众的误认为判断标准。在通用网址与注册商标相同或近似的前提下,如果通用网址具有商标的功能,所指向的商品与注册商标所核定使用的商品是同一种商品或类似商品,足以导致相关公众的误认时,一般应当确认通用网址侵犯注册商标专用权;如果通用网址所指向的商品与注册商标所核定使用的商品并不是同一种商品或类似商品,而且注册商标也不是驰名商标,不损害驰名商标利益,一般不确认通用网址侵犯注册商标专用权;当通用网址的注册人并非经营者,注册通用网址的目的也并非提供商品时,一般不确认侵犯注册商标专用权。"[①]该案因原被告双方的经营领域有交叉,构成商品或服务的类似而判定被告行为构成侵权。但法院的观点已经非常明确,如果双方商品或服务的类别不相同或近似,但商标是驰名商标的,损害驰名商标利益,仍然有构成商标权侵权的可能。

(三) 容易使相关公众产生误认

相关公众会就商品来源或商品提供者之间的关系产生错误认识,是以域名开展电子商务侵犯商标权行为构成的前提。

以域名侵犯商标专用权的行为,实际上是域名抢注他人商标的行为。早在1999年,我国法院就审理过该类案件。荷兰英特艾基公司与北京国网信息有限责任公司域名纠纷案,被称为中国历史上域名抢注的典型案例。原告是一家在荷兰注册、从事大型家具和家居用品的公司,多年来已经陆续在九十多个国家和地区的多种商品和服务项目上注册并使用"IKEA"和"IKEA"及图形组合商标,在世界28个国家和地区开设有150家经营家具及家居用品的大型连锁专卖店。1983年,该公司在中国商标局注册了"IKEA"商标。1994年至1996年,原告在中国于多种商品和服务上注册了"IKEA"图形组合商标和"宜家"商标。1998年,原告在上海、北京开设了以"IKEA"为标志的大型家居专卖店。

被告于1996年3月成立,经营范围包括计算机网络信息咨询、计算机网络在线服务等。1997年11月19日,被告在中国互联网络信息中心注册了"ikea.com.cn"的域名(注册编号971119005041)。北京国网信息有限责任公司从

[①] 该案具体情况见广东省高级人民法院民事判决书(2004)粤高法民三终字第323号。

1997年起,已经在CNNIC上注册了两千多个域名,包括姓氏、职业、爱好、属相、星座、"I"系列(与互联网相关)、"E"系列(与电子技术相关)。

当时缺乏明确的立法依据,法院认为,被告国网公司将原告"IKEA"驰名商标注册为自己的域名,该行为不仅违反了《中国互联网域名注册暂行管理办法》的有关规定,还有悖《保护工业产权巴黎公约》的精神和我国《反不正当竞争法》的基本原则,侵害了原告作为驰名商标权人的合法权益,其应承担相应的民事法律责任。①

后来最高人民法院《关于审理涉及计算机网络域名民事纠纷案件适用法律若干问题的解释》以及《中国互联网络信息中心域名争议解决办法》发布,对域名引起的争议问题作出了针对性规定。

最高人民法院《关于审理涉及计算机网络域名民事纠纷案件适用法律若干问题的解释》第4条规定,人民法院审理域名纠纷案件,对符合以下各项条件的,应当认定被告注册、使用域名等行为构成侵权或者不正当竞争:(1)原告请求保护的民事权益合法有效;(2)被告域名或其主要部分构成对原告驰名商标的复制、模仿、翻译或音译;或者与原告的注册商标、域名等相同或近似,足以造成相关公众的误认;(3)被告对该域名或其主要部分不享有权益,也无注册、使用该域名的正当理由;(4)被告对该域名的注册、使用具有恶意。该条对域名侵犯驰名商标专用权构成规定要件比较严格,因为它要求被告对域名的注册和使用主观上具有恶意。该解释第5条又明确了主观恶意的认定问题,即被告的行为被证明具有下列情形之一的,人民法院应当认定其具有恶意:(1)为商业目的将他人驰名商标注册为域名的;(2)为商业目的注册、使用与原告的注册商标、域名等相同或近似的域名,故意造成与原告提供的产品、服务或者原告网站的混淆,误导网络用户访问其网站或其他在线站点的;(3)曾要约高价出售、出租或者以其他方式转让该域名获取不正当利益的;(4)注册域名后自己并不使用也未准备使用,而有意阻止权利人注册该域名的;(5)具有其他恶意情形的。被告举证证明在纠纷发生前其所持有的域名已经获得一定的知名度,且能与原告的注册商标、域名等相区别,或者具有其他情形足以证明其不具有恶意的,人民法院可以不认定被告具有恶意。而最高人民法院《关于审理商标民事纠纷案件适用法律若干问题的解释》并不要求域名使用人主观上具有恶意,只以客观上消费者是否可能发生混淆和误认为依据。

笔者认为,不应该以主观恶意作为域名侵犯商标专用权的构成要件,因为被告主观是否具有恶性,只是其承担损害赔偿责任的构成要件,至于应否承担停止侵害等责任,则不应该考虑其主观状态。只要使消费者就商品来源产生了误认,

---

① 该案具体情况可参见北京市第二中级人民法院民事判决书(1999)二中知初字第86号。

或者对商标专用权造成了其他损害,就应该判定域名使用人的侵权责任成立,而在承担责任的方式和程度上考虑其主观恶性因素。如主观上具有恶意则应该承担赔偿责任,甚至加重其损害赔偿责任。

三、以域名侵害商标专用权的责任

最高人民法院《关于审理涉及计算机网络域名民事纠纷案件适用法律若干问题的解释》第 8 条规定,人民法院认定域名注册、使用等行为构成侵权或者不正当竞争的,可以判令被告停止侵权、注销域名,或者依原告的请求判令由原告注册使用该域名;给权利人造成实际损害的,可以判令被告赔偿损失。

一般情况下,只要被告不再使用域名进行电子商务即达到了保护商标专用权人权利的目的,但是,如果商标权人自己也需要通过该域名开展电子商务活动,而其本身又有这种要求,则可以要求判决允许其使用域名注册人已经注册的域名,但法院一般不愿意判令商标权人使用域名,更不会直接判决域名归商标注册权人所有。

在江苏省高级人民法院终审的上海贝拉维拉制衣有限公司与杨晓红计算机网络域名侵犯商标权、企业名称权案中,原告上海贝拉维拉制衣有限公司在女装商品上注册并使用"BELLVILLES""贝拉维拉"商标,被告杨晓红注册了网络域名 www.bellvilles.com,但并未使用。上海贝拉维拉制衣有限公司的诉讼请求是:(1) 确认杨晓红注册、使用 www.bellvilles.com 域名的行为对其所有的"BELLVILLES"商标权、企业名称权构成侵权;(2) 判令杨晓红停止使用 www.bellvilles.com 域名并注销该域名;(3) 判令 www.bellvilles.com 域名转归贝拉维拉公司所有;(4) 案件诉讼费用由杨晓红承担。该案一审法院在判决中只是认定被告杨晓红停止使用并注销 www.bellvilles.com 域名。上海贝拉维拉公司不服,提起上诉。二审法院认为,最高人民法院《关于审理涉及计算机网络域名民事纠纷案件适用法律若干问题的解释》第 8 条规定,人民法院认定域名注册、使用等行为构成侵权或者不正当竞争的,可以判令被告停止侵权、注销域名,或者依原告的请求判令由原告注册使用该域名。判令被告停止侵权、注销域名与依原告的请求判令由原告注册使用该域名是选择关系,而非并列关系,如果法院认定侵权行为成立,判令被告停止侵权、注销域名足以保护商标权人的权利,则可以不必判令由原告注册使用该域名。原告完全可以在被告注销域名后,再向域名注册机构申请注册。因此,江苏省高级人民法院判决维持了一审判决。[①]

---

① 该案具体情况见苏州市中级人民法院民事判决书(2003)苏中民三初字第 028 号、江苏省高级人民法院民事判决书(2004)苏民三终字第 091 号。

思考题：

1. 早在 1976 年 5 月，美国普罗克特和甘布尔公司（俗称宝洁公司）就在中国申请注册了"safeguard"商标，续展有效期至 2006 年 5 月。在国际上，原告自 1962 年起在美国、德国、日本、法国和澳大利亚等多个国家和地区注册了"safeguard"商标，主要生产香皂、沐浴露等日用清洁系列产品，是驰名商标。

2000 年 8 月，宝洁公司准备注册域名时，发现已由上海晨铉智能科技发展有限公司捷足先登。上海晨铉科贸有限公司在 1999 年 1 月 18 日向中国互联网络信息中心申请注册了 safeguard.com.cn 域名。2000 年 1 月 3 日，上海晨铉科贸有限公司更名为上海晨铉智能科技发展有限公司。同年 2 月 1 日，safeguard.com.cn 域名注册人变更为被告。宝洁公司起诉称上海晨铉智能科技发展有限公司"恶意抢注"，侵害其合法权益。

上海晨铉智能科技发展有限公司辩称其主要从事建筑智能化设施和居住小区安保系统的开发与建设，产品是房产安保智能系统，而"safeguard"的含义是安全、防护，用作域名是在情理之中。公司事先并不知道"safeguard"就是舒肤佳，不能说是恶意抢注，而仅是个巧合。

问：上海晨铉智能科技发展有限公司的行为是否构成以域名侵害商标专用权的行为？为什么？

2. 原告亲亲公司始创于 1985 年，原告及其控股子公司自 1993 年起使用"亲亲"商标，经营范围为销售膨化食品、果冻等，拥有注册商标"亲亲及图"，核定使用商品为第 30 类膨化食品、果冻、玉米花、虾味条、膨化土豆片等。被告郝中文在哈尔滨市道外区开设亲亲食品经销部，经营范围为销售小食品，于互联网上注册了中文域名"中国亲亲"和英文域名"www.qinqin-cn.com"，使用"亲亲食品"的标识，用于销售果冻和膨化食品等。

问：原告亲亲公司主张被告郝中文侵犯其商标专用权是否需要证明亲亲商标为驰名商标？为什么？

第九节 网络服务提供者的商标侵权行为

网络服务提供者分为网络内容服务提供者（Internet Content Provide，ICP）和网络中介服务提供者（Internet Service Provide，ISP）。网络内容服务提供者，是指通过自身组织信息，定期或不定期上传至互联网向公众传播的网络服务从业者。网络中介服务提供者主要为公众提供各种信息服务，其通常对上传的信息进行选择、编辑和修改，供公众在域名（IP 地址）范围内进行浏览、阅读或下载。狭义的网络中介服务提供者可细分为：(1) 网络接入服务提供者（Internet

Access Provider, IAP),指网络用户连接至互联网的联机系统的提供者。① 网络接入服务提供者通过租用的公用线路或自己铺设的专用线路为其用户提供接入服务,网络接入服务有拨接式与固接式两种。在我国,IAP 的典型代表就是《电信法》所规定的取得相关执照的电信公司。(2) 网络平台提供者(Internet Platform Provider, IPP),指网络用户在接通网络后使用的各项在线服务之系统的提供者。② 网络平台提供者为用户提供服务器空间,或为用户提供网络接入服务后各项网络相关业务的服务,供用户阅读他人上载的信息和发送自己的信息,甚至进行实时信息交流,如提供电子邮件、文档传输的服务,新闻发布、论坛讨论的服务,全球信息交换、链接等服务的网络服务提供者。例如电子布告板系统(BBS)经营者、邮件新闻组(News Group)及聊天室(Chat Room)经营者等都属于网络平台服务提供者。这一类网络服务提供者一般是按照用户的选择传输和接收信息,但对其网上信息所担当的角色已不仅限于"传输管道",在技术上,网络平台服务提供者可以对信息进行编辑控制。

网络服务提供者可能承担商标侵权责任的主要是网络电子交易平台提供者和网络搜索链接服务提供者。

一、网络电子交易平台提供者的商标侵权问题

网络电子交易平台提供者的商标侵权问题的提出缘于网络电子商务的发展。过去,人们购物去商场,现在人们可以足不出户,通过登录到某个电子交易平台,如淘宝网、易趣拍、当当网、卓越网,点击自己心仪的商品,很快,商品就可以直接送到自己家门。网络交易平台的迅猛发展给人们的生活带来便利的同时,也产生了假冒伪劣商品网上泛滥的后果。如何制止网上售假行为?网络交易平台提供者是否就售假行为承担侵权责任?如果要求网络交易平台就入驻商户售假行为承担侵权责任,应该符合什么条件?各国立法和司法实践都在不断摸索合理的判断规则。

(一) 美国和中国相关案例情况简介

1. 美国蒂凡尼案

2008 年 7 月 14 日,美国联邦地区法院纽约南区法院对蒂凡尼与易趣拍商标侵权纠纷一案作出裁决,认定易趣拍不构成直接侵权和间接侵权。经过合议庭的审判,法院作出了长达 66 页的判决书,纽约南区法院的苏利文法官对该案涉及的法律问题作了详细的分析。

该案原告蒂凡尼是著名的珠宝商,起诉易趣拍在线市场,因为该在线市场销

---

① 马志国、任宝明:《网络服务提供商(ISP)版权责任问题研究》,载《法律科学》2000 年第 4 期。
② 参见张楚:《电子商务法》,中国人民大学出版社 2007 年版,第 167 页。

售假冒蒂凡尼商标的商品,特别是2003年至2006年间,蒂凡尼称有成千上万的假冒蒂凡尼银饰的首饰在易趣拍上出售,因此认为易趣拍构成直接和间接的商标侵权行为、不正当竞争、虚假广告、直接或间接的商标淡化行为。

蒂凡尼称,尽管是每一个销售者在网上发布销售信息且销售假冒蒂凡尼的商品,但易趣拍知道存在问题,因此,它有义务去调查和控制销售者的侵权行为,特别是应该事先拒绝为销售5件以上蒂凡尼商品的人提供发布平台,而在知道蒂凡尼认为销售者从事可能侵权行为时,应立即阻止销售者。

而易趣拍则认为,控制易趣拍网上的假冒行为以及通知其存在假冒行为的责任在蒂凡尼一方,而不是易趣拍。事实上,易趣拍已经在收到存在侵权的通知后,立即将侵权销售信息删除了。

本案件的焦点问题是由谁来承担网络交易中维护蒂凡尼商标专用权的责任。

法院认为,第一,易趣拍在广告、主页以及通过雅虎和谷歌购买的赞助商链接中使用蒂凡尼商标是指明商标权人的合理使用(nominative fair use)。

第二,易趣拍不承担间接侵权责任。在确定易趣拍是否要承担间接侵权责任时,其判断标准不是易趣拍是否合理预见到存在可能的侵权,而是易趣拍是否在其知道或有理由知道销售者存在侵权行为时继续为其提供服务。易趣拍认为只要在蒂凡尼通知其某特定销售者具有侵权可能时,将该销售者进行删除的就不能够判定其承担责任;而蒂凡尼则认为,易趣拍应该在销售列表公开前事先将其删除。法院认为,尽管易趣拍能够合理预见到或者泛泛地知道网上有假冒商品在销售,但法律并不要求易趣拍如拒绝采取事前措施就承担帮助侵权责任。法律要求易趣拍在采取行动之前已经具体知晓哪些商品侵权、哪些销售者侵权。①

二审法院审理后认为,易趣拍对商标权利人商标的使用不构成直接侵权,而它泛泛地知晓自己的网站上存在侵犯商标权人权利的行为,这一事实不足以对其设定一个积极的事前义务,以纠正这些侵权行为,因此其行为亦不构成间接侵权。但是,二审法院将案件部分发回一审法院继续重审,审理易趣拍的行为是否构成虚假广告。②

2. 彪马与淘宝案③

原告鲁道夫·达斯勒体育用品彪马股份公司,1978年就在中国注册了"PUMA"商标、"豹图形"商标和"PUMA及豹图形"商标。商标注册后,原告在中国大量使用了上述商标。由于原告产品质量上乘,加上大量的广告宣传,原告上述商标在中国运动衣、运动鞋等产品上获得了巨大的成功,成为在中国少数几

---

① Tiffany (NJ) Inc. and Tiffany and Company v. eBay, Inc., 576 F. Supp. 2d 463, 2008 WL 2755787 (S.D.N.Y.).
② Tiffany (NJ) Inc. v. eBay Inc., 600 F.3d 93 (C.A.2 (N.Y.), 2010).
③ 该案具体情况见广东省广州市中级人民法院民事判决书(2006)穗中法民三初字第179号。

个世界驰名的运动系列品牌之一。

由第一被告浙江淘宝网络有限公司享有所有权和经营管理的淘宝网为 43932 个 PUMA 产品网络商店提供支持平台,这些网络商店遍布全国,全国性地销售 PUMA 侵权产品。在淘宝网上由第二被告陈仰蓉所经营管理的网络商店也在广州大量销售 PUMA 侵权产品,侵犯了原告注册商标专用权,给原告造成了损害。原告请求法院判令:(1)第一被告赔偿原告损失人民币 100 万元;(2)两被告停止侵权行为;(3)两被告在《广州日报》和《南方都市报》上登文赔礼道歉,内容由法院审定。

法院认为,由于网络延伸空间的全球性,网络服务商不可能对网络商店所售商品商标的合法性进行当面审查。在这种情况下,要求网络服务商对每一个网络商店销售的每一种商品的商标合法性负责,超出了其能力范围。淘宝网在完善售假制裁规则方面作了努力,PUMA 指控其违反了事前审查义务及事后补救义务,协助陈某售假,侵犯了其注册商标权,缺乏依据,法院不予支持。法院同时认定,陈某的售假行为构成侵权。

3. 宝健公司与淘宝案①

原告宝健(中国)日用品有限公司诉称,原告是"宝健""宝芙""宝馨"等商标的专用权人,从事上述品牌的营养保健、美容护肤、日化等产品的研发、生产和销售。2004 年始,被告浙江淘宝网络有限公司经营的 www.taobao.com 网站出现大量低价出售疑似原告上述品牌产品的信息。原告的产品有统一的价格和销售渠道,未授权他人在淘宝网上销售,无法证实网上产品是否为原告生产,无法得知产品质量的真假伪劣。常有消费者向原告举报网上所购产品质量问题,进而对原告产品信誉产生质疑。原告多次要求被告停止侵权未果,被告的所为侵犯了原告的商标等权利。诉请判令:(1)被告停止侵权,在其淘宝网上不再出现原告商标;(2)被告赔偿给原告损害 10 万元;(3)由被告承担本案诉讼费。

法院认为,从法庭调查的情况来看,没有证据显示被告是涉案网上商品的销售商;现有证据显示,被告经营的淘宝网上的网店经营者实施了涉案商品的销售行为,淘宝网为该销售行为提供销售信息平台。根据 2002 年《商标法实施条例》第 50 条第 2 项之规定,故意为侵犯他人注册商标专用权行为提供仓储、运输、邮寄、隐匿等便利条件的行为是侵犯注册商标专用权的行为。因此,本案被告构成商标侵权的条件是网店经营者实施了侵犯原告商标权的行为,且被告明知网店经营者实施了该商标侵权行为但仍为其提供销售信息平台等便利条件。

案件已有证据,不能证明网上销售的涉案商品不是原告生产或者该商品的商标属于假冒、伪造或擅自制造,这使得法院在本案中很难确定网店经营者是否

---

① 该案具体情况见浙江省杭州市西湖区人民法院民事判决书(2009)杭西知初字第 11 号。

实施了商标侵权行为。更何况，根据程序正当原则，在网店经营者没有作为本案被告参加诉讼并对侵权指控进行抗辩的情形下，法院无权对网店经营者是否构成侵权作出认定。判断被告是否故意为网店经营者实施的商标侵权行为提供便利进而构成帮助侵权的前提条件，是网店经营者的侵权责任能够确定，在网店经营者的商标侵权责任至今尚无法判定的情形下，被告作为信息服务平台的提供者因没有过错而无需承担侵权赔偿责任。被告对淘宝网上的销售信息的合法性有审查义务，但根据义务源于法定或约定原则，对该审查义务广度、深度的设定必须源于法律法规的明确规定。为被告设定审查义务，要求其对涉案商品是否构成商标侵权作出专业性判断，缺乏法律依据的支撑。原告要求停止侵权、赔偿损失的诉讼请求应予驳回。

4. 衣念（上海）时装贸易有限公司与顾某等侵犯注册商标专用权纠纷案

该案原告衣念公司经在韩国注册的案外人依兰德有限公司（以下简称依兰德公司）授权而享有"Teenie Weenie"等商标的独占许可使用权。被告顾某以"amyguyuying"注册账号通过淘宝网（www.taobao.com）销售服装，在涉案商品上含有与原告注册商标相近似的标识。原告认为，被告顾某销售的涉案商品并非原告生产及销售，被告顾某的上述行为侵犯了注册商标专用权；而在被告淘宝公司经营的淘宝网上存在大量侵犯涉案注册商标的信息，被告淘宝公司允许被告顾某销售涉案商品的行为，属于为被告顾某的侵权行为提供便利，也构成侵权，故应承担相应的民事责任。

法院指出，"网络服务提供者知道网络用户利用其网络服务侵害他人合法权益或在接到被侵权人的通知后应当及时采取删除、屏蔽、断开链接等必要措施，未及时采取必要措施的，应当承担相应的侵权责任……本案中，原告未提供相应证据证明被告淘宝公司知道被告顾某的侵权行为，原告针对被告顾某销售涉案商品的行为向被告淘宝公司进行了一次投诉，被告淘宝公司收到原告的侵权投诉后，对原告提供的证据进行了初步审查，根据原告的要求暂时保留了涉嫌侵权的商品信息链接，并提供了被告顾某的身份信息。待原告提起诉讼后，被告淘宝公司即删除了相应的商品信息链接。……综上，本院认为，被告淘宝公司作为网络服务提供者已经尽到其应负的合理注意义务。"[①]

(二) 网络电子交易平台提供者商标侵权责任问题分析

从上述四个案例的结果来看，不论是美国的蒂凡尼案，还是我国先后作出判

---

① 衣念（上海）时装贸易有限公司与顾某等侵犯注册商标专用权纠纷案，上海市黄浦区人民法院民事判决书（2010）黄民三（知）初字第40号。类似判决还有衣念时装贸易有限公司与刘玉侠等侵犯商标专用权纠纷案，上海市杨浦区人民法院民事判决书（2010）杨民三（知）初字第54号；衣念（上海）时装贸易有限公司与浙江淘宝网络有限公司侵犯商标专用权纠纷上诉案，上海市第二中级人民法院民事判决书（2010）沪二中民五（知）终字第40号。

决的三起诉淘宝案,法院都不判定网络电子交易平台提供者承担商标侵权责任。只不过四个案件判决的理由有所变化。蒂凡尼案中,法院首先排除了易趣拍的直接侵权责任,因为在搜索引擎提供的搜索服务中,易趣拍使用蒂凡尼商标只是为了说明商品来源,不是作为自己的商标使用,对蒂凡尼商标的使用构成指明商标权人的合理使用。在判断易趣拍是否承担间接侵权的责任时,法院实际上适用了《千年数字版权法》中的避风港原则,认为易趣拍只要履行了通知加删除义务就不承担侵权责任。而在彪马与淘宝网的案件判决中,法院认为,淘宝网只要在完善制裁售假的规则方面作出了努力即履行了它的审查义务,事实上它也不可能审查网络上成千上万件商品来源的合法性。在宝健与淘宝的案件中,法院的说理很充分。它认为网络电子交易平台的提供者和物理空间的交易场所的提供者应该承担的责任一样,都应该适用2002年《商标法实施条例》第50条关于为商标侵权提供便利条件的规定,而该类行为成立的要件有两个,其一,直接侵权行为人的行为构成商标侵权;其二,提供便利条件的帮助实施人主观上是故意。在这个案件中,法院认为,宝健公司没有证明淘宝网上销售的商品就是侵犯其商标专用权的商品,而且淘宝网对网络上销售的这些商品是否是假冒商品也不知晓,法律上也没有为淘宝网设定审查商品合法性的义务。在衣念与淘宝案中,法院实际上适用了避风港原则,认为淘宝网履行了通知加删除义务就不应该再承担间接侵权责任。

由上分析,我们可以得出,网络电子交易平台提供者商标侵权问题处理的基本思路。

1. 网络交易平台不是共同销售者

目前的司法判决大都认定网络交易平台只是平台服务的提供者,不是直接交易人,也不是共同销售者。上海市第一中级人民法院在2005年的判决中就曾明确指出,被告方提供的是网络交易平台服务,该种网络交易平台服务的方式表现为在一个虚拟化的市场上通过计算机系统提供用户注册、登录、查询和浏览功能,使用户之间自行磋商并通过用户的最后确认来达成商品的买卖交易,并且这种交易的实现尤其是商品实物的交付需要交易双方下网来进行交割。在商品成交后,网络用户应当向被告方支付相应的服务费用。在这种交易过程中,被告方并非交易的一方当事人,故其对交易本身并不负责。[①] 但是,在一些特殊情况下,平台中介者和销售者的界限是如此模糊,法院在判决中也很难给出明确的判断。

[①] 参见2001年11月21日公司与被告易趣网络信息服务(上海)有限公司、上海易趣贸易有限公司、亿贝易趣网络信息服务(上海)有限公司商标侵权纠纷案判决,上海市第一中级人民法院民事判决书2005年沪一中民五(知)初第371号。相似判决还可见北京宇宙星贸易有限责任公司与陈宏征、亿贝易趣网络信息服务(上海)有限公司、上海易趣贸易有限公司商标侵权纠纷案判决,山东省青岛市中级人民法院民事判决书(2005)青民三初字第404号。

在北京今日都市信息技术有限公司与株式会社迪桑特等侵害注册商标专用权纠纷案中,一审法院北京市第二中级人民法院认定提供团购活动的网站承担共同销售者的责任;而在二审中,北京市高级人民法院又推翻了一审的判决认定。该案一审原告为株式会社迪桑特,2003年3月21日申请注册的第2000475号商标(简称涉案商标)被核准注册,核定使用在第25类的运动鞋等商品上。2010年4月1日,走秀公司与亮伟鞋业有限公司(简称亮伟公司)签订《平台使用协议》,约定双方合作销售"LEi COQ SPORTIF"品牌运动鞋(简称被控侵权商品)。签订协议时,亮伟公司向走秀公司提供了两份《证明》,用以证明被控侵权商品系从 DISTRINANDO 股份公司购买。2011年3月11日,今日都市公司与走秀公司签订《推广合同》,约定通过今日都市公司的嘀嗒团网站销售被控侵权商品。今日都市公司审查了走秀公司提供的两份《证明》。2011年3月14日至15日,被控侵权商品的团购活动在嘀嗒团网站上进行,共有1858人参与购买。被控侵权商品鞋面上涉案商标标识、鞋垫上的标签标注"出口商 Distrinando S. A"。北京市第二中级人民法院认为,被控侵权商品未经许可使用涉案商标,构成对涉案商标专用权的侵害。走秀公司并未证明其销售的被控侵权商品有合法来源,应当承担赔偿损失等法律责任。今日都市公司向消费者介绍、推荐被控侵权商品,直接向消费者收取货款,消费者也将其视为商品销售者,因此今日都市公司是被控侵权商品的销售者。今日都市公司具备相应的审查能力,但是未尽审查义务,对被控侵权商品的销售有过错,应当承担赔偿损失等法律责任。[①] 北京市高级人民法院在二审中没有对团购网站的地位进行明确界定。但是,因为消费者确认参加团购后,进行网上支付,由今日都市公司收取消费者所付款项,在扣除技术服务费后,余款划至走秀公司账户。今日都市公司收取的技术服务费为人民币24元,如团购未成功,今日都市公司将款项退回消费者,所以法院据此认为,"团购网站经营者应当承担何种程度的知识产权合法性审查义务,取决于在符合利益平衡的原则下其在团购活动中获得的利益是否要求其应当审查团购商品的具体信息、应当审查团购商品的交易信息和交易行为是否侵权,而不取决于是否称其为'销售者'"。在本案中,今日都市公司从被控侵权商品这特定的团购活动中直接获得经济利益,就应当对此次团购活动中商品的商标合法性进行审查。在本案的特定情况下,无论是否称其为"销售者",今日都市公司应当承担的审查义务与销售者的审查义务相同。[②] 北京市高级人民法院该判决中的潜台词是,从交易活动中获得直接利益的则必须尽更高的注意和审查义务。

[①] 株式会社迪桑特与走秀公司、亮伟鞋业有限公司、北京今日都市信息技术有限公司等侵害注册商标专用权纠纷案,北京市第二中级人民法院(2011)二中民初字第11699号民事判决。
[②] 北京今日都市信息技术有限公司与株式会社迪桑特等侵害注册商标专用权纠纷上诉案,北京市高级人民法院民事判决书(2012)高民终字第3969号。

2. 网络环境下,电子交易平台提供者没有对商品合法性进行审查的义务

蒂凡尼案中,法官在判决最后指出,现行法律之下,蒂凡尼作为商标权人是商标权保护的最终承担者。政策制定者也许会认为现行法律不足以保护权利所有人,因为网络交易的飞速发展使其范围不断扩大,由此导致可能造成商标侵权的行为激增。然而,现行法律之下,究竟由谁来监督易趣拍网络上假冒蒂凡尼商标的行为更有效率并不被考虑——这也是本案未决的问题。

宝健公司与淘宝网的案件中,杭州西湖区人民法院更是明确指出,现行法律规定中找不到为网络电子交易平台提供者施加的这样一项义务,法院也不可能径行为电子交易平台提供者施加这样一个义务。

3. 网络电子交易平台提供者的主观状态是其是否承担侵权责任的关键

无论是适用避风港原则,还是《商标法》第57条第6项中的"故意"要求,网络电子交易平台提供者在主观上知道或应知的状况下都必须承担责任。蒂凡尼案中,法官也认为关键问题要看易趣拍在知道或有理由知道假冒蒂凡尼商品的销售者之后,是否继续允许它们通过易趣拍进行销售。

因此,当网络电子交易平台自己直接提供商品,像当当网和卓越网,它们除了为网上交易者提供一个平台服务外,自己也作为网店销售商品,在这种情况下,如果其自己配送的商品侵犯商标专用权,则它的行为构成直接销售行为,承担直接侵权的责任。

4. 网络电子交易平台提供者承担及时断开链接和删除侵权商品、防止侵权进一步发生的义务

当商标权人已经初步证明了网络电子交易平台上存在商标权侵权的情况,确定了侵权实施者,并向平台提供者发出了通知的情况下,网络电子交易平台提供者有义务及时断开侵权链接,删除侵权商品。

一般情况下,当真正权利人向网络服务提供商提出权利被侵害的主张后,网络服务提供商需要在初步核实后删除链接。此时,网络服务提供者采取措施不仅要及时,还需要进一步采取必要措施预防侵权的继续发生。如果网络服务提供商采取的措施不及时,或者未能采取必要措施防止侵权进一步发生的,它就有可能承担连带责任。

在众多针对淘宝的诉讼中,目前只有极少数案件法院判决原告胜诉,淘宝败诉。其中一案为衣念(上海)时装贸易有限公司与浙江淘宝网络有限公司、杜国发侵害商标权纠纷案。该案基本案情与其他针对淘宝的诉讼没有太大的区别,导致判决结果不同的唯一一个情节是原告多次致函淘宝网,而淘宝网只是删除了侵权链接,而后在直接侵权人的申请下又继续为其提供网络服务。法院在判决中指出,网络服务提供者接到通知后及时删除侵权信息是其免于承担赔偿责任的条件之一,但并非是充分条件。网络服务提供者删除信息后,如果网络用户

仍然利用其提供的网络服务继续实施侵权行为,网络服务提供者则应当进一步采取必要的措施以制止继续侵权。哪些措施属于必要的措施,应当根据网络服务的类型、技术可行性、成本、侵权情节等因素确定。具体到网络交易平台服务提供商,这些措施可以是对网络用户进行公开警告、降低信用评级、限制发布商品信息直至关闭该网络用户的账户等。淘宝公司作为国内最大的网络交易平台服务提供商,完全有能力对网络用户的违规行为进行管理。淘宝公司也实际制定并发布了一系列的网络用户行为规则,也曾对一些网络用户违规行为进行处罚。淘宝公司若能够严格根据其制定的规则对违规行为进行处理,虽不能完全杜绝网络用户的侵权行为,但可增加网络用户侵权的难度,从而达到减少侵权的目的。就本案而言,淘宝公司接到衣念公司的投诉通知后,对投诉的内容进行了审核并删除了杜国发发布的商品信息。根据淘宝网当时有效的用户行为管理规则,其在接到衣念公司的投诉并经核实后,还应对杜国发采取限制发布商品信息、扣分、直至冻结账户等处罚措施,但淘宝公司除了删除商品信息外没有采取其他任何处罚措施。在7次有效投诉的情况下,淘宝公司应当知道杜国发利用其网络交易平台销售侵权商品,但淘宝公司对此未采取必要措施以制止侵权,杜国发仍可不受限制地发布侵权商品信息。淘宝公司有条件、有能力针对特定侵权人杜国发采取措施,淘宝公司在知道杜国发多次发布侵权商品信息的情况下,未严格执行其管理规则,依然为杜国发提供网络服务,这是对杜国发继续实施侵权行为的放任、纵容。其故意为杜国发销售侵权商品提供便利条件,构成帮助侵权,具有主观过错,应承担连带赔偿责任。该案二审法院认为,淘宝公司知道杜国发利用其网络服务实施商标侵权行为,但仅是被动地根据权利人通知采取没有任何成效的删除链接之措施,未采取必要的能够防止侵权行为发生的措施,从而放任、纵容侵权行为的发生,其主观上具有过错,客观上帮助了杜国发实施侵权行为,构成共同侵权,应当与杜国发承担连带责任。二审法院判决驳回上诉,维持一审判决。① 另一案件的案情和判决说理与上述案件基本一致。②

二、网络搜索链接服务提供者的商标侵权问题

网络服务提供商提供搜索、链接服务原本是一个在网络上通过计算机处理自动完成的行为,因此,当我们打开一个搜索引擎,输入一个关键词后,点击搜索,我们就会被搜索引擎指引到与我们的搜索词相关的那些网站,而搜索的结果的排序也是电脑和网络自动处理的。一般情况下,排列在前面的网站都是和我

---

① 上海市第一中级人民法院(2011)沪一中民五(知)终字第40号民事判决书。
② 衣念(上海)时装贸易有限公司与钱某等侵犯注册商标专用权纠纷案,上海市第一中级人民法院民事判决书(2011)沪一中民五(知)终字第159号。

们输入的搜索词最相关的网站,即在网站中关键词出现的频率越高,网站出现的顺序就越靠前。在这种技术安排下,当搜索引擎设置关键词供我们检索时,不会出现商标侵权的问题,因为即使关键词是由商标构成的,搜索中使用商标也是为了找到商标标识的商品。但是,当竞价排名和关键词广告服务出现后,我国常用的两大搜索引擎谷歌和百度就惹上了官司。当然,谷歌在世界范围内也是诉讼缠身。

(一) 搜索链接服务提供者商标侵权案例

谷歌关键词广告(Google AdWords)是Google于2000年启动的项目,广告客户可以通过购买与其业务相关的关键词,使自己的广告出现在Google搜索结果上方及侧方的赞助商链接中。Google的广告排序是根据广告客户对词汇的出价及广告质量决定的,很有可能出现计算机用户搜索某一品牌,却在广告中出现其竞争对手的广告的现象,其排位甚至高于用户原来搜索的品牌。为此,谷歌遭遇了关键词广告诉讼门。在美国,Google一般都与对方和解;在法国,Google损失惨重;2004年,德国法院却认为关键词广告并没有违反德国《商标法》。

在我国,2007年,"绿岛风案"中,广州白云区人民法院判决谷歌免责。该案中,广东台山港益电器有限公司拥有第1211271号"绿岛风Nedfon"商标,核定使用在第11类商品上。但它发现在Google搜索引擎中输入"绿岛风",搜索结果却显示"赞助商链接,绿岛风——第三电器厂",点击则进入了广州市第三电器厂的网站。而广州市第三电器厂同样以生产风幕机为主,两家的产品属于同类,并有市场竞争关系。于是,台山港益电器有限公司一纸诉状将Google以及竞争对手广州市第三电器厂告上了法庭。广州白云区人民法院作出一审判决,判定广州市第三电器厂败诉,Google则免责。广州市中级人民法院二审认为,原审法院对该案的处理结果不当,判决Google与广州第三电器厂共同赔偿台山港益公司经济损失5万元。

在"大众搬场案"中,百度全面败诉。该案中,原告为大众交通(集团)股份有限公司、上海大众搬场物流有限公司,三被告为北京百度网讯科技有限公司、百度在线网络技术(北京)有限公司、百度在线网络技术(北京)有限公司上海软件技术分公司。原告指出,在三被告所有并经营的百度网站(www.baidu.com)的"竞价排名"和"火爆地带"栏目网页中,有大量假冒原告大众搬场公司的网站链接,这些网站经营者均未经过工商登记,不具有经营相关业务的资格,却擅自使用原告大众交通公司享有专用权和原告大众搬场公司享有排他许可使用权的"大众"注册商标,并以与原告大众搬场公司的企业名称相同或近似的名称招揽搬场物流业务。之所以如此,是因为百度开展了竞价排名和火爆地带业务。百度网站的"竞价排名"服务是一种收费服务,用户在"竞价排名"栏目注册账号后,需向百度网站支付推广费,自行选定搜索关键词,并自行设定其网站链接每被点击一次需向百度网站支付的费用,该项服务的最终目的是确保以其选定的关键词进行搜索时,付费越多的用户的网站链接排名越靠前。百度网站的"火爆地带"服务也是一种收费服务,注册用户可以购买以其选定的关键词进行搜索时其网站链接在"火爆地带"栏目中的位置,该搜索结果位于网页搜索结果第1页的右侧,并且每个关键词的"火爆地带"位置为10个,每个位置的价格不同。[①]

审理大众搬场案的上海市第二中级人民法院认为,与搜索引擎通常采用的自然排名相比,"竞价排名"服务不仅需要收取费用,还要求用户在注册时必须提交选定的关键词,因此,百度网站有义务也有条件审查用户使用该关键词的合法性,在用户提交的关键词明显存在侵犯他人权利的可能性时,百度网站应当进一步审查用户的相关资质,例如要求用户提交营业执照等证明文件,否则将被推定为主观上存在过错。在本案中,被告百度在线公司上海分公司作为"竞价排名"服务上海地区业务的负责人应当知道"大众"商标的知名度,许多申请"竞价排名"的用户与两原告毫无关系,却以"上海大众搬场物流有限公司"或者"大众搬场"为关键词申请"竞价排名"服务,致使搜索结果中出现了两个名称完全相同、从事业务相同但其他内容和联系信息完全不同的网站。综上,法院认为,百度网站应当知道存在第三方网站侵权的可能性,就此应当进一步审查上述第三方网站的经营资质,但根据三被告的陈述,百度网站对于申请"竞价排名"服务的用户网站除进行涉黄涉反等最低限度的技术过滤和筛选以外,没有采取其他的审查措施,未尽合理的注意义务,进而导致了侵犯原告大众交通公司的注册商标的第三方网站在搜索结果中排名靠前或处于显著位置,使网民误以为上述网站系与原告大众交通公司关联的网站,对原告大众交通公司的商誉造成了一定影响。法院认为,三被告未尽合理注意义务,主观上存在过错,客观上帮助了第三方网站实施商标侵权行为,并造成了损害结果,因此与直接侵权的第三方网站构成共同侵权,应当承担连带民事责任。

但是,关于关键词广告的后续判决却都是一边倒地倾向于搜索引擎服务商。例如杭州盘古自动化系统有限公司与杭州盟控仪表技术有限公司、北京百度网讯科技有限公司侵害商标权纠纷案。该案原告盘古公司和第一被告盟控公司都是做工业自动化仪器仪表的,双方是同行,也是竞争对手。盘古公司称,在百度搜索栏中输入"盘古记录仪"等关键词时,搜索结果列表顶部出现的均是"盘古记录仪专业生产厂家 杭州盟控仪表",而且直接链接进盟控公司的网站。盘古公司认为,盟控公司将盘古公司的商标用于产品销售的广告宣传中,并刻意将自己描述成"盘古记录仪专业生产厂家",误导消费者,侵犯了盘古公司商标专用

---

① 该案具体情况见上海市第二中级人民法院民事判决书(2007)沪二中民五(知)初字第147号。

权。而百度公司允许盟控公司在其网站上发布类似广告信息,同样侵犯了盘古公司的商标专用权。法院认为,从搜索引擎推广服务的操作模式看,创新标题、关键词的选择均由被告推广网站实施,且原告商标的知名度,还不足以使搜索引擎服务商,在合理谨慎的情况下,知道或应当知道客户设置的关键词因与盘古公司的商标近似而涉嫌侵权,因此判定搜索引擎不承担责任。① 在深圳市捷顺科技实业股份有限公司与深圳市九鼎智能技术有限公司、深圳市安百年科技有限公司、百度(中国)有限公司商标侵权纠纷案中,深圳市中级人民法院认为,搜索引擎服务商提供的付费搜索服务在本质上仍属于信息检索技术服务,不属于内容提供服务,鉴于其仅仅通过网站为涉案付费搜索服务提供了技术平台,故对涉案侵权行为,根据"通知+移除"规则,在其接到侵权起诉后立即删除相关涉嫌侵权内容的情形之下,不应承担责任。②

(二)搜索链接服务提供者商标侵权问题分析

大众搬场案的判决结果一出,有肯定者,也有批判者。肯定者认为,从技术和法律两个层面综合来看,百度公司在经营竞价排名服务过程中,至少负有两方面的义务:(1)审查商标关键词是普通词汇还是知名商标。若为知名商标,则需要审查注册商标权利证书、营业执照等相关资质证件,拒绝在未经同意的情况下将他人的文字商标作为关键词进行竞价排名。(2)审查竞价排名关键词链接的目标网页是否有权利瑕疵。尽管理论界不少人认为,让搜索引擎服务商审查自己收集的所有信息是否存在权利瑕疵是不现实的,但无论是从技术实现角度还是从成本效益和投入产出角度而言,搜索引擎服务商在经营竞价排名有偿服务时必须负有审查知名商标作为关键词链接的目标网页内容合法性的义务,因为百度公司有能力做到这一点。百度搜索引擎也可以通过事前设置某些知名商标关键词字段的方式,屏蔽一些涉嫌侵权的网页。③

批判者认为,无论从规范分析还是从实证研究的角度分析,判决结论都是不成立的,由此导致一审判决逻辑不够严谨,判决结果难以令人信服。从现行《商标法》的规定看,将他人商标作为竞价排名关键词的行为不符合商标侵权的构成要件。竞价排名中关键词的使用不可能造成消费者混淆。从使用行为的属性上来说,对竞价排名关键词的使用不属于商标法意义上的商标使用行为。禁止将他人商标作为竞价排名的关键词,不仅对制止侵权没有实际效果,而且缺乏可

---

① 参见杭州盘古自动化系统有限公司与杭州盟控仪表技术有限公司、北京百度网讯科技有限公司侵害商标权纠纷案,浙江省杭州市滨江区人民法院(2011)杭滨初字第11号民事判决书。
② 参见深圳市捷顺科技实业股份有限公司与深圳市九鼎智能技术有限公司、深圳市安百年科技有限公司、百度(中国)有限公司商标侵权纠纷案,深圳市中级人民法院(2011)深中法知名终字第651号民事判决书。
③ 参见黄武双:《搜索引擎服务商商标侵权责任的法理基础——兼评"大众搬场"诉"百度网络"商标侵权案》,载《知识产权》2008年第5期。

操作的现实基础。①

从目前情况来看，世界各国对待关键词广告和竞价排名服务的态度不一，立法规范都尚付阙如。本书认为，关键词广告与竞价排名服务实质上没有区别，探讨其责任承担问题所遵循的原理相同。在判断搜索服务提供者是否承担责任时，关键需要考虑的因素是该服务提供者的行为、服务的营利性以及服务商审查关键词的可能性。

1. 竞价排名服务或关键词广告服务提供商不是广告发布者

在台山港益电器有限公司与广州第三电器厂、北京谷翔信息技术有限公司侵犯商标专用权一案中，法院判定谷翔公司对其提供的关键词广告服务负有审查义务。法院认为，国家鼓励互联网行业积极创新，鼓励其通过提高技术水平和经营管理水平来提升行业竞争力。随着互联网的迅猛发展，网络用户要在海量信息中寻找自己所需要的信息如同大海捞针，而搜索引擎作为快捷检索信息的网络工具广泛被网络用户使用，为广大网络用户带了巨大的便捷。关键词广告本身是技术创新和经营管理创新的产物，其以搜索引擎技术发展为基础，网络环境下技术和服务的创新和发展绝非脱离法律监管的理由。此外，法院还认定关键词搜索服务是广告并认为该种广告比已有的网络广告更具市场竞争力。关键词广告服务系一种新型的网络广告，根据《广告法》第 4 条及《民法通则》第 148 条的相关规定，谷翔公司因未尽审查义务，客观上对广州第三电器厂的商标侵权行为提供了帮助，应当负连带责任。② 但该案的判决关键在于谷歌公司自己承认了关键词广告是一种广告形式，而案件判决也主要是根据《广告法》第 4 条作出的。该条规定："广告不得含有虚假的内容，不得欺骗和误导消费者。"

后来的相关判决推翻了"关键词广告是广告"的认识，认为关键词广告和竞价排名服务不是一种广告服务，其本质仍然是信息检索服务。在八百客（北京）软件技术有限公司与北京沃力森信息技术有限公司侵犯注册商标专用权纠纷上诉案中，法院认为："作为搜索引擎网站的百度网站为满足为数众多的市场经营者提升自己的网站、商品、服务曝光率以及吸引网络用户注意力的需要，向市场经营者提供有偿的竞价排名服务。竞价排名服务系百度公司基于搜索引擎技术推出的一种网络推广服务方式，市场经营者在百度网站的竞价排名栏目注册账号后，通过自行选定关联到其网站的竞价排名关键词、自行撰写简要概括其网站网页内容的推广信息作为链接标题以及自行设定点击价格，来达到影响搜索关键词与该网站网页的技术相关度之目的，从而使得该网站网页在搜索结果中排

---

① 参见邓宏光、易健雄：《竞价排名的关键词何以侵害商标权——兼评我国竞价排名商标侵权案》，载《电子知识产权》2008 年第 8 期。

② 参见台山港益电器有限公司与广州第三电器厂、北京谷翔信息技术有限公司侵犯商标专用权案，广东省广州市中级人民法院(2008)穗中法民三终字第 119 号。

序优先。竞价排名服务已成为为数众多的市场经营者宣传推广自己的网站、商品、服务以获得更多商业机会的重要途径,但该服务在本质上仍属于信息检索技术服务,并非广告法所规范的广告服务。"①

的确,如果认定搜索引擎服务商提供的是广告服务,根据广告法的规定,它所承担的审查和注意义务会比信息检索服务提供者重。

2. 营利性

与一般搜索服务不同的是,搜索服务商从竞价排名和关键词广告业务中直接获得了利益。在美国《千年数字版权法》关于提供信息定位工具(即提供搜索服务行为)的责任限制的规定中,信息定位工具将用户指引或链接到含有侵权资料或侵权活动的站点而构成侵权,具备下列条件的,不承担责任:(1) 不知道资料或活动侵权,也没有意识到明显属于侵权的事实或情况,而且在知道或意识到侵权事实后,立即删除或者断开资料链接的;(2) 未从有管理权限并能够管理的侵权活动中直接获得经济利益的;(3) 在接到声称侵权的通知书后,立即删除被主张侵权或旨在进行侵权活动的资料的。从中可以看出,搜索服务商提出自己免除承担版权侵权责任的一个重要限制,就是没有从侵权活动中直接获得经济利益。这一限制也同样适用于商标侵权的责任承担构成中。

但是,我们这里需要区别直接获利和收取服务费用。最高人民法院《关于审理侵害信息网络传播权民事纠纷案件适用法律若干问题的规定》第11条规定:"网络服务提供者从网络用户提供的作品、表演、录音录像制品中直接获得经济利益的,人民法院应当认定其对该网络用户侵害信息网络传播权的行为负有较高的注意义务。网络服务提供者针对特定作品、表演、录音录像制品投放广告获取收益,或者获取与其传播的作品、表演、录音录像制品存在其他特定联系的经济利益,应当认定为前款规定的直接获得经济利益。网络服务提供者因提

---

① 八百客(北京)软件技术有限公司与北京沃力森信息技术有限公司侵犯注册商标专用权纠纷上诉案,北京市第一中级人民法院民事判决书(2010)一中民终字第2779号。该案原审原告为沃力森公司,自成立以来一直致力于企业客户管理软件(CRM软件)的研究开发,其对"XTOOLS"注册商标享有专用权,核定使用商品为第42类。八百客公司亦从事CRM软件的研究开发业务,其与沃力森公司之间存在同业竞争关系。在网址为www.baidu.com的百度网站(以下简称百度网站)上以"XTOOLS"为关键词进行搜索,第1项搜索结果系标题为"八百客国内最专业的xtools"的链接,该链接指向网址为www.800app.com的八百客公司网站。原审原告认为,八百客公司作为同业竞争者,理应知晓"XTOOLS"系原告享有专用权的具有较高市场知名度的注册商标,但其仍故意将"XTOOLS"选定为搜索引擎网站的竞价排名关键词,撰写"八百客国内最专业的xtools"推广信息,将本拟通过"XTOOLS"关键词搜索原告网站的相关公众误导至八百客公司网站,致使相关公众对原告与八百客公司所提供的CRM软件服务产生混淆和误认,八百客公司此举已侵犯了"XTOOLS"注册商标专用权。但原审原告认为人民法院依法通知参加诉讼的无独立请求权第三人百度公司作为竞价排名服务提供者在本案中已尽合理的注意、审核和提醒义务,百度公司并不存在侵犯其注册商标专用权的行为,故对百度公司不提出任何诉讼请求。而原审被告则认为,百度公司曾擅自将"XTOOLS"添加为其选定的关键词,导致在百度网站上以"XTOOLS"为关键词进行搜索所得第1项搜索结果为其网站的链接,故应系百度公司而非原审被告实施了涉案侵权行为。

供网络服务而收取一般性广告费、服务费等,不属于本款规定的情形。"该条解释对网络商标侵权案件的处理提供了重要的参考。

3. 搜索链接服务商进行审查的可能性和程度

与一般搜索服务不同的是,搜索服务提供商在提供竞价排名和关键词广告时,用户是需要申请的。因此,搜索链接服务商能够对用户的资质、与关键词之间的关系进行审查。当然该审查只能是初步的审查,由于该服务业务对象范围广,不能对搜索链接服务提供商施加过重的审查义务,但基本的审查程序它应该完成。

在关键词广告和竞价排名服务中,搜索引擎服务提供商承担事前审查义务,过滤一些关键词,但并不对关键词承担全面、主动、事前审查义务。在美丽漂漂(北京)电子商务有限公司与百度时代网络技术(北京)有限公司等侵犯商标权及不正当竞争纠纷案中,法院提出,关于百度公司的行为,本案中,并无证据证明百度公司在提供竞价排名服务之外,另行实施了为薄荷公司选择、添加、推荐关键词,或对薄荷公司进行教唆、帮助的行为。从其应负的注意义务来看,除对明显违反国家法律法规以及具有较高知名度的商标等关键词应予主动排除之外,一般情况下,竞价排名服务商对于选择使用的关键词并不负有全面、主动、事前审查的义务。①

而在另一起诉讼中,法院则明确列举了搜索引擎服务提供者事前审查义务的内容,其中包括:第一,百度公司应以一个合理谨慎的理性人的标准,主动过滤和删除涉及反动、淫秽等违反国家强制性法律规定的关键词,主动注意和审核与具有极高知名度的驰名商标存在冲突的关键词;第二,在与所有竞价排名服务客户签订的推广服务合同中,强调和要求竞价排名服务客户提交的推广信息不得含有侵犯他人知识产权的内容,并通过设置多种投诉渠道,以供发现涉嫌侵权行为的权利人能够得到及时的事后救济等。②

在特殊情况下,即使搜索关键词不属于驰名商标,但如果经营地域相同,竞价排名服务提供者和商标权人共处一地时,法院会推定搜索服务提供者"应该

---

① 美丽漂漂(北京)电子商务有限公司与百度时代网络技术(北京)有限公司等侵犯商标权及不正当竞争纠纷案,北京市海淀区人民法院民事判决书(2011)海民初字第10473号。该案原告美丽漂漂公司从郭云绫处获得了美丽漂漂商标与向尚看齐商标独家许可使用权。美丽漂漂公司为此专门设立了美丽漂漂时尚女性购物网(网址为 www.milipp.com)、投资制作《向尚看齐》《美丽魔法屋》《美丽直播间》等时尚娱乐节目,提供女性健康、美容类服务及产品,使美丽漂漂商标和向尚看齐商标成为知名商标。薄荷公司开办与美丽漂漂时尚女性购物网相竞争的薄荷时尚网(网址为 www.boheshop.com),薄荷公司将"美丽漂漂""向尚看齐"选定为百度公司竞价排名关键词,使用户在百度搜索引擎中输入"美丽漂漂""向尚看齐"均能直接指向薄荷时尚网。百度公司提供"美丽漂漂"和"向尚看齐"关键词的竞价排名服务。

② 参见八百客(北京)软件技术有限公司与北京沃力森信息技术有限公司侵犯注册商标专用权纠纷上诉案,北京市第一中级人民法院民事判决书(2010)一中民终字第2779号。

知道"推广词的选定会侵犯第三方权利。在大众交通(集团)股份有限公司、上海大众搬场物流有限公司与北京百度网络科技有限公司、百度在线网络技术(北京)有限公司、百度在线网络技术(北京)有限公司上海软件技术分公司侵犯商标专用权和不正当竞争案中,被告百度在线公司上海分公司作为"竞价排名"服务上海地区业务的负责人应当知道"大众"商标的知名度,许多申请"竞价排名"的用户与两原告毫无关系,却以"上海大众搬场物流有限公司"或者"大众搬场"为关键词申请"竞价排名"服务,致使搜索结果中出现了两个名称完全相同、从事业务相同但其他内容和联系信息完全不同的网站。综上,法院认为,百度网站应当知道存在第三方网站侵权的可能性,就此应当进一步审查上述第三方网站的经营资质。但根据三被告的陈述,百度网站对于申请"竞价排名"服务的用户网站除进行涉黄涉反等最低限度的技术过滤和筛选以外,没有采取其他的审查措施,未尽合理的注意义务,进而导致了侵犯原告大众交通公司的注册商标的第三方网站在搜索结果中排名靠前或处于显著位置,使网民误以为上述网站系与原告大众交通公司关联的网站,对原告大众交通公司的商誉造成了一定影响。法院认为,三被告未尽合理注意义务,主观上存在过错,客观上帮助了第三方网站实施了商标侵权行为,并造成了损害结果,因此与直接侵权的第三方网站构成共同侵权,应当承担连带民事责任。[①] 法院在此类推适用的是著作权间接侵权判断中的红旗标准。

思考题:

1. 网络电子交易平台提供者承担商标侵权责任的情况有哪些?
2. 在什么情况下,网络搜索和链接服务的提供商要承担商标侵权责任?

第十节 侵犯商标专用权的责任

侵犯商标专用权的法律后果是承担多重法律责任,主要有行政执法中承担的责任、民事法律责任和刑事法律责任。

一、行政执法中承担的责任

我国《商标法》第60条规定,有本法第57条所列侵犯注册商标专用权行为之一,引起纠纷的,由当事人协商解决;不愿协商或者协商不成的,商标注册

[①] 本案一审判决见上海市第二中级人民法院(2007)沪二中民五(知)初字第147号(2008年6月24日);二审判决见上海市高级人民法院(2008)沪高民三(知)终字第116号(2008年11月18日)。

人或者利害关系人可以向人民法院起诉,也可以请求工商行政管理部门处理。工商行政管理部门处理时,认定侵权行为成立的,责令立即停止侵权行为,没收、销毁侵权商品和主要用于制造侵权商品、伪造注册商标标识的工具,违法经营额5万元以上的,可以处违法经营额5倍以下的罚款,没有违法经营额或者违法经营额不足5万元的,可以处25万元以下的罚款。对5年内实施两次以上商标侵权行为或者有其他严重情节的,应当从重处罚。销售不知道是侵犯注册商标专用权的商品,能证明该商品是自己合法取得并说明提供者的,由工商行政管理部门责令停止销售。对侵犯商标专用权的赔偿数额的争议,当事人可以请求进行处理的工商行政管理部门调解,也可以依照《中华人民共和国民事诉讼法》向人民法院起诉。经工商行政管理部门调解,当事人未达成协议或者调解书生效后不履行的,当事人可以依照《中华人民共和国民事诉讼法》向人民法院起诉。

这里,工商行政管理部门责令立即停止侵权行为,没收、销毁侵权商品和主要用于制造侵权商品、伪造注册商标标识的工具、行政罚款等就是商标行政执法中侵权人承担的责任。

关于工商行政管理部门对商标侵权人进行的行政处罚,2013年《商标法》提高了处罚额度,行政罚款根据违法经营额确定,可达到25万元。《商标法实施条例》还进一步规定,在计算违法经营额时,应该考虑侵权商品的销售价格、未销售侵权商品的标价、已查清侵权商品实际销售的平均价格、被侵权商品的市场中间价格、侵权人因侵权所产生的营业收入等因素。

二、民事法律责任

商标侵权中承担民事法律责任的主要方式为停止侵害、赔偿损失。承担停止侵害的民事责任,并不要求侵权人主观上具有过错。

赔偿损失的数额确定很关键,我国《商标法》第63条规定,侵犯商标专用权的赔偿数额,按照权利人因被侵权所受到的实际损失确定;实际损失难以确定的,可以按照侵权人因侵权所获得的利益确定;权利人的损失或者侵权人获得的利益难以确定的,参照该商标许可使用费的倍数合理确定。对恶意侵犯商标专用权,情节严重的,可以在按照上述方法确定数额的1倍以上3倍以下确定赔偿数额。赔偿数额应当包括权利人为制止侵权行为所支付的合理开支。人民法院为确定赔偿数额,在权利人已经尽力举证,而与侵权行为相关的账簿、资料主要由侵权人掌握的情况下,可以责令侵权人提供与侵权行为相关的账簿、资料;侵权人不提供或者提供虚假的账簿、资料的,人民法院可以参考权利人的主张和提供的证据判定赔偿数额。权利人因被侵权所受到的实际损失、侵权人因侵权所获得的利益、注册商标许可使用费难以确定的,由人民法院根据侵权行为的情节判决给予300万元以下的赔偿。

关于这几种赔偿计算方式的关系,最高人民法院《关于审理商标民事纠纷案件适用法律若干问题的解释》曾在第13条规定,人民法院确定侵权人的赔偿责任时,可以根据权利人选择的计算方法计算赔偿数额。其中,侵权所获得的利益,可以根据侵权商品销售量与该商品单位利润乘积计算;该商品单位利润无法查明的,按照注册商标商品的单位利润计算;因被侵权所受到的损失,可以根据权利人因侵权所造成商品销售减少量或者侵权商品销售量与该注册商标商品的单位利润乘积计算。侵权人因侵权所获得的利益或者被侵权人因被侵权所受到的损失均难以确定的,人民法院可以根据当事人的请求或者依职权适用法定赔偿数额。人民法院在确定赔偿数额时,应当考虑侵权行为的性质、期间、后果,商标的声誉,商标使用许可费的数额,商标使用许可的种类、时间、范围及制止侵权行为的合理开支等因素综合确定。当事人依法就赔偿数额达成协议的,应当准许。但2013年《商标法》显然已经确定了损害赔偿计算方式的顺序,即先以实际损失计算;若实际损失无法计算的,则以侵权获益计算赔偿;若损失和获益都无法确定的,则参照商标许可使用费的倍数确定;如果损失、获益和商标许可使用费都难以确定的,再通过法定赔偿额来确定。

2013年《商标法》不仅确定了损害赔偿计算方式的顺序,同时还在商标侵权责任中首次引进了惩罚性赔偿制度,在处理恶意侵权、情节严重的侵权案件时,赔偿额可以提高到正常赔偿额的1到3倍。

关于法定赔偿金,2013年《商标法》也提高了上限额度,从原来的50万元,提高到了300万元。这样,商标侵权法定赔偿数额已经超过了《专利法》中规定的100万元的法定赔偿金的上限。不论是惩罚性赔偿制度的引进,还是提高法定赔偿额的上限,均显示了我国《商标法》遏制商标侵权、营建良好的市场秩序的决心。

制止侵权行为所支付的合理开支,包括权利人或者委托代理人对侵权行为进行调查、取证的合理费用。人民法院根据当事人的诉讼请求和案件具体情况,可以将符合国家有关部门规定的律师费用计算在赔偿范围内。

三、刑事法律责任

我国《商标法》第61条规定,对侵犯注册商标专用权的行为,工商行政管理部门有权依法查处;涉嫌犯罪的,应当及时移送司法机关依法处理。根据《商标法》第67条和《刑法》第213至215条关于侵犯知识产权罪的规定,有关商标的犯罪主要有以下几类。

(一) 假冒注册商标罪

我国《商标法》第67条第1款规定,未经商标注册人许可,在同一种商品上使用与其注册商标相同的商标,构成犯罪的,除赔偿被侵权人的损失外,依法追究刑事责任。我国《刑法》第 213 条规定,未经注册商标所有人许可,在同一种商品上使用与其注册商标相同的商标,情节严重的,处 3 年以下有期徒刑或者拘役,并处或者单处罚金;情节特别严重的,处 3 年以上 7 年以下有期徒刑,并处罚金。

(二) 伪造、擅自制造、销售非法制造的他人注册商标标识罪

我国《商标法》第 67 条第 2 款规定,伪造、擅自制造他人注册商标标识或者销售伪造、擅自制造的注册商标标识,构成犯罪的,除赔偿被侵权人的损失外,依法追究刑事责任。我国《刑法》第 215 条规定,伪造、擅自制造他人注册商标标识或者销售伪造、擅自制造的注册商标标识,情节严重的,处 3 年以下有期徒刑、拘役或者管制,并处或者单处罚金;情节特别严重的,处 3 年以上 7 年以下有期徒刑,并处罚金。

(三) 销售假冒注册商标商品罪

我国《商标法》第 67 条第 3 款规定,销售明知是假冒注册商标的商品,构成犯罪的,除赔偿被侵权人的损失外,依法追究刑事责任。我国《刑法》第 214 条规定,销售明知是假冒注册商标的商品,销售金额数额较大的,处 3 年以下有期徒刑或者拘役,并处或者单处罚金;销售金额数额巨大的,处 3 年以上 7 年以下有期徒刑,并处罚金。

四、商标即发侵权行为的制止

商标侵权行为发生后,会给商标权人带来损害,这些损害有时是难以通过赔偿损失等责任承担方式来弥补的。因此,如果确实有证据证明,侵权人即将实施商标侵权行为,而一旦发生侵权,权利人将受到难以弥补的损害,这时,商标权人就可以在起诉前请求人民法院提供诉前措施,制止即将发生的侵权行为。

《商标法》第 65 条规定,商标注册人或者利害关系人有证据证明,他人正在实施或者即将实施侵犯其注册商标专用权的行为,如不及时制止,将会使其合法权益受到难以弥补的损害的,可以在起诉前向人民法院申请采取责令停止有关行为和财产保全的措施。第 66 条规定,为制止侵权行为,在证据可能灭失或者以后难以取得的情况下,商标注册人或者利害关系人可以依法在起诉前向人民法院申请保全证据。

至于哪些行为可以认定为《商标法》第 65 条规定的即将实施侵犯注册商标专用权的行为,北京市高级人民法院《关于审理商标民事纠纷案件若干问题的解答》中指出,下列行为可以认定为即将实施侵犯注册商标专用权的行为:

(1) 以销售为目的持有侵权商品;

(2) 以销售为目的发布侵权商品宣传广告;

(3) 以制造或者销售侵权商品为目的,持有侵权标识或者带有侵权标识的包装物;

(4) 其他可以认定为即将实施的侵权行为。

该解答虽然不具有规范效力,但解答的精神对我们判断商标即发侵权的构成具有重要参考价值。

思考题:

1. 如何确定侵犯商标专用权的侵权人应该承担的损害赔偿的具体数额?
2. 在哪些情况下,法院应该为商标权人提供诉前保护措施?

第八章　商标的国际保护

随着全球经济一体化进程的推进,国际贸易的发展,商标国际注册与保护问题越来越受到重视。除了商标国际注册值得我们关注外,区域经济共同体制定的一些通行于共同体内部、对共同体所有成员国有拘束力的商标注册规则也需要我们研究。

第一节　欧盟商标

欧洲经济一体化进程的加快,推进了其共同体法律一体化的步伐,而法律一体化又反过来促进经济一体化。以商标为例,欧盟商标的出现为成员国提供了一条获得商标权保护的通途,同时也为其他国家和地区的经营实体进入欧洲市场开展商业活动提供了便捷。本书从注册的角度谈共同体商标的有关问题,探讨其利弊优劣,为我国企业寻求商标在欧盟的保护提供启示。

一、欧盟商标注册依据及管理机构

1993年12月20日,欧盟理事会通过了《共同体商标条例》(Community Trademark Regulation),该条例是共同体商标(CTM)立法的基本法,而后经过多次修改。欧盟共同体商标是根据《共同体商标条例》的规定,在欧盟内部市场协调局(OHIM)注册的,在欧盟范围内有效的商标,商标保护不受成员国疆域的限制,有效期为10年,期满后可以续展。

从商标管理机构来看,共同体商标的注册由欧盟内部的市场协调局负责,其职能在于促进和管理共同体内部的商标以及共同体设计,执行共同体工业产权权利注册程序,并对其进行公告。协调局在法律、行政地位及财政上独立,具有独立的法人地位,收入的主要来源是注册费以及商标续展费用。协调局根据《欧共体法》(European Community Law)设立,其活动受制于该法。协调局除依据《欧共体法》开展活动外,其决定的合法性还受欧盟法院的监督,欧盟法院包括欧洲初审法院以及欧洲法院。

2015年12月,欧洲议会和欧盟理事会修改了《共同体商标条例》,本次修订于2016年3月23日生效。据此,欧洲共同体商标正式改为欧盟商标(the European Union trade mark),而欧洲内部市场协调局也更名为欧盟知识产权局

(the European Union Intellectual Property Office, EUIPO)。①

二、欧盟商标注册流程

欧盟商标注册程序和我国商标注册程序没有实质性区别,也要经过申请、审查、检索、公告、异议、注册、无效或撤销等阶段(具体程序参见下图所示),但由于欧盟商标涉及跨管辖区的商标注册问题,又在一些阶段体现出特殊性。

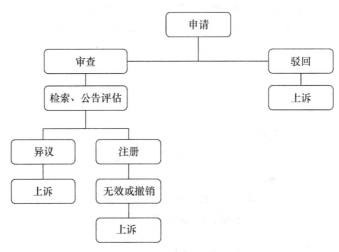

欧盟商标注册程序

(一) 申请

欧盟商标注册申请的方式有三种:网上申请、传真或邮寄。通过传真或邮寄提出申请的,欧盟知识产权局提供申请表格。通过网上申请和申请表格,申请人要提供如下信息:申请人的姓名、地址、第一或第二语言、商标描述、商标要注册的商品或服务的列单、商标代理人信息等。主张优先权的,要在申请之时提出,并在申请后的3个月内提交证明文件。

(二) 审查

欧盟知识产权局收到申请后就出具一个收据,并开始审查程序。在申请符合最低要求时确定申请日,核对商品和/或服务的分类。发现拒绝注册的绝对理由的,则驳回申请,否则接受商标注册申请。

在任何阶段,如发现问题,欧盟知识产权局都会向申请者发出反对意见书,要求申请人补充。申请人不补充则视为申请暂时被驳回。对相关驳回决定不服的,当事人可以上诉至上诉委员会。

---

① 相关问题的详细情况可登录以下网站了解:https://oami.europa.eu/ohimportal/en/eu-trade-mark-regulation。

(三) 检索

对欧盟商标申请启动审查后,欧洲知识产权局会提出欧盟检索报告(European Union Search Report)。除欧盟检索报告外,还有成员国国内检索报告。在申请人提出进行成员国国内检索并缴纳相关费用后,欧盟知识产权局须及时将其申请及请求转到成员国知识产权主管机关,以便其进行相关检索。

(四) 公告、评估、异议

一旦欧盟商标申请被接受,国内和欧盟检索报告发给申请人,就会在《欧盟商标公告》上进行公告,而后是3个月的异议期。

欧盟商标申请公告后,第三方可以因商标存在拒绝注册的绝对事由而提出评估(observations)。但第三方不会作为欧盟知识产权局程序的当事人。欧盟知识产权局决定评估是否有根据,如果有根据则会发给申请人,要求其提出意见。

欧盟商标申请公告后,如果存在拒绝商标注册的相对理由,则第三方可以向欧盟知识产权局提出异议。异议处理机构为上诉委员会;如果申请人或异议人对上诉委员会的决定不服,还可以起诉到欧洲普通法院(European General Court)乃至欧洲法院(ECJ)。

(五) 无效及撤销

欧盟知识产权局对商标撤销和无效申请具有专属管辖权,但是,欧盟成员国国内指定的欧盟商标法院(European Union Trademark Courts)在审理案件时,如遇到侵权诉讼中涉及反诉欧盟商标无效或应被撤销的,也可以宣布商标无效或被撤销。欧盟商标法院是各成员国指定的本国国内法院,这些法院对有关欧盟商标的纠纷在成员国内享有专属管辖权。从审级来看,成员国同时指定欧盟商标法院一审法院和欧盟商标法院二审法院。欧盟商标法院与欧洲知识产权局及欧盟法院相互配合,保障欧盟商标在欧盟范围内权利的实现。

(六) 上诉

不服欧洲知识产权局决定的人可以向上诉委员会提出上诉,上诉期限为收到决定后的两个月。上诉以上诉通知(Notice of Appeal (NoA))的形式提出;在收到不服的决定后4个月内,上诉人提交理由陈述(Statement of Grounds (SoG))。上诉通知和理由陈述都必须以书面形式提出,而且必须以针对的决定所使用的语言提出。

收到理由陈述后,上诉委员会的登记处(the Registry of the Boards)将上诉转给作出原来决定的机构,由其决定是否修改原来的决定,或者在认为上诉不成立时将上诉移交给上诉委员会。

上诉委员会对上诉进行审查的程序分两种情况,一为不存在对方当事人的情况,一为存在对方当事人的情况。

1. 上诉的审查:不存在对方当事人的情况(Ex-Partes Cases)

如果上诉不存在对方当事人,而上诉所针对的决定的作出机构认为上诉是有根据的,可以接受的,则该机构可对决定作出纠正。如果作出决定的机构未在收到理由陈述的一个月内纠正其决定,则无需对上诉作出任何价值判断,须立即将其转到上诉委员会。

2. 上诉的审查:存在对方当事人的情况(Inter-Partes Cases)

如果上诉存在对方当事人,而上诉所针对的决定作出机构认为上诉是有根据的,且可以接受,则其可对决定进行纠正。但决定作出机构必须通知对方当事人,而且仅在对方当事人收到通知后两个月内接受该纠正决定时,决定才得以纠正;否则,该上诉必须立即移交上诉委员会。若作出决定的机构认为上诉没有根据,也可在收到理由陈述的一个月之内将上诉直接移交到上诉委员会。

上诉委员会对上诉进行审查后,可以将决定发回原来作出决定的机构,由其作进一步审查,也可以直接作出具体决定。

对上诉委员会决定不服的,在收到决定后两个月内,当事人可以向欧洲普通法院起诉。对欧洲普通法院适用法律的有关问题不服的,当事人还可以向欧盟法院上诉。欧盟法院可以维持、撤销或改变上诉委员会的决定。

(七) 欧盟商标续展

和我国商标续展的程序一样,欧盟商标也可以续展,为此,商标权人享有6个月的续展期和6个月的宽展期。

欧盟商标续展要缴纳续展费,如果是一般商标,每件商标缴纳1000欧元续展费;如果通过网络申请续展则为850欧元;在第二种商品或服务上申请续展的,加收50欧元;在第三种及以上商品或服务上申请续展的,每类另加150欧元。如果为集体商标,续展费为每件商标1800欧元,网络申请续展的基础费用为1500欧元,在第二种商品或服务上申请续展的,加收50欧元;在第三种及以上商品或服务上申请续展的,每类另加150欧元。如果是在宽展期提出续展申请的,或者是迟延缴费的,则加收25%手续费,1500欧元封顶。

注册欧盟商标的优势首先体现为程序简单,只需要一个单一注册程序,即通过一种语言提出一个申请、由一个行政管理中心受理并对申请文件进行管理。其次,欧盟商标效力范围广,它在欧盟28个成员国内享有专有权,随着欧盟规模的扩大,欧盟商标还会自动延伸保护到新参加的成员国,而不必通过任何手续或缴纳额外费用。

但对大多数国内企业来说,申请欧盟商标也要考虑申请成本,因为成功获得欧盟商标注册需要缴纳申请费和注册费。以目前的标准来看,通过网上提交电子申请的申请费是每件850欧元,在第二种商品或服务上申请同一商标的,加收50欧元,在第三种及以上商品或服务上申请同一商标的,每类加收150欧元。

纸面申请底价为每件 1000 欧元,在第二种商品或服务上申请同一商标的,加收 50 欧元,在第三种及以上商品或服务上申请同一商标的,每类加收 150 欧元。另外,申请人还需要缴纳检索报告的费用。

思考题:

1. 欧盟商标注册的程序是怎样的?
2. 注册欧盟商标的优势是什么?

第二节 商标国际注册

商标国际注册是根据 1891 年 4 月 14 日《商标国际注册马德里协定》及其实施细则建立的马德里联盟成员国间的注册体系。申请人通过其所属国的国家商标局向设在瑞士日内瓦的世界知识产权组织国际局申请商标国际注册,然后通过国际局延伸到各成员国家。

一、商标国际注册与保护的主要公约

与商标国际注册有关的问题主要是由《商标国际注册马德里协定》及《商标国际注册马德里有关议定书》《保护工业产权巴黎公约》《商标注册用商品和服务国际分类尼斯协定》《与贸易有关的知识产权协定》等公约完成的。

(一)《保护工业产权巴黎公约》

《保护工业产权巴黎公约》(以下简称《巴黎公约》)签订于 1883 年 3 月 20 日,1884 年 7 月 7 日正式生效,于 1985 年 3 月 19 日对中国生效。《巴黎公约》多指 1967 年斯德哥尔摩文本。《巴黎公约》规定了对驰名商标、厂商名称的保护。除规定了国民待遇原则、优先权原则外,该公约针对商标保护还作了如下规定:

1. 规定了商标独立保护原则

申请和注册商标的条件,由本同盟成员国的国内法决定。在本同盟一个成员国内正式注册的商标,应视为与在本同盟其他成员国中——包括申请人所属国——注册的商标是相互独立的。然而,对本同盟成员国国民在本同盟任何成员国中所提出的商标注册申请,不能以未在本国申请、注册或续展为理由而加以拒绝或使其注册失效。

2. 强调对驰名商标的保护

商标注册国或使用国主管机关认为一项商标在该国已成为驰名商标,已经成为有权享有本公约利益的人所有,而另一商标构成对此驰名商标的复制、仿造

或翻译,用于相同或类似商品上,易于造成混乱时,本同盟各国应依职权——如本国法律允许——或应有关当事人的请求,拒绝或取消该另一商标的注册,并禁止使用。商标的主要部分抄袭驰名商标或是导致造成混乱的仿造者,也应适用本条规定。自注册之日起至少5年内,应允许提出取消这种商标的要求。允许提出禁止使用的期限,可由本同盟各成员国规定。对于以不诚实手段取得注册或使用的商标提出取消注册或禁止使用的要求的,不应规定时间限制。

3. 禁止使用国徽、官方标志和政府间组织的标志

对未经主管当局同意而将本同盟成员国的纹章、国旗和其他象征国家的标志、各该国用以表明权力和授权的官方符号和标志以及任何形同仿造纹章用作商标或商标的组成部分者,本同盟成员国可以拒绝注册或使其注册失效,并采取适当措施禁止使用。

4. 规定了商标转让所受的限制

当依照本同盟一个成员国的法律,商标转让只有连同该商标所属厂商或牌号同时转让方为有效时,则只需将该厂商或牌号在该国的部分连同带有被转让商标的商品在该国制造或销售的独占权一起转让给受让人,就足以承认其转让为有效。

5. 规定了在本同盟一个成员国内注过册的商标在本同盟其他成员国内所受的保护

凡原属国予以注册的商标,本同盟其他成员国也应同样接受申请注册和保护,但本条所规定的保留条件除外。原属国系指申请人设有真实、有效的工商企业的本同盟成员国,如申请人在本同盟内没有这样的企业,则指他设有住所的本同盟成员国;如申请人是本同盟成员国的国民但在本同盟内没有住所,则指他的国籍所属的国家。

6. 规定了对服务商标的保护

(二)《商标国际注册马德里协定》

1891年4月14日,由当时已实行了商标注册制度的法国、比利时、西班牙、瑞士和突尼斯等国发起,在马德里缔结《商标国际注册马德里协定》,简称《马德里协定》,于1892年7月生效,现指1967年斯德哥尔摩文本。它是《巴黎公约》框架内的一个程序性协定,只对《巴黎公约》成员国开放。中国自1989年10月4日起成为《马德里协定》的成员国。关于该公约的主要规定,本书在商标国际注册程序中介绍。

(三)《商标注册用商品和服务国际分类尼斯协定》

目前,国际商品分类根据是于1957年6月15日在法国尼斯外交会议上正式签订,并于1961年4月8日生效的国际公约——《商标注册用商品和服务国际分类尼斯协定》(Nice Agreement Concerning the International Classification of

Goods and Services for the Purposes of the Registration of Marks)。《尼斯协定》的成员国目前已发展到 84 个。我国于 1994 年 8 月 9 日加入了尼斯联盟。《尼斯协定》的宗旨是建立一个共同的商标注册用商品和服务国际分类体系,并保证其实施。目前,国际分类共包括 45 类,其中商品 34 类,服务项目 11 类,共包含一万多个商品和服务项目。申请人所需填报的商品及服务一般说来都在其中了。不仅所有尼斯联盟成员国都使用此分类表,而且,非尼斯联盟成员国也可以使用该分类表。所不同的是,尼斯联盟成员可以参与分类表的修订,而非成员国则无权参与。截至 2016 年 2 月,《尼斯协定》共有 84 个成员国。尼斯分类一般每五年修订一次,一是增加新的商品,二是将已列入分类表的商品按照新的观点进行调整,以求同类商品更具有内在的统一性。最近一次的修订版(第十版)于 2012 年 1 月 1 日正式使用。该分类把商品和服务共分为 45 类。与第九版相比,第十版根据市场形势新增部分新的商品项目,对已经被市场淘汰和优化的产品进行修改、移类或者删除。根据世界知识产权组织的要求,2016 年 1 月 1 日起,尼斯联盟成员国正式启用商标尼斯分类第十版 2016 文本,简称 NCL(10-2016)。

(四)《商标国际注册马德里协定有关议定书》

《商标国际注册马德里协定有关议定书》的签订旨在引入一些改进措施,以弥补《商标国际注册马德里协定》的一些缺陷,使更多的国家或组织能够加入国际注册联盟。与《商标国际注册马德里协定》相比,《商标国际注册马德里协定有关议定书》简化了程序,更方便注册申请人注册。《商标国际注册马德里协定有关议定书》(简称《马德里议定书》)于 1989 年 6 月 27 日签订,1995 年 12 月 1 日生效。它对商标国际注册的贡献,本书将在注册程序部分介绍。

(五)《与贸易有关的知识产权协定》(《TRIPs 协定》)

1994 年 4 月 15 日,乌拉圭回合谈判最后文件在摩洛哥的马拉喀什签署。乌拉圭回合取得了重大成果,主要表现在两个方面:一是就各项谈判议题达成了"一揽子协议",二是建立了世界贸易组织(WTO),结束了《关税与贸易总协定》的临时适用状态。《TRIPs 协定》强调自由贸易,规定了知识产权国际保护中的一些基本原则,如国民待遇和最惠国待遇原则、优先权原则,等等,它还建立了一个执行力很强的争端解决机制。关于商标,它集中规定在第一部分第二节。

1. 规定了商标的构成要素,开放对非视觉商标的注册,但成员国可以规定仅注册可视性标志

任何能够将一企业的商品或服务与其他企业的商品或服务区分开的标记或标记组合,均应能够构成商标。这类标记,尤其是文字(包括人名)、字母、数字、图形要素、色彩的组合,以及上述内容的任何组合,均应能够作为商标获得注册。即使有的标记本来不能区分有关商品或服务,成员亦可依据其经过使用而获得

的识别性,确认其可否注册。成员可要求把"标记应系视觉可感知"作为注册条件。

2. 在商标权取得模式上,成员国可以采取使用取得制,但不能将使用作为可注册的前提

成员可将"使用"作为可注册的依据,但不得将商标的实际使用作为提交注册申请的条件,不得仅因为自申请日起未满3年期不主动使用而驳回注册申请。

3. 规定商标注册的非歧视原则

申请注册的商标所标示的商品或服务的性质,在任何情况下均不应成为该商标获得注册的障碍。

4. 规定了商标权的权利范围

注册商标所有人应享有专有权防止任何第三方未经许可而在贸易活动中使用与注册商标相同或近似的标记去标示相同或类似的商品或服务,以避免造成混淆的可能。如果确将相同标记用于相同商品或服务,即应推定已有混淆之虞。上述权利不得损害任何已有的在先权,也不得影响成员依使用而确认权利效力的可能。

5. 规定了驰名商标的保护

确认某商标是否系驰名商标,应顾及有关公众对其知晓程度,包括在该成员地域内因宣传该商标而使公众知晓的程度。驰名商标的保护范围扩大,原则上适用于与注册商标所标示的商品或服务不类似的商品或服务,只要一旦在不类似的商品或服务上使用该商标,即会暗示该商品或服务与注册商标所有人存在某种联系,从而注册商标所有人的利益可能因此受损。

6. 规定了商标权保护的例外

成员可规定商标权的有限例外,诸如对说明性词汇的合理使用之类,只要这种例外顾及了商标所有人及第三方的合法利益。

7. 规定了商标权的最低保护期限

商标的首期注册及各次续展注册的保护期,均不得少于7年。商标的续展注册次数应系无限次。

8. 规定了商标的使用要求以及连续3年不使用撤销制度

如果要将使用作为保持注册的前提,则只有至少3年连续不使用,商标所有人又未出示妨碍使用的有效理由,方可撤销其注册。如果因不依赖商标所有人意愿的情况而构成使用商标的障碍,诸如进口限制或政府对该商标所标示的商品或服务的其他要求,则应承认其为"不使用"的有效理由。

9. 规定了商标的许可与转让

与《巴黎公约》不同,《TRIPs协定》不要求商标必须同经营一道转移。成员可确定商标的许可与转让条件;而"确定条件"应理解为不得采用商标强制许可

制度,同时,注册商标所有人有权连同或不连同商标所属的经营一道,转让其商标。

二、商标国际注册的程序

(一)《马德里协定》规定的商标国际注册程序

1. 所属国注册或基础注册

每一个国际注册申请必须用规定的格式提出;商标原属国的注册当局应证明这种申请中的具体项目与本国注册簿中的具体项目相符合,并说明商标在原属国的申请和注册的日期和号码及申请国际注册的日期。所属国的确定方式有三种:设有真实有效的营业场所的国家;住所所在地国家;国籍所属国家。

2. 向国际局申请

申请商标国际注册,可以直接到商标局办理或者邮寄办理,或者委托代理组织办理。申请人应指明使用要求保护的商标的商品或服务项目,如果可能,也应指明其根据《商标注册用商品和服务国际分类尼斯协定》所分的相应类别。如果申请人未指明,国际局应将商品或服务项目分入该分类的适当类别。申请人所作的类别说明须经国际局检查,此项检查由国际局会同本国注册当局进行。如果本国注册当局和国际局意见不一致时,以后者的意见为准。

3. 国际局注册

国际局应对按规定提出申请的商标立即予以注册。如果国际局在向所属国申请国际注册后两个月内收到申请时,注册时应注明在原属国申请国际注册的日期,如果在该期限内未收到申请,国际局则按其收到申请的日期进行登记。国际局应不迟延地将这种注册通知有关注册当局。根据注册申请所包括的具体项目,注册商标应在国际局所出的定期刊物上公布。

在国际局生效的注册日期开始,商标在每个有关缔约国的保护,应如同该商标直接在该国提出注册的一样。办理国际注册的每个商标,享有《保护工业产权巴黎公约》第4条所规定的优先权,而不必再履行该条第4款所规定的各项手续。

4. 领土延伸保护要求

在国际注册以后所提出的关于领土延伸的任何要求,必须用规定的格式,通过原属国的注册当局提出。国际局应立即将这种要求注册,不迟延地通知有关注册当局,并在国际局所出的定期刊物上公布。这种领土延伸自在国际注册簿上已经登记的日期开始生效,在有关的商标国际注册的有效期届满时停止效力。

5. 各国注册当局的批驳

某一商标注册或延伸保护的请求经国际局通知各国注册当局后,经国家法律授权的注册当局有权声明在其领土上不能给予这种商标以保护。根据《保护工业产权巴黎公约》,这种拒绝只能以对申请本国注册的商标同样适用的理由为根据。但是,不得仅仅以除非用在一些限定的类别或限定的商品或服务项目上,否则本国法律不允许注册为理由而拒绝给予保护,即使是部分拒绝也不行。

6. 商标公告、注册证、续展证及其他通知

国际注册以后所提出的领土延伸的任何要求,必须以规定的格式通过原属国注册当局提出。国际局应立即将这种要求通知有关注册当局,并公布在其定期刊物上。领土延伸保护自国际注册簿上登记之日起生效。

在国际局的商标注册的有效期为 20 年,任何注册均可续展,期限自上一次期限届满时算起为 20 年。

接到延伸保护请求的成员国注册当局,有权声明在其领土上不能给这种商标以保护,但其最迟应在国际注册后或领土延伸保护请求提出后的一年内通知国际局,并说明理由。

(二)《马德里议定书》的进步

与《马德里协定》相比较,《马德里议定书》的进步性主要体现在如下几个方面:

1. 放宽了对所属国基础注册的要求

根据《马德里协定》,申请人只能依据基础注册提交商标国际注册申请。根据《马德里议定书》,申请人可以依据基础注册或基础申请提交商标国际注册申请。

2. 延长了驳回期限

《马德里协定》成员国的审查期限为 12 个月,也就是说一个国际注册商标自国际局登记此项国际注册之日起,12 个月左右申请人没有收到驳回通知,该商标一般已在被指定的国家给予保护;而《马德里议定书》成员国的审查期限可以是 12 个月,也可以通过声明延长到 18 个月。

3. 增加了规费

按照《马德里协定》提出的国际注册申请只要按照《马德里协定》所规定的统一规费交费即可;根据《马德里议定书》,缔约方商标主管机关可以收取单独规费以取代补充注册费(或称为标准规费)和附加注册费。

4. 增加了可以使用的语言

根据《马德里协定》,申请人只可以选择法语;根据《马德里议定书》,申请人可以选择法语、英语和西班牙语作为收文语言。

5. 增加了国际注册向国内注册转化以保留优先权的规定

根据《马德里协定》,自国际注册之日起 5 年内,如果该商标在国内注册已全部或部分被撤销、注销,那么,无论国际注册是否已经转让,这一国际注册商标在所指定国家都不予以保护,即该国际注册同时被撤销;但《马德里议定书》规

定,申请人可在一定条件下将被撤销的国际注册转换为指定缔约方的国家(或地区)注册,原国际注册日期和优先权可以保留。

三、商标国际注册的优势

(一) 省力

第一,联盟成员国的商标主管机关,直接向世界知识产权组织的国际局办理商标国际注册事宜,不需要委托国内外的代理组织代为申请。

第二,填写一份商标国际注册申请书,可以取得在指定的一个或多个商品类别和在指定的多个成员国国家的商标注册。

第三,使用统一的法语或西班牙语或英语填写申请书,不需要将申请书再译成有关指定保护国家的每种语言。

(二) 省钱

缴纳以瑞士法郎计算的统一的规费,不需要到成员国内每个指定保护的国家分别缴纳费用。国际注册费用低于分别到每个国家注册的费用。

(三) 省时

商标国际注册可以在申请之日起的1年之内或18个月完成。申请人指定保护的国家的商标主管机关如果在1年内不作出驳回的声明,该商标即在该国受到法律保护。

思考题:

1. 《商标国际注册马德里协定有关议定书》改进《商标国际注册马德里协定》商标国际注册程序的背景是什么？有哪些改进措施？

2. 商标国际注册申请的优势是什么？

主要参考书目

一、中文书目

1. 郑成思:《知识产权论》,法律出版社2003年版。
2. 吴汉东主编:《知识产权法》,北京大学出版社2007年版。
3. 刘春田主编:《知识产权法》,中国人民大学出版社2000年版。
4. 郭寿康主编:《知识产权法》,中共中央党校出版社2002年版。
5. 曾陈明汝:《专利商标法选论》,台湾三民书局1977年版。
6. 李扬:《知识产权法总论》,中国人民大学出版社2008年版。
7. 《法国知识产权法典》,黄晖译,郑成思校,商务印书馆1999年版。
8. 李明德:《美国知识产权法》,法律出版社2003年版。
9. 黄晖:《商标法》,法律出版社2004年版。
10. 曾陈明汝:《商标法原理》,中国政法大学出版社2003年版。
11. 文学:《商标使用与商标保护研究》,法律出版社2008年版。
12. 孙建、罗东川主编:《知识产权名案评析》,中国法制出版社1998年版。
13. 孔祥俊:《反不正当竞争法新论》,人民法院出版社2001年版。
14. 颜祥林:《知识产权保护原理与策略》,中国人民公安大学出版社2001年版。
15. 谢铭洋:《智慧财产权之基础理论》,台湾翰芦图书出版有限公司1997年版。
16. 刘孔中:《智慧财产权法制的关键革新》,台湾元照出版有限公司2007年版。
17. 冯晓青:《知识产权法利益平衡理论》,中国政法大学出版社2006年版。
18. 张耕等著:《商业标志法》,厦门大学出版社2006年版。
19. 薛虹:《网络时代的知识产权法》,法律出版社2000年版。
20. 张楚:《电子商务法》,中国人民大学出版社2007年版。
21. 郭禾:《知识产权法案例分析》,中国人民大学出版社2006年版。
22. 田力普主编:《影响中国的100个知识产权案例》,知识产权出版社2006年版。

二、外文书目

1. W. R. Cornish, *Intellectual Property*: *Patents*, *Copyright*, *Trade Marks and Allied Rights*, London Sweet & Maxwell, 1996.
2. J. Thomas McCarthy, *McCarthy on Trademarks and Unfair Competition*(4th ed.), Thomson West, 2009.
3. Arthur R. Miller & Michael H. Davis, *Intellectual Property*, West Publishing Company,

1983.

4. Robert A. Gorman & Jane C. Ginsburg, *Copyright-Cases and Materials* (6th ed.), Foundation Press, New York, 2002.

5. Jane C. Ginsburg, Jessica Litman, Mary L. Kelvin, *Trademark and Unfair Competition Law* (3rd ed.), New York Foundation Press, 2001.

6. 〔日〕纹谷畅男:《无体财产法概论》(第6版),日本有斐阁1996年版。